Romain Rolland
Georg Friedrich Händel

Serie Piper
Band 359

Zu diesem Buch

Am 23. Februar 1685 wurde Georg Friedrich Händel in Halle geboren. Aus Anlaß seines 300. Geburtstages wird Romain Rollands »Händel« als Taschenbuch in der »Serie Piper« neu aufgelegt.

Carl Dahlhaus zur Neuausgabe: »Romain Rollands ›Händel‹ ist das Buch eines Musikhistorikers, der zugleich ein bedeutender Schriftsteller war und für seinen Musiker-Roman ›Jean-Christophe‹ 1915 den Literatur-Nobelpreis erhielt. Die Darstellung ist, ohne daß die historische Wahrheit darunter litte, von einem Enthusiasmus für künstlerische und menschliche Größe getragen, der sich dem Leser unmittelbar mitteilt und durch den Rolland dazu prädestiniert war, Biographien zu schreiben, die einprägsame ›Bilder‹ entwerfen statt bloß Dokumente aneinanderzureihen. Und als ›Bild‹ ist das Händel-Buch, obwohl es vor 75 Jahren geschrieben wurde, also aus der geistig so bewegten Zeit vor dem Ersten Weltkrieg stammt, so wenig veraltet wie große Malerei in einem vergangenen Stil.«

Romain Rolland, geboren 1866 in Clamecy (Nièvre), gestorben 1944 in Vézeley (Yonne), Studium in Paris und Rom, 1903–1912 Professor für Musik- und Kunstgeschichte an der Sorbonne in Paris; kämpfte für den Pazifismus und für eine übernationale Völkergemeinschaft. *Veröffentlichungen u.a.*: Der Triumph der Vernunft, 1899; Danton, 1900; Der 14. Juli, 1902; Ludwig van Beethoven, 1903; Das Leben Michelangelos, 1905; Das Leben Tolstois, 1911; Johann Christof, 1904–1912; Clérambault, 1920; Verzauberte Seele, 1922–1934; Reise nach innen, 1942.

Romain Rolland

GEORG FRIEDRICH HÄNDEL

Mit einem Vorwort von Carl Dahlhaus

Piper
München Zürich

Aus dem Französischen von Lisbeth Langnese-Hug
Die Originalausgabe erschien 1910 unter dem Titel »Haendel«
bei F. Alcan, Paris
Redaktion der Neuausgabe und Register: Uwe Steffen

Die Neuausgabe läßt den Wortlaut der Übersetzung von 1922 weitgehend unangetastet; offensichtliche Fehler wurden berichtigt.

ISBN 3-492-00659-0
Januar 1985
R. Piper GmbH & Co. KG, München

Umschlag: Federico Luci, unter Verwendung eines Gemäldes (um 1748) von Philippe Mercier (Archiv für Kunst und Geschichte, Berlin)
Gesamtherstellung: Clausen & Bosse, Leck
Printed in Germany

Inhalt

Vorwort

Daß eine Händel-Biographie, die 1910 abgeschlossen wurde, trotz einiger Ergänzungen und Korrekturen in späteren Auflagen nicht mehr dem Stand der historisch-philologischen Dokumentensammlung und Hypothesenbildung entspricht, ist eine Trivialität, an die man aus entgegengesetzten Gründen erinnern kann: um zu sagen, daß das Buch veraltet, oder gerade umgekehrt, daß es überholt und trotzdem nicht veraltet sei. Daß Rollands Entwurf – den man zu Anfang des Jahrhunderts, in einer Zeit der Monumentalbiographien, deutlicher als heute in seiner Skizzenhaftigkeit empfand – zu den »klassischen« Darstellungen gezählt werden darf, besagt allerdings nicht einfach, daß das Buch, wie die Phrase lautet, »glänzend geschrieben« ist. So wesentlich stilistische Qualitäten sind, wenn ein historiographisches Werk die Zeit, in der es unmittelbar in den Forschungsprozeß eingreift, überdauern soll, so wenig genügt bloße Formulierungskunst, um ein Interesse wachzuhalten, das sich durch einige falsche oder fehlende Daten nicht gestört fühlt. Was Geschichtsschreibung »klassisch« erscheinen läßt, ist vielmehr die Kunst, ein Stück Vergangenheit so zu schildern, daß in dem Gewirr von Materialien, die sich vor dem Historiker häufen, eine Form sichtbar wird, die den Leser davon überzeugt, daß sie nicht von außen herangetragen und dem Stoff gewaltsam aufgeprägt, sondern in der Sache selbst entdeckt wurde. Geschichte als erzählte Geschichte – mit einem Anfang und einem Ende, die es in der Wirklichkeit strenggenommen nicht gibt – entsteht, wie Johann Gustav Droysen erkannte, im ständigen, heiklen Übergang von einem Forschungsbericht zu einer Kunstform. Und erst durch den Kontext einer in sich zusammenhängenden Erzählung werden die Tatsachen, die sich aus den Dokumenten erschließen lassen, »zum Sprechen gebracht«.

Das Metier des erzählenden Historikers – ein inzwischen gefährdetes und fast verfallenes Metier – ist also von dem des Romanciers keineswegs grundverschieden. Daß Romain Rolland (1866–1944) zugleich Romancier und Musikhistoriker war, bedeutet allerdings nicht, daß er sich der fatalen Mischgattung der »Romanbiographie« verschrieben hätte, deren Autoren aus der Notwendigkeit, die treibenden Motive geschichtlicher Akteure hypothetisch zu rekonstruieren, die Berechtigung zu einer Vulgärpsychologie ableiten, die Gottfried Benn als Unverschämtheit bezeichnete und deren Effekt in nichts anderem besteht, als daß Napoleon oder Cäsar zum Traum eines lesenden Bürovorstehers von sich als Napoleon oder Cäsar stilisiert wird. Der Rang eines Historikers und Biographen bemißt sich nicht zuletzt an der Unnachgiebigkeit, mit der er den Versuchungen des Psychologismus widersteht. Und es ist charakteristisch, daß Rolland über die rätselhafte Verschlossenheit und Unzugänglichkeit Händels nirgends ein Wort verliert, obwohl der frappierende Satz, daß es eine »überragende Unpersönlichkeit« sei, »die Händel kennzeichnet«, einen Augenblick lang verrät, wie deutlich das Problem dem Biographen vor Augen stand: ein Problem, das gleichsam die dunkle Mitte bildet, um die sich die Einzelheiten der Biographie und der Werkcharakteristik unausgesprochen gruppieren. Rollands Zurückhaltung – die Scheu des echten Historikers vor psychologischer Zudringlichkeit – ist um so auffälliger, als der gleichzeitig mit dem Händel-Buch entstandene Musikerroman *Jean-Christophe* (1904–12) – für den Rolland 1915 den Nobelpreis erhielt: einen als Literaturpreis verkappten Friedenspreis für einen von allen Seiten angefeindeten Pazifisten – durchaus der Gattung des psychologischen Bildungs- und Entwicklungsromans angehört. (Die Zusammenhänge zwischen dem Roman und den später, zwischen 1927 und 1944, entstandenen Beethoven-Büchern sind kompliziert und vertrackt.)

Die »überragende Unpersönlichkeit« erscheint in Rollands Darstellung als Bedingung der stilistischen Universalität, die es Händel erlaubte, fast alles aufzugreifen, was in einem halben Jahrhundert in Europa musikalisch geschah, und die es andererseits verhinderte, daß er – wie der von ihm verachtete Gluck – einen bestimmten Weg als den ihm vorgezeichneten erkannte und mit beharrlicher Konsequenz verfolgte. Das Bild, das Rolland von Händels Opern, Oratorien, Kantaten und Instrumentalwerken farbenreich entwirft, ist von der Grundvorstellung getragen, daß Händel nicht, wie Bach, Beethoven oder Wagner, eine sich entwickelnde, aber im Umriß feststehende Idee zu realisieren versuchte, sondern sich aneignete, was er vorfand und als unvollkommen erkannte. Er löste gewissermaßen Probleme, die von anderen gestellt worden waren, und wandte sich, nachdem er in einer bestimmten Richtung seine Überlegenheit gezeigt hatte, einer anderen und nicht selten der entgegengesetzten zu. »Von seinen ersten Schritten an hält er sich am liebsten an Kreuzwegen auf, von hier aus beherrscht er das Land, von hier aus kann er sich nach allen Seiten wenden, er, der sich nirgends festlegen will. Er gehört nicht zu denen, die dem Leben und der Kunst den Willen des Idealisten aufzwingen, des leidenschaftlichen oder geduldigen Idealisten.«

Eine Biographie, die vom Begriff der »überragenden Unpersönlichkeit« ausgeht – einem Begriff, der auch auf Shakespeare anwendbar wäre, mit dem Händel von Gervinus verglichen wurde –, kann, statt eine fiktive »innere Notwendigkeit« der Lebensgeschichte zu konstruieren, dem Zufall, der glücklichen oder unglücklichen Verkettung von Umständen, den Platz einräumen, der ihrer wirklichen Bedeutung gerecht wird. Gerade in ihren Wechselfällen, in dem Auf und Ab von Triumphen und Katastrophen bildet Händels Lebensgeschichte die genaue Entsprechung eines künstlerischen Temperaments, das von der widersprüchlichen und konfliktreichen Vielfalt des von außen Zugetragenen zehrte. Händel war ein Genie der Beobachtung – nicht des »Erlebnisses« – sowie der Kunst, Wahrgenommenes mit der Prägnanz zu formulieren, durch die ein Stück geschilderte Wirklichkeit immer schon wie auf eine Bühne gestellt erscheint. Erzählung wird in den Oratorien unwillkürlich stets zum Tableau.

Ein Leben zu erzählen, in dem das fehlte, was ein Bourgeois »Privatleben« nennt – von einem bloßen Mangel an Dokumenten zu sprechen wäre eine falsche Beschwichtigung von Lesern, die nach »Innerlichkeit« verlangen –, ist allerdings nur möglich, wenn man als Biograph über einen Gegenentwurf von menschlichem Dasein – davon, was er ist oder sein kann – verfügt. Und so absurd die Behauptung wäre, daß Händel von Rolland als Citoyen – als ein ins 18. Jahrhundert verschlagener Beethoven – stilisiert worden sei, so unverkennbar waren es ein fest eingewurzeltes Citoyen-Bewußtsein und die Verachtung des Bourgeoisen, die Rolland dazu befähigten, eine Existenzform, die primär eine »öffentliche«, soziale war, angemessen zu begreifen und darzustellen. Die »repräsentative Öffentlichkeit« des Barockzeitalters und die der Französischen Revolution (als deren Erbe sich Rolland fühlte) waren, trotz entgegengesetzter politischer Tendenzen, in ihrem »Typus« einander ähnlich. Und die Erkenntnischance eines französischen Händel-Biographen lag in der strikten Distanz zu einer Absicht, die ein deutscher kaum vermeiden kann: der Absicht, Händels Lebensgeschichte und Werk »von innen heraus« und aufgrund einer »vorgezeichneten Idee« zu verstehen. (Nichts ist falscher, als die Opern zu einer Vorgeschichte der Oratorien als der »eigentlichen« musikalischen Dramen, deren Substanz eine primär religiöse sei, zu degradieren.)

Das Gegenteil der psychologisierenden Biographie, deren Fallstricke Rolland vermeidet, ist die – nicht weniger heikle – mythologisierende, über deren Voraussetzungen man sich vorab Klarheit verschaffen muß, wenn nicht der Begriff des Mythos durch mechanisch-gedankenlose Gleichsetzung mit einer Ideologie, die aus einer Bilderwelt statt aus Doktrinen und Theoremen besteht, um seinen vernünftigen Sinn und seine Brauchbarkeit gebracht werden soll. (Man wird – um an einem Gegenstand zu exemplifizieren, der Rolland zeitlebens nicht losließ – der Selbststilisierung der Französischen Revolution zur wiedererstandenen römischen Republik zweifellos nicht gerecht, wenn man sie als bloße Drapierung abtut, die über eine miserable Wirklichkeit hinwegtäuschen sollte.) Versteht man unter Mythen Erzählungen und Bilder, denen ein aus ferner – sei es historischer oder prähistorischer – Zeit stammendes Grundmuster ein Rückgrat verleiht, so handelt es sich bei einer Mythologisierung um ein Formprinzip, das einer Biographie mit nicht geringerem Recht zugrunde gelegt werden kann als das Schema des Bildungs- und Entwicklungsromans, in dem ständig das mitgebrachte Talent und die Gunst der Umstände ineinandergreifen: ein Schema, das aus Goethes *Dichtung und Wahrheit* auf die wissenschaftliche Biographik des 19. und frühen 20. Jahrhunderts übertragen wurde, ohne daß man sich des Stilisierungsprinzips bewußt gewesen wäre. (Die Erwartung, daß sich die Tatsachen – oder gar die Dokumente über die Tatsachen – von sich aus, ohne eingreifende Strukturierung durch den Biographen, zu einer erzählbaren Geschichte zusammenfügen, wäre ein naiver Irrtum: Das Problem ist nicht, die Wahl eines formgebenden Musters zu vermeiden, sondern unter den Möglichkeiten, die bereitliegen, die dem Gegenstand angemessene Wahl zu treffen.)

Wenn Rolland den von schwerer Krankheit überraschend genesenen Händel einen »wiedererstandenen Titanen« nennt oder angesichts einer Adelsclique, die einen Boykott inszenierte, von einer »gift- und haßgeschwollenen Kabale« spricht, die gegen Händel »den Kopf erhob«, so sind die mythischen Bilder, die aus der Herakles-Sage stammen, keineswegs bloße Rhetorik aus dem Fundus eines Schulhumanismus. Die Erinnerung an den Mythos, und zwar immer wieder denselben, bildet vielmehr, obwohl sie halb verdeckt bleibt, das Rückgrat der biographischen Erzählung: das Stilisierungsprinzip, ohne das die Darstellung konturlos – eine Häufung von Fakten und ein Gewebe mit mehr losen Fäden als festen Verknüpfungen – geblieben wäre. Man glaubt in Rollands *Händel*, kaum anders als in Lessings *Emilia Galotti*, gewissermaßen zwei Gestalten oder Gestaltengruppen gleichzeitig zu sehen: die gegenwärtigen Erscheinungen und deren mythische Urbilder. (Wer die Mythologisierung verwirft – und es gibt zweifellos Gründe dafür –, kann aber, wie gesagt, nicht für die Vermeidung eines Strukturierungsprinzips plädieren, sondern lediglich dafür, ein anderes zu wählen.)

Daß Rolland, durchaus im Sinne Thomas Carlyles, zum Pathos der »heroischen« Biographie neigt, schließt ein ausgeprägtes Gerechtigkeitsgefühl gegenüber Händels musikalischen »Gegnern« oder Konkurrenten nicht aus. Vergegenwärtigt man sich, was gewöhnlich in Bruckner-Biographien über Brahms und in Brahms-Biographien über Bruckner gesagt oder nicht gesagt wird – und das Schweigen ist noch fataler als die Parteinahme –, so erscheint demgegenüber die Generosität, mit der Rolland über Bononcini und Porpora spricht, als Merkmal, durch das sich Biographik, statt in Apologie befangen zu bleiben, als authentische Geschichtsschreibung erweist und legitimiert. »Die Geschichte hat ihm noch nicht Gerechtigkeit widerfahren lassen«, heißt es über Porpora. Und Bononcini wird durch Epitheta charakterisiert, deren Zusammenstellung gerade dadurch, daß sie Widerhaken enthält, geschichtliche Wirklichkeit als lebendig widersprüchliche fühlbar macht, statt sie in konventionellen historiographischen Formeln versteinern zu lassen. »In Bononcini verkörpert sich die Reaktion des guten, mondänen gegen den gelehrten Geschmack ... Seine vornehme Einfachheit, seine zärtliche, fade Empfindsamkeit, immer korrekt in der Kühnheit ...«

Rolland scheut niemals davor zurück, seine Irritation durch die »doppelte Wahrheit«, die im Wesen der Musik als eines zugleich ästhetischen und sozialen Phänomens liegt, offen einzugestehen. Einerseits schlägt die Sympathie des Republikaners für Gays und Pepuschs *Beggar's Opera*, die 1728 zu Händels Ruin beitrug, unverhohlen durch. »Es war die Reaktion des populären Wirklichkeitssinns auf den hohlen Pomp der italienischen Oper und auf den Snobismus, der diesen Pomp den anderen Nationen aufzwingen wollte. Schon zeigen sich die ersten Risse im Bau des triumphierenden Italianismus.« Andererseits betont Rolland jedoch, daß vor der Herausbildung des Oratoriums die italienische Oper die einzige große musikalische Form war, in der Händel seine musikalischen Ressourcen – außer der Chortechnik – zur Geltung bringen konnte. Er läßt sich also weder das soziale Urteil durch das musikalische beirren noch umgekehrt das musikalische Urteil durch das soziale, sondern stellt das eine und das andere hart gegeneinander: Die Opera seria – die italienische Hofoper als internationales System – wurde von aristokratischem Snobismus getragen, aber sie war unbezweifelbar die große, herausragende musikalische Form der Epoche.

Die »visuelle« Musik ist eine spezifisch französische Tradition, und so ist es nicht erstaunlich, daß unter den Händel-Biographen gerade Rolland den Zug zum »Malerischen« in den Opern, Oratorien und Instrumentalwerken besonders akzentuiert. (Daß Albert Schweitzer nahezu gleichzeitig eine ähnliche Tendenz bei Bach entdeckte, spricht nicht gegen, sondern für die Affinität französischen Empfindens zu einer malerischen Musik und Musikinterpretation, denn der Originaltext von Schweitzers Buch ist der französische.) »Wer sich damit begnügt, diese Musik zu hören, ohne zu *sehen*, was sie ausdrückt, wer sie als reine Formkunst auffaßt, wer nicht die suggestive Macht ihres Ausdrucks, die bis zur Halluzination führen kann, fühlt, der wird sie nie verstehen. Diese Musik malt: die malt Affekte, Seelen, Situationen, ja selbst ganze Epochen und Orte malt sie, die den Rahmen liefern zu diesen Affekten und ihnen bestimmte dichterische und sittliche Färbung geben. Mit einem Wort: das Wesen dieser Kunst ist malerisch, ist dramatisch.«

Die Annäherung oder Gleichsetzung des Malerischen und des Dramatischen, die nur sinnvoll und verständlich ist, wenn man von einer Tendenz der Malerei zur »Szene« und umgekehrt des Dramas zum »Tableau« ausgeht, ist wiederum – wenn man an David und Delacroix, Hugo und Meyerbeer denkt – charakteristisch französisch und bildet die Voraussetzung, unter der Rolland das dramatische Wesen der Händelschen Oratorien interpretiert. Daß Händel die Oratorien zwar nicht szenisch, aber im Theater aufführen ließ, ist nach Rolland programmatisch – und nicht als bloße Nachgiebigkeit gegenüber dem Druck einer Orthodoxie, der ein opernhafter Stil in der Kirche ebenso suspekt war wie ein biblischer Stoff auf der Bühne – zu verstehen. »Es lag ihm daran, klarzulegen, daß er mit seinen Oratorien keine Kirchenmusik, sondern Werke fürs Theater geschaffen hatte – des weitgefaßten Theaters.«

Es gehört zur Eigentümlichkeit klassischer Biographik, daß sie, ohne die aus Dokumenten erschließbare geschichtliche Wirklichkeit im geringsten zu verkürzen oder zu verzerren, ein fest umrissenes Porträt – vor dem Hintergrund des Panoramas einer Epoche – entwirft und ausmalt: ein Porträt, das sich als »Bild« einprägt, statt ein bloßes Mosaik aus Fakten zu bleiben (oder aus Zeugnissen über Fakten, wie sie der Typus der »Dokumentarbiographie« präsentiert, als wäre das Dokument bereits die Tatsache). Und man kann, ohne den Wert fortschreitender historisch-philologischer Forschung zu schmälern, im Sinne der humanistischen Tradition der Geisteswissenschaften behaupten, daß es primär die klassischen »Bilder der Vergangenheit« sind, die im Gedächtnis der Nachwelt haften: Bilder wie die Händel-Darstellung Romain Rollands.

Berlin, im Juni 1984 *Carl Dahlhaus*

Man kann nicht nach einigen kurzen Jahren von Studien auf einigen 200 Seiten das Kolossalwerk Händels, in ein Aperçu gedrängt, zusammenfassen. Über das Leben Händels erschöpfend zu schreiben, das füllt ein ganzes Leben aus. Selbst das Chrysanders, des von Begeisterung Angespornten, des ganz Händel sich Weihenden, reichte dazu nicht aus. Ich tat, was in meiner Macht stand, mögen mir meine Fehler verziehen werden! Dies kleine Buch will nichts anderes sein als eine sehr kurzgefaßte Skizze von Händels Leben und dem Wesen seiner Kunst. In einem nächsten Band gedenke ich die Einzelheiten seines Charakters, seines Werkes, seiner Zeit zum Ziel meines Studiums zu machen.

April 1910 *R. R.*

Das Leben

Die Familie Händel war schlesischen Ursprungs[1]*. Der Großvater, Valentin Händel, war ein Meister-Kupferschmied in Breslau, der Vater, Georg Händel, stand als Barbier und Wundarzt erst im Dienst der sächsischen Armeen, dann der schwedischen, darauf der kaiserlichen und endlich im persönlichen Dienst des Herzogs August von Sachsen. Er war ziemlich reich, kaufte sich im Jahr 1665 ein schönes Haus in Halle, das heute noch steht. Er verheiratete sich zweimal: im Jahr 1643 mit einer zehn Jahre älteren Barbierswitwe, mit der er sechs Kinder hatte, und im Jahr 1683 mit einer dreißig Jahre jüngeren Pastorentochter, mit der er vier Kinder hatte. Deren zweites war Georg Friedrich.

Die beiden Eltern waren von jenem guten Holz des 17. Jahrhunderts, aus dessen unvergleichlichem Stamm Genie und Glauben wuchsen. Der Wundarzt Händel war ein Mann von Riesenwuchs: ernst, streng, energisch, ganz der Pflicht hingegeben, daneben wohltätig und hilfsbereit. Sein Bild zeigt ein großes, glattrasiertes Gesicht, des Lachens scheinbar ungewohnt. Er trägt den Kopf hoch, die Augen sind etwas grämlich, die Nase ist lang, der Mund herrisch; langes Haar fällt in weißen Locken auf seine Schultern; schwarze Kniehose, Spitzenkragen, schwarzer Atlasrock: das Bild eines Parlamentariers.

Die Mutter war nicht minder starker Art. Von beider Eltern Seite aus einer Pfarrerfamilie stammend, ganz durchdrungen vom Geiste der Bibel, bewies sie ihren gelassenen Mut vor allem, als die Pest das Land verwüstete. Schwester und älteren Bruder raffte die Seuche dahin, der Vater erkrankte, sie, die Braut war, blieb im Hause, war nicht zum Weggehen zu bewegen.

* Die Anmerkungen befinden sich auf den Seiten 132–181.

Die beiden Gatten haben dem später ruhmgekrönten Sohn an Stelle der Schönheit, die sie nicht besaßen – ein Mangel, der sie übrigens nicht bedrückte –, körperliche und geistige Gesundheit überliefert, das Ausmaß des großen Körpers, scharfe, aufs Praktische gestellte Intelligenz, Hingabe an die Arbeit und das unzerstörbare Hartmetall eines zuversichtlich ruhigen Willens.

Georg Friedrich Händel kam Montag, den 23. Februar 1685[1], in Halle zur Welt. Sein Vater zählte damals dreiundsechzig, seine Mutter vierunddreißig Jahre[2].

Die politische Lage der Stadt Halle war eigentümlich: Die Stadt hatte dem Kurfürsten von Sachsen gehört, dann sprach der westfälische Vertrag sie dem Kurfürsten von Brandenburg zu, zugleich ließ er aber dem Herzog August von Sachsen zeit seines Lebens ihre Nutznießung. Nach dem Tode Augusts, 1680, ging Halle endgültig an Brandenburg über, und 1681 erschien der Große Kurfürst persönlich, um die ihm zukommenden Ehren sich erweisen zu lassen. So war Händel von Geburt ein Preuße, sein Vater aber stand im Dienst des Herzogs von Sachsen und hielt seine Beziehungen auch zum Sohne Augusts aufrecht, zu Johann Adolf, der seinen Hof nach der preußischen Annexion nach dem benachbarten Weißenfels verlegt hatte. Händels Kindheit war zwischen die beiden intellektuellen Zentren, Sachsen und Preußen, gestellt. Das künstlerische und überdies das nahe liegende war Sachsen. Die Mehrzahl der Künstler war mit dem Herzog nach Weißenfels ausgewandert: Dort wurde der geniale Heinrich Schütz geboren, dort starb er[3], dort fand Händel seinen ersten Halt, dort wurde die Bestimmung des Kindes erkannt.

Die frühreifen musikalischen Anlagen des kleinen Georg Friedrich stießen beim Vater auf unerbittlichen Widerstand[4]. Der biedere Wundarzt empfand gegen den Beruf eines Künstlers mehr als bloßes Mißtrauen, es war vielmehr eine Art Abneigung, ein Gefühl, das übrigens beinahe alle braven Deutschen mit ihm teilten. Das Musikerhandwerk war nach den Jahren gelockerter Moral, die dem Dreißigjährigen Krieg folgten[1], durch das wenig erbauliche Schauspiel, das einige Künstler boten, in Mißkredit geraten. Übrigens schätzte der deutsche Bürgerstand des 17. Jahrhunderts die Musik nicht viel anders ein, als es der französische des 19. Jahrhunderts tat: Sie war für ihn eine Kunst im Dienste der Unterhaltung, nicht ein ernstzunehmender Beruf. Viele der Meister der damaligen Zeit, wie Schütz, Rosenmüller, Kuhnau, waren Juristen oder Theologen, ehe sie sich der Musik ganz hingaben, es kam sogar vor, daß sie für einige Zeit beide Berufe zugleich ausübten. Auch Vater Händel wollte aus seinem Sohn einen Mann des Gesetzes machen, bis eine Reise nach Weißenfels seinen Widerstand brach. Als nämlich der Herzog von dem kleinen Händel hörte, der mit sieben Jahren Orgel spielte, ließ er den Vater zu sich rufen und empfahl ihm, der natürlichen Bestimmung des Kindes nichts in den Weg zu legen. Der Vater hätte diesen Rat, von einem »irgend jemand« erteilt, verworfen; da er vom Fürsten kam, nahm er ihn an. Ohne indessen auf den Plan zu verzichten, seinen Sohn die Rechte studieren zu lassen – war er doch ebenso eigensinnig, wie sein Sohn es zu werden versprach –, willigte er nun doch ein, ihn in Musik unterrichten zu lassen. Nach Halle zurückgekehrt, brachte er ihn zum besten Lehrer der Stadt, dem Organisten Friedrich Wilhelm Zachow[2].

Zachow war großzügig und ein guter Musiker. Seine Größe und Bedeutung wird erst seit einigen Jahren richtig eingeschätzt[3]. Sein Einfluß auf Händel war ausschlaggebend, eine Tatsache, die Händel selbst nicht verbarg[4].

Zwiefältig wirkte der Lehrer auf den Schüler; einmal durch seine Art des Unterrichtens und dann durch seine künstlerische Persönlichkeit an sich.

Mattheson[5] sagt von Zachow, der Mann sei stark gewesen in seiner Kunst und habe ebensoviel Talent als Wohlwollen gehabt. Händel habe ihm so gefallen, daß er ihm nie genug Liebe und Güte glaubte erweisen zu können. Sein Bestreben sei es zuerst gewesen, ihm die Grundlagen der Harmonie zu geben, dann aber habe er die Gedanken seines Schülers auf die Kunst der Erfindung gerichtet, er habe ihn gelehrt, den musikalischen

Einfällen die vollkommenste Form zu geben, er habe seinen Geschmack verfeinert. Er habe eine hervorragende Sammlung italienischer und deutscher Musik besessen und habe Händel gezeigt, wie jedes Volk seine ihm eigentümliche Art, zu komponieren und zu schreiben, habe, habe ihn auch auf die Vorzüge und Schwächen der einzelnen Komponisten aufmerksam gemacht. Damit seine Erziehung zugleich theoretisch und praktisch sei, habe er ihm häufig Aufgaben in diesem oder jenem Stil zu machen gegeben.

Diese Erziehung von wahrhaft europäischer Großzügigkeit verriegelte sich nicht hinter einer bestimmten musikalischen Schule, sondern erhob sich über alle Schulen und entwickelte die Fähigkeit, die Reichtümer aller sich zu assimilieren. Wer könnte sich der Einsicht verschließen, daß das gerade Händels Art des Schaffens ist, ja die Quintessenz seines Genies ausmacht, das eigentlich ein hundertfältiges Genie ist, das alle andern in sich aufgenommen und verarbeitet hat! Ein Manuskript von ihm, von 1698 datiert, das er zeit seines Lebens aufbewahrte, enthielt, wie Chrysander sagt, Arien, Chöre, Capricci und Fugen von Zachow, Alberti (Heinrich Albert), Froberger, Krieger, Kerll, Ebner, Strungk, die er während seiner Schuljahre bei Zachow kopiert hatte. Er hat diese alten Meister nie vergessen, die klare Erinnerung an sie findet sich auf den berühmtesten Blättern seiner Werke[1]. Er las unzweifelhaft auch bei Zachow die erste Sammlung für Klavier von Kuhnau, die damals herauskam[2]. Es scheint übrigens, Zachow habe auch die Werke Agostino Steffanis[3] gekannt, der Händel später väterliche Freundschaft bewiesen hat, und mit Sympathie verfolgte er die musikalisch-dramatische Bewegung in Hamburg. So verdankte der kleine Händel seinem Lehrer ein Zusammenfassen aller lebendigen musikalischen Quellen des alten und neuen Deutschland. Unter seiner Leitung eignete er sich die Geheimnisse der großen Architektur der Vergangenheit an, des Kontrapunkts wie des Stils der schönen, ausdrucksvollen Melodie der italo-deutschen Schulen von Hannover und Hamburg.

Der persönliche Einfluß, den Zachow kraft seiner Seele und seiner Kunst auf Händel ausübte, war nicht weniger stark als der seiner Art zu lehren. Überrascht findet man eine Verwandtschaft zwischen Lehrer und Schüler, die Zachows Werke[1] offenbaren: Verwandtschaft des Charakters, Verwandtschaft des Stils. Es handelt sich nicht allein um Reminiszenzen des Motivs, der Vorwürfe oder der Themen[2]. Es ist das Wesen der Kunst, das beiden gemeinsam ist, eine Kunst des Lichtes und der Freude. Sie hat nichts von der frommen und in sich selbst zurückgezogenen Sammlung eines Bach, der in die Tiefen eines Gedankens sich versenkt, der ihm liebend in alle Schlupfwinkel nachgeht, der in Stille und Einsamkeit mit seinem Gott Zwiesprache hält. Zachows Musik ist die Musik der sich erstreckenden Weiten, der stürmisch bewegten Fresken in den Kuppeln der italienischen Dome des 16. und 17. Jahrhunderts, gläubiger freilich als diese. Diese Musik, die zur Tat drängt, verlangt es nach stahlhartem Rhythmus, auf den sie sich stützen, an dem sie sich entfalten kann. Sie hat Motive des Triumphs, Expositionen von einer feierlichen Breite[3], sieghafte Märsche, die mit ihrem Tritt alles zermalmen, niemals innehalten und von freudigen, tanzenden Themen unterstrichen und verschärft werden[4]. Sie hat pastorale Motive, reine und wollüstige Träumereien[5], Tänze und Gesänge, von Flöten begleitet, die von hellenischem Geist[6] erfüllt sind. Sie hat eine lächelnde Virtuosität, eine Freude, die sich an sich selbst berauscht, Linien, die sich hierhin und dorthin wenden, Arabesken von Vokalisen, Triller der menschlichen Stimme, die mit den Arpeggien und den kleinen Wellen der Violinen spielen[7]. Wenn wir das Heroische mit dem Pastoralen vereinen, die kriegerischen Märsche mit den frohlockenden Tänzen, so entsteht ein Händelsches Bild: das Volk Israel, seine Frauen, vor der siegreichen Armee tanzend. Man wird in Zachow den Entwurf finden zu Händels Monumentalbauten, zu seinen Halleluja-Bergen, die einander ihre Freude zurufen, zu seinen ungeheuren Amen, die seine Oratorien krönen wie die Kuppel den Petersdom[8].

Dazu kommt das ausgesprochene Gefallen Zachows an Instrumentalmusik[9], das ihn mit Vorliebe Vokalsoli mit denen der Instrumente aufs innigste verbinden und die Stimme häufig wie ein Instrument behandeln läßt, die mit den übrigen Instrumenten konzertiert und musiziert, mit ihnen zusammen dekorative Girlanden formt, harmonisch verschlungene Gebilde.

Alles in allem eine weniger intime als expansive, jedenfalls aber eine von Sonne durchströmte Kunst, nicht ohne Bewegung[1], aber vor allem beruhigend, stärkend und beglückend und, wie die Händelsche, eine optimistische Musik.

Gewiß, ein Händel im kleinen, mit viel kürzerem Atem, geringerem Reichtum der Erfindung und besonders mit kleinerem Ausmaß der Kraftentfaltung. Mit dem Heranziehen und Häufen der gewaltigen schreitenden und tanzenden Heermassen ist es nicht getan, es handelt sich weit mehr darum, die Kraft aufzubringen, das Gebäude bis ans Ende zu stützen, ohne unter der Last zusammenzubrechen. Zachow versagt unterwegs, er hat nicht Händels Vitalität. Dafür aber hat er mehr Naivität, mehr keusche Zartheit, eine das beschreibende Wort fliehende Unberührtheit, ein Erröten, er hat Engelsanmut[2].

Das war nun wirklich der Lehrer, den ein Händel brauchte, der Lehrer, den übrigens mehr als ein Großer hat finden dürfen – Raffael in Giovanni Santi, Beethoven in Neefe –, gut, einfach, klar, etwas farblos, ein gleichmäßiges und sanftes Licht, in dessen Schein der Jüngling friedlich träumt. Dieser überläßt sich seinem eigentlich brüderlichen Führer zuversichtlich, da jener ihn nicht zu beherrschen sucht, vielmehr mit seiner kleinen Flamme das große Feuer nähren, den kleinen Bach seiner Musik im großen Strom des Genies aufgehen lassen will.

Während seiner Studienzeit bei Zachow machte der kleine Händel seine Aufwartung in Berlin. Nachdem man dem alten Herrn, dem Kurfürsten von Sachsen, die schuldige Ehre erwiesen hatte, war man klug genug, dasselbe bei dem neuen, dem Kurfürsten von Brandenburg, zu tun. Es scheint, daß die Reise um 1696 stattgefunden hat, der Knabe war elfjährig, und sein kranker Vater konnte ihn nicht begleiten.

Am Hof von Berlin flackerte kurze Zeit ein Leben von künstlerischem Glanz auf. Das war zwischen den Kriegen des Großen Kurfürsten und denen des Soldatenkönigs. Die Musik stand in hoher Ehre dank der Kurfürstin Sophie Charlotte, der Tochter der berühmten Sophie von Hannover; sie hatte die besten italienischen Instrumentalmusiker, Sänger und Komponisten an sich zu ziehen verstanden[1]. Sie gründete die Oper von Berlin[2] und dirigierte in Person die Hofkonzerte. Ohne Zweifel war die ganze Bewegung oberflächlich, sie hing nur ab von der persönlichen Triebkraft, die von der Fürstin ausging. Diese aber hatte mehr Geist als Ernst, die Kunst war für sie nur eine mit Leidenschaft betriebene Zerstreuung. Unmittelbar nach ihrem Tode erloschen die musikalischen Feste. Aber es war schon viel, dieses schöne Feuer italienischer Kunst auf eine kurze Stunde entzündet zu haben. So kam es denn, daß der kleine Händel zum erstenmal mit der Musik des Südens in Berührung kam[3].

Das Kind, das sich vor einem fürstlichen Publikum auf dem Klavier hören ließ, hatte einen solchen Erfolg, daß der Kurfürst von Brandenburg es an seinen Dienst fesseln wollte. Er bot dem Vater Händel an, den Kleinen nach Italien zu schikken, um seine musikalische Erziehung zu vollenden. Der Vater schlug es ab. Sein Sinn war stolz, und er wollte, wie Mainwaring sagt, den Sohn nicht zu früh an einen Fürsten gebunden sehen. Übrigens fühlte er sich dem Tode nahe und begehrte das Kind noch einmal zu sehen.

Der kleine Händel kehrte zurück, aber zu spät. Er vernahm unterwegs, daß sein Vater am 11. Februar gestorben sei. Das Haupthindernis, das sich der Ausübung seines musikalischen Berufs entgegengestellt hatte, war dahin, ihm aber wohnte ein so tiefer Respekt vor dem väterlichen Willen inne, daß er es sich abrang, sich für einige weitere Jahre dem Studium der Rechte zu widmen, da es der Vater so gewollt hatte. Nachdem er mit Muße das Gymnasium absolviert hatte, ließ er sich am 10. Februar 1702 an der juristischen Fakultät der Universität Halle immatrikulieren – fünf Jahre nach dem Tode des Vaters.

Obgleich die Sitten an der Universität Halle von unerhörter, abstoßender Brutalität waren, herrschte dort zugleich ein starkes Geistes- und Glaubensleben.

Die theologische Fakultät war der Sitz des Pietismus[4], unter den Studenten pflegte man sich religiösen Übungen hinzugeben, die bis zur Ekstase führten. Händel, unabhängig, wie er immer war, hielt sich abseits sowohl von brutalen Vergnügen wie von mystischen Kontemplationen. Er war fromm, aber ohne alle Sentimentalität. Überdies brachte ein Künstler es schwerlich fertig, sich mit den Pietisten zu verständigen, deren Frömmigkeit allzu häufig die Kunst unterdrückte. Selbst Bach, der im Herzen Pietist war, mußte sich öffentlich gegen die Pietisten erklären, weil sie zu gewissen Gelegenheiten als Gegner seiner Musik aufgetreten waren[1].

Händel hatte entschieden weder mit der Theologie noch mit den Rechten etwas zu tun, obwohl er den hervorragendsten Professor des damaligen Deutschland zum Lehrer hatte. Es war das Christian Thomasius, der Gegner der Hexenprozesse[2], der Reformator der Rechtslehre, der die germanischen Gebräuche in sein Studium mit einbezog, der in ständigem Kampf lag mit den rohen oder sinnlosen Gepflogenheiten der Universitäten, mit dem Kastengeist, der Pedanterie, der Unwissenheit, der Heuchelei und der theologischen und rechtswissenschaftlichen Verbohrtheit.

Wenn eine solche Art des Lehrens einen Händel nicht fesseln konnte, so lag das sicherlich nicht am Lehrer: In dem ganzen damaligen Deutschland gab es keine lebendigere Quelle des Studiums, niemand, der dem Geist eines jungen Menschen ein fruchtbareres Feld der Tätigkeit erschlossen hätte. Sicherlich wäre ein Beethoven davon nicht unberührt geblieben. Händel aber war der reine Musiker, er war ganz Musik, so vermochte niemand und nichts ihn von seinem Weg abzubringen.

In dem Jahr, in dem er seine juristischen Studien begann, fand er in Halle eine Stelle als Organist, und zwar er, der Lutheraner, an einer reformierten Kirche, wo der Organist ausdrücklich der reformierten Richtung angehören sollte. Nun zählte er damals erst siebzehn Jahre[3]. Diese einfache Tatsache zeigt, in welch hohem musikalischen Ansehen der kleine Rechtsstudent in seiner Vaterstadt schon stand[4]. Er war nicht allein Organist, sondern auch Lehrer am reformierten Gymnasium, an dem er zweimal wöchentlich eine Singstunde gab. Er nahm die begabtesten seiner Schüler mit nach Hause, schloß sie zu einem Singchor zusammen, übte auch Instrumentalmusik mit ihnen ein und ließ sich mit ihnen sonntags in der einen oder anderen städtischen Kirche hören. Er hatte für das musikalische Repertoire zu sorgen – für Choräle, Motetten, Psalmen, Kantaten –, das jeden Sonntag neu zusammengestellt sein mußte. Eine ausgezeichnete Schule, um schnell und gut schreiben zu lernen; Händel hat dabei seine schöpferische Fruchtbarkeit ausgebildet[1]. Von den Hunderten von Kantaten, die er damals schrieb, hat er nicht eine aufbewahrt[2], sicher aber ist, daß sein Gedächtnis mehr als einen Vorwurf daraus zurückhielt, den er in seinen späteren Kompositionen wiederaufnahm. Hat er doch nie Wesentliches verloren: Im Laufe seines Lebens hat er unaufhörlich die alten Funde wieder in den Bestand seines Handwerkszeuges aufgenommen. Dieser Umstand ist nicht etwa überstürzter Arbeit, sondern seiner immerwährenden zusammenfassenden Gedankenarbeit und seinem Streben nach Vervollkommnung zuzuschreiben.

Händel erneuerte weder seinen Kontrakt mit der Domkirche, noch blieb er an der Universität Halle. Während seines Organistenamtes war er sich seiner Kraft als Musiker bewußt geworden. Sie ließ sich nicht länger unterdrücken, es hieß nun für ihn einen größeren Wirkungskreis suchen. Im Frühling 1703 verließ er Halle, und von seinem musikalischen Instinkt sowie der Neigung seines Lehrers Zachow[3] geleitet, ging er nach Hamburg, der Stadt der deutschen Oper.

Hamburg war das deutsche Venedig. Als freie Stadt, vor Kriegen geschützt, als Zufluchtsstätte für Künstler und große Vermögen, als *der* Handelsplatz für Nordeuropa, als kosmopolitische Stadt, in der alle Sprachen und besonders Französisch gesprochen wurden, unterhielt es ständige Beziehungen zu England und Italien, vor allem zu Venedig, dem es nachzueifern strebte. Von Hamburg aus bahnte sich englisches Wesen seinen Weg durch Deutschland. Hier war es, wo die ersten deutschen Zeitungen erschienen[4]. Von der Zeit Händels an wurde Hamburg, zusammen mit Leipzig, zum geistigen Zentrum Deutschlands. In keiner anderen deutschen Stadt schätzte man die Musik[5] in so hohem Grad, die Künstler waren dem reichen Bürger gleichgestellt. Christoph Bernhard, ein Schüler von Schütz, hatte dort eine Gesellschaft von Musikern, das berühmte Collegium Musicum, gegründet, und dort war es, wo sich 1677/78 das erste deutsche Operntheater auftat, keine fürstliche Oper, nur für die vom Fürsten Geladenen bestimmt, sondern eine öffentliche, populäre Oper, für die man bezahlen mußte. Das Beispiel Italiens hatte diese Gründung nach dem Vorbild Venedigs ins Leben gerufen.

Der Geist aber an den beiden Kunststätten war ein grundverschiedener. Während sich Venedig, von der antiken Mythologie und Geschichte auf bizarre Weise inspiriert, in phantastischen Melodramen gefiel, hatte sich Hamburg, seinem groben Geschmack und seinen lockeren Sitten zum Trotz, einen Grund von Frömmigkeit bewahrt. So wurde denn die Hamburger Oper im Jahre 1678 mit einer *Schöpfung* von Johann Theile, einem Schüler von Schütz, eingeweiht, und von 1678 bis 1692 spielte man eine ganze Reihe von religiösen Dramen, die einen allegorischen Charakters, die andern nach biblischen Vorwürfen. Davon sind einige schon die Verkünder der Händelschen Oratorien[1]. Waren diese Stücke musikalisch auch recht schwach, so bezeichneten sie doch den Weg, den ein für Deutschland geeignetes Theater einzuschlagen hatte. Zu dieser Erkenntnis war der dichtende Pastor Elmenhorst gekommen, da er der religiösen Oper den Wert einer klassischen Kunstform verliehen sehen wollte[2]. Unglücklicherweise war aber das Publikum auf dem Wege der Dekadenz begriffen, und seine religiöse Spannkraft begann nachzulassen. Sie trat nur noch in einer Minderheit zutage, bei der indessen der Glaube aggressiven Charakter angenommen hatte, wie es zu geschehen pflegt, wenn er sich von Feinden bedrängt fühlt. Es hatten sich in Hamburg zwei Parteien gebildet: Die eine, zahlreichere, von der Religion gelangweilt, wollte sich im Theater amüsieren, die andere, religiöse, wollte nichts von der Oper wissen unter dem Vorwand, sie sei ein Satanswerk, »opera diabolica«[3]. Es entspann sich ein erbitterter Kampf zwischen beiden Parteien, in dem die religiöse Oper notwendig erdrückt werden mußte. Und so geschah es: Die letzte Vorstellung fand 1692 statt. Als Händel ankam, regierte wirklich die Opera diabolica mit ihren Auswüchsen und ihrem lockeren Gebaren.

Ich habe anderswo[4] diese Epoche des Hamburger Theaters beschrieben, seine goldene Zeit, die gerade in die Jahre von

1692 bis 1703 fiel. In Hamburg fanden sich viele Bedingungen verwirklicht, unter denen ein gutes Operntheater leben kann: Es war Geld vorhanden und mehr als ein Mäzen, der bereit war, es auszugeben, eine ausgezeichnete, wenn auch nicht zahlreiche Truppe von Instrumentalmusikern, eine ziemlich vorgeschrittene Regiekunst, Überfluß an Dekorationen und Maschinen, bekannte Dichter, Musiker von großem Wert und – o Seltenheit – Dichter und Musiker, »die sich wohl verstanden«, wie Mattheson sagte. Die Dichter waren Bressand aus Wolfenbüttel, der sich am französischen Theater inspirierte, und Christian Postel, den Chrysander mit Wohlgefallen einen deutschen Metastasio nennt. Das Schwächste an der Oper war der Gesang; lange Zeit besaß nämlich die Hamburger Oper keine Berufssänger. Die Rollen waren von Studenten und Handwerkern besetzt, das heißt von Schuhmachern, Schneidern, Fruchthändlerinnen, Frauen und Mädchen von wenig Talent und noch weniger Tugend. Gewöhnlich fanden die Handwerker es für passend, selbst die Frauenrollen zu singen! Männern und Frauen, allen war schwärzeste musikalische Unwissenheit gemeinsam. Gegen 1693 wurde die Hamburger Oper glücklicherweise von oben bis unten von dem großen Kapellmeister Sigismund Kusser umgewandelt. Für das Orchester ging er nach französischem Muster vor, für den Gesang nach italienischem. Frankreich aber hieß für ihn Lully, dessen Schüler in Paris übrigens Kusser während sechs Jahren gewesen war. Italien war durch einen hervorragenden Künstler vertreten, der sich in Hannover niedergelassen hatte, wo er von 1689 bis 1696 zehn Opern hatte aufführen lassen. Es war Agostini Steffani aus der venezianischen Provinz.

Das Doppelbeispiel Italien und Frankreich sowie das Vorbild von Kusser brachten in Hamburg den besten Musiker der Oper hervor, Reinhard Keiser[1], einen charakterlosen Menschen, der aber einem eventuellen Mangel an Wissen sicherlich Genie gegenüberzustellen hatte.

Keiser, der nicht ganz dreißig Jahre zählte, als Händel nach Hamburg kam, stand schon in der vollen Sonne des Ruhmes. Kapellmeister der Hamburger Oper seit 1695, dann seit 1702 Theaterdirektor, sehr begabt, aber nicht genügend geschult, daneben verschwenderisch, ein sorgloser Lüstling, beherrschte er recht eigentlich die deutsche Oper. Er kann als Typus für den Künstler jener von materiellem Leben und von Genußfreude überfließenden Zeit hingestellt werden.

In seinen ersten Werken ist der Einfluß Lullys[1] und Steffanis[2] nachgewiesen worden. Neben diesen Anlehnungen erkennt man aber mit Leichtigkeit seine eigene Persönlichkeit. Er hatte einen sehr starken Sinn für instrumentales Kolorit und unterschied sich darin wesentlich von den Lullyisten, die das Ausdrucksvermögen des Orchesters unterschätzten und geneigt waren, der Stimme die Oberhand zu überlassen[3]. Er dagegen war der Ansicht – in der sein Bewunderer und Ausleger Mattheson mit ihm einig ging –, daß man mit dem Orchester allein jedes Gefühl erschöpfend ausdrücken könne[4]. Überdies war er ein Meister des Rezitativs, ja man darf ihn überhaupt als Schöpfer des deutschen Rezitativs ansprechen. Das Rezitativ war ihm von größter Wichtigkeit. Er sagte, sich im Rezitativ auszudrücken bereite dem intelligenten Komponisten oft ebensoviel Mühe wie das Erfinden einer Arie[5]. Er versuchte den Wortakzent, die Interpunktion, den lebendigen Atem zu betonen, musikalisch genau, ohne doch etwas von der Schönheit zu opfern. Sein Ariosorezitativ, ein Mittelding zwischen dem Oratorienrezitativ der Franzosen und dem Seccorezitativ der Italiener, wurde Bach zu einem Vorbild für sein Rezitativ[6]. Selbst nach dem Erscheinen von Bach und Händel bestand Mattheson darauf, in Keiser den Meister dieser Rezitativkunst zu sehen. Keisers größte Begabung lag aber in der melodischen Erfindung. Darin war er einer der ersten Künstler seiner Zeit, ein Mozart der ersten Hälfte des 18. Jahrhunderts. Seine Inspiration war fruchtbar, liebend; sagt doch Mattheson von ihm, »und weil sein wahres Gemütsabzeichen oder Charakter aus lauter Liebe und Zärtlichkeit, nebst deren Zubehör, als Eifersucht und so ferner, zusammengefüget war, so hat er auch vom Anfang bis ans Ende seiner Wallfahrt, diese Leidenschaften, zu denen sich Wollust und gutes Leben gern gesellen, auf das natürlichste, und weit glücklicher als andere, in solchem Maß auszudrücken gewußt, daß ich sehr zweifle, ob ihn jemand darin zu seiner Zeit, ja auch noch bis diese Stunde, übertroffen habe, oder übertreffe«. Sein melodischer Stil, viel vorgeschrittener als der Händels, nicht nur zu jener, sondern zu jeder Zeit seines Lebens, ist frei, entbunden von der Schwere des Kontrapunkts, und über Händel hinweg knüpft er an Hasse an, an die Mannheimer Symphoniker und an Mozart. Niemals hat Händel, der viel Größere, Vollkommenere, die köstliche Frische besessen, die Keisers Melodien atmen, den frischen Geruch der einfachen Feldblumen[1]. Keiser kannte den Reiz des Volksliedes, der ländlichen Szenen[2], aber er erhob sich auch auf den Gipfel der klassischen Tragödie. So könnten einige seiner Arien, von einer pompösen Klage erfüllt, von Händel geschrieben sein[3].

Keiser war also voll von Lehren und Vorbildern für Händel, der es sich nicht entgehen ließ, Nutzen daraus zu ziehen[4]. Freilich konnte er dabei auf Abwege geraten, wie das durch die Verleugnung der deutschen Sprache geschah. Solange Postel und Schott an der Spitze der Hamburger Oper standen, hielten sie das Italienische in Schranken[5]. Sobald aber Keiser Direktor geworden war, veränderte sich alles. In seinem *Claudius* machte er 1703 den ersten barbarischen Versuch, italienischen und deutschen Text durcheinanderzumengen. Das war reine Großtuerei des Virtuosen, der zeigen wollte, wie er es in seiner Vorrede ankündigte, daß er die Italiener auf ihrem eigenen Boden zu schlagen imstande sei. Er fragte sich keinen Augenblick, ob das der deutschen Oper zum Schaden gereichen könne. Nach Keisers Beispiel mischte Händel in seinen ersten Opern Arien auf italienische und auf deutsche Worte untereinander[6], bis er schließlich nur noch italienische Texte komponierte. Von da an war sein Theater entwurzelt, war es nicht mehr bodenständig. So ist die Vergessenheit zu erklären, in die Deutschland die Opern Keisers und selbst die Händels sinken ließ, trotz beider Genie.

Händel kam während des Sommers 1703 in Hamburg an. Man stellt sich ihn zu jener Zeit seines Lebens vor, wie er auf dem Porträt von Thornhill, das im Fitzwilliam Museum in Cambridge hängt, erscheint; ein langes, ruhiges Gesicht, das etwas an einen Pferdekopf erinnert; große, ernste Augen, große, grade Nase, breite Stirn, ein energischer Mund mit vollen Lippen, Wangen und Kinn schon etwas aufgeschwemmt, sehr aufrechte Haltung, der Kopf ohne Perücke, mit einem Wagner-Barett bedeckt. »Reich an Fähigkeit und gutem Willen.«[1]

Die erste Bekanntschaft, die er in Hamburg machte, war die von Johann Mattheson.

Mattheson, der damals Zweiundzwanzigjährige – vier Jahre älter als Händel[2] –, kam aus einer reichen Hamburger Familie und besaß eine umfassende Bildung. Er sprach Englisch, Französisch, Italienisch, hatte die Rechte absolviert, gründliche Musikstudien betrieben, konnte beinahe jedes Instrument spielen und schrieb Opern, in denen er selbst auftrat und deren Dichter und Komponist er in einer Person war. Er sollte aber vor allem der theoretische Lehrer und der stärkste Kritiker der deutschen Musik werden.

Mit seiner ungeheuren Eigenliebe und einer Menge von leidenschaftlichen Ungerechtigkeiten war er ein starker Geist, gesund und ehrlich, eine Art Boileau oder Lessing der Musik, ein halbes Jahrhundert vor dem Erscheinen der *Dramaturgie*. Einerseits bekämpfte er im Namen der Natur routinierte Scholastik, wissenschaftliche Abstraktion, und seine Devise war: Musik muß schön klingen[3]. Er trug dazu bei, daß mit veralteten Theorien aufgeräumt wurde (Solmisation, kirchlicher Brauch), und war der Aufklärer für unser heutiges System[4].

Andererseits war er der Streiter für deutschen Geist und deutsche Kunst. Wie Lessing hatte er den Atem des Patrioten, seine rauhe Unabhängigkeit, den stürmischen Freimut, aber gepaart mit brutalerer Heftigkeit. Alle seine Bücher rufen: »Fuori Barbari!«[5] Eine seiner Arbeiten nennt sich *Der musikalische Patriot* (1728). 1722 gründete er das erste deutsche musikalische Blatt, die *Critica musica*[6], und während seines ganzen Lebens stritt er für den gesunden Menschenverstand, die gute, verständige Musik, die Musik, die, wie er sagt, zu Herzen gehe und durch die Vermittlung des Gehörs die Seele des vernünftigen Menschen mit schönen Gedanken und Melodien bewege und stärke[7]. Nach seiner Anschauung gehörte die Musik ins Gebiet der Religion[8]. Durch seine allgemeine Bildung, durch seine Kenntnis der Kunst, der Theorien vergangener Jahrhunderte, sein Vertrautsein mit den wichtigen italienischen und französischen Werken, seine Beziehungen zu den ersten deutschen Meistern, zu Keiser, Händel und Bach, durch seine reiche praktische Erfahrung, seinen scharfen, kritischen Sinn, seinen glühenden Patriotismus, seine gesunde und saftige Sprache war er dazu bestimmt, der große musikalische Erzieher Deutschlands zu werden. In der Zerrissenheit der damaligen deutschen Kunst, zwischen ihren Werken, denen Unbeständigkeit anhaftete, da ihnen der Halt einer zentralen Politik fehlte und sie den Strömungen des Geschmacks der kleinen Städte und Höfe unterworfen waren, verkörperte sich in Mattheson während nahezu eines halben Jahrhunderts der einzige Redner der deutschen Kunst. Er war das Gehirn, in dem sich die musikalischen Gedanken, aus allen Winkeln des Landes zusammengekommen, konzentrierten und von wo sie in der Folge über das ganze Land wieder ausstrahlten. So haben Keisers Ideen, ja er selbst sich uns überliefert. Ohne Mattheson wäre er in Vergessenheit geraten. Auf diese Weise sind eine Menge für die Musikgeschichte des 18. Jahrhunderts unschätzbarer Erinnerungen dem Untergang entgangen und bis auf uns gekommen, da Mattheson sie zusammengefaßt und in seiner monumentalen *Ehren-Pforte*[1] veröffentlicht hat. Sein Einfluß auf seine Zeit war groß. Seine Bücher waren den Kapellmeistern, Kantoren, Organisten, Lehrern Gesetz.

Seine Kritiken und Ratschläge für Gesangsstil, das Spiel der Schauspieler waren nicht minder wirksam. Er hatte Theatersinn, er verlangte nach Leben auf der Bühne, nach Bewegung. Eine besondere Wichtigkeit legte er der Pantomime bei, da sie »stumme Musik« sei[2]. Er zog gegen das teilnahmslose und unintelligente Spiel der deutschen Sänger und Choristen zu Feld und verlangte, daß der Komponist während des Schreibens immer an das Spiel des Sängers denke. Er behauptete, die Kenntnis des Mienenspiels der Schauspieler auf der Bühne könne häufig eine Quelle für gute musikalische Erfindung sein[3]. Das ist in der Tat die Sprache des für das Theater Geborenen[4]. Übrigens war Mattheson zu sehr Musiker, als daß er die Musik dem Wort hätte unterwerfen wollen. Er versuchte beide zu vereinigen, indem er jedem Unabhängigkeit bewahrte; der Seele gab er das Steuer über den Körper, der Melodie über das Wort. Er schrieb, die Worte seien der Körper der Rede, die Gedanken deren Seele. »Die Melodie aber ist die güldne Sonne dieser Seelen«, die wunderbare Atmosphäre, die sie umgibt.

Das gibt ungefähr eine Vorstellung von diesem großen, intelligenten und furchtlosen Kritiker, der mit viel Irrtum viel Wahrheit gesät hat. Es ist einleuchtend, von welcher Wichtigkeit das Zusammentreffen mit einem solchen Führer für den jungen Händel werden mußte, obgleich sie beide zu originell und zu sehr von sich eingenommen waren, als daß ihre Vereinigung von langer Dauer hätte sein können.

Mattheson machte Händel die Honneurs von Hamburg. Er führte ihn in Oper und Konzert ein, und durch Mattheson war es, daß Händel zum erstenmal in Beziehung trat zu England, dem Land, das sein zweites Vaterland werden sollte[1]. Sie lernten gegenseitig voneinander. Händel beherrschte die Orgel schon auf eine ungewöhnliche Art und war stark im Kontrapunkt und in Fugen, besonders wenn er sie improvisierte. Er teilte seine Kunst Mattheson mit, der ihm dafür half, seinen melodischen Stil zu vervollkommnen. Nach Matthesons Urteil wäre Händel damals als Melodiker sehr schwach gewesen. Er setzte, sagt Mattheson, »sehr lange, lange Arien, und schier unendliche Cantaten, die doch nicht das rechte Geschicke oder den rechten Geschmack, ob wohl eine vollkommene Harmonie hatten«[2]. Es scheint mir sehr bemerkenswert, daß die Melodie ursprünglich nicht die natürliche Sprache für den Musiker Händel gewesen sein soll, er, der uns heute geradezu als Genie der Melodie erscheint. Man darf nicht glauben, daß die schöne, einfache Melodie ohne Arbeit dem Genie aus dem Haupte springe. Melodien Beethovens, die vollkommen spontan erscheinen, haben ihn oft Jahre der inneren Arbeit gekostet, während deren sie in ihm reiften. Erst nach Jahren der ernstesten Selbstzucht gelangte Händel zur Pracht seiner weitgespannten Melodie, nach Jahren, in denen er, wie ein Lehrling der alten Ziselierkunst, die schöne Form allmählich bilden lernte, die nichts Überladenes, aber auch nichts Plattes duldet.

Händel und Mattheson lebten einige Monate in brüderlicher Vertrautheit[1]. Händel teilte den Tisch mit Mattheson, und Juli/August 1703 machten sie zusammen eine Reise nach Lübeck, um den Organisten Dietrich Buxtehude[2] zu hören. Dieser wollte sich zurückziehen und suchte einen Nachfolger. Die beiden jungen Leute bewunderten sein Talent, aber sie brannten nicht darauf, seine Nachfolger zu werden, denn um seine Orgel zu bekommen, hätte man seine Tochter heiraten müssen[3], und dazu habe, wie Mattheson sagt, weder der eine noch der andere von ihnen Lust gehabt. Zwei Jahre später hätten sie auf dem Wege nach Lübeck einen kleinen Musiker antreffen können, der wie sie Buxtehude besuchen wollte, der aber nicht wie sie im Wagen saß, sondern bescheiden zu Fuß ging. Es war Johann Sebastian Bach.[4]

Nichts veranschaulicht die Bedeutung Buxtehudes für die deutsche Kunst besser als die Anziehungskraft, die er auf die beiden Künstler ausübte, die das 18. Jahrhundert als Musiker beherrschen sollten. André Pirro hat seit langem Buxtehudes Einfluß auf Bachs Orgelstil nachgewiesen. Ich glaube, daß er nicht geringer, wenn auch ganz anders auf Händels Oratorienstil wirkte[5].

Buxtehude hatte an der Marienkirche die sogenannte Abendmusik eingeführt, Konzerte, die zwischen Martini und Weihnachten[6] auf den Wunsch der für Musik begeisterten Kaufleutezunft[7] Sonntag abends abgehalten wurden. Er komponierte seine Kantaten, deren eine stattliche Anzahl vorhanden ist[8], zu diesen Gelegenheiten. Da er für ein Konzertpublikum und nicht für den Gottesdienst Musik zu schreiben hatte, mußte er sie verständlich für alle gestalten. Händel schrieb später unter ähnlichen Bedingungen, und analoger Zwang führte sie zu analoger Technik. Buxtehude schied aus seiner Musik die polyphone Üppigkeit, das Überströmende aus, das doch sein eigentliches Reich war[9]. Ihn verlangt nur nach Klarheit, Stärke, scharfer Kontur und sogar Dramatik. Freiwillig entäußert er sich eines Teils seines Reichtums, um sich zusammenfassen zu können: Was er an Überfluß verliert, gewinnt er an Intensität. Die nahezu homophone Schreibart, die Reinheit der schönen Melodienführung von volkstümlicher Einfachheit[1], das Eindringliche der Rhythmik, der Themen, die sich wiederholen und sich der Erinnerung eingraben, vom Hörer Besitz ergreifen, sind auch die Kennzeichen Händelscher Kunst. Und nicht weniger ist es die triumphierende Herrlichkeit der Ensemblestellen, die Art, mit breitem Pinselstrich Licht und Schatten aufzutragen[2]. Wie die Kunst Händels ist diese Musik die höchste Volkskunst.

Es sollte aber eine lange Zeit verfließen, ehe Händel aus dem vorbildlichen Schaffen Buxtehudes Nutzen zu ziehen vermochte. Als er von Lübeck zurückkam, schien er es vergessen zu haben. In Wirklichkeit hatte er es nicht vergessen, wie denn Händel überhaupt nichts verlor.

Ende August 1703 trat Händel als zweite Violine in das Hamburger Orchester ein. Er liebte es, sich über die Leute lustig zu machen, und hatte sich unwissender gestellt, als er war. Mattheson erzählt, er »stellte sich, als ob er nicht auf fünfe zählen könnte, wie er denn von Natur zum dürren Schertz sehr geneigt war«.[3] In diesem Jahr spielte die Hamburger Oper den *Claudius* von Keiser, und in Händels Gedächtnis schrieben sich ganze Sätze davon ein[4].

Als die Saison zu Ende war, reiste Mattheson nach Holland, und Händel benutzte die Abwesenheit seines jungen Lehrers, um sich selbständig zu machen. Er hatte die Bekanntschaft des Dichters Postel gemacht, der, alt, krank, von religiösen Skrupeln gequält, es aufgegeben hatte, Opernlibretti zu schreiben, und nur noch fromme Werke schaffen wollte. Postel lieferte Händel den Text zu einer *Johannespassion*, die in der Karwoche 1704 aufgeführt wurde[5]. Mattheson, verletzt durch die Unumwundenheit, mit der sein Schützling seinen Rat umgangen hatte, kritisierte die Musik ohne Wohlwollen, aber nicht ohne Gerechtigkeit[6]. Trotz der gedrängten Bewegung gewisser Stellen, der dramatischen Chöre, ist das Werk noch nicht gefestigt und stellenweise geschmacklos.

Von diesem Augenblick war es mit dem Einvernehmen zwischen Händel und Mattheson zu Ende. Händel war sich seines Genies bewußt geworden und duldete den Beschützerton Matthesons nicht länger. Andere Zwischenfälle verschärften das Mißverständnis, das in einen Zwist ausartete, dessen Ausgang beinahe verhängnisvoll geworden wäre[1]. Nach einem Streit in der Oper duellierten sie sich am 5. Dezember 1704 auf dem Gänsemarkt in Hamburg, und es hätte nicht viel gefehlt, so wäre Händel getötet worden, zerbrach doch Matthesons Degen an einem großen Metallknopf von Händels Rock. Darauf umarmten sie sich, und die beiden Gegner, durch Keiser versöhnt, nahmen zusammen an den Proben zu *Almira* teil, der ersten Oper Händels[2].

Die erste Aufführung fand am 8. Januar 1705 statt und hatte einen glänzenden Erfolg. Die zweite Oper Händels, *Nero*[3], bald darauf, am 25. Februar gleichen Jahres, aufgeführt, war nicht weniger erfolgreich. Händel beherrschte während der ganzen Saison das Repertoire allein. Das war ein schöner Anfang; ein zu schöner Anfang, da er Keiser eifersüchtig machte.

Die Hamburger Oper war im Begriff umzukippen, da Keiser sie fröhlich dem Ruin entgegenführte. Er lebte sein lockeres Leben als großer Herr, und alle Künstler um ihn herum taten es ihm gleich an Torheiten, ja jeder suchte den andern zu übertreffen. Händel war der einzige, der zurückgezogen lebte und nur das durchaus Notwendige ausgab[4].

Nach dem Erfolg seiner beiden Opern hatte er zwar seine Anstellung als zweite Violine und Cembalospieler aufgegeben, aber er gab weiter Stunden, und sein Ruf als Komponist wuchs durch seine Lehrtätigkeit. Das beunruhigte Keiser, der aufgehende Stern weckte seine Eigenliebe. Nun gab es nichts Törichteres als seine Eifersucht. Als Direktor der Oper lag es in seinem Interesse, Stücke zu geben, denen Erfolg beschieden war, und deren Autoren mit glücklicher Hand an sich zu fesseln. Aber die Eifersucht überlegt nicht: Um Händel zu vernichten, setzte Keiser die *Almira* und den *Nero* auch in Musik[5]. Gegen seine Gewohnheit, nach der er seine Opern nicht veröffentlichte, beeilte er sich jetzt, die schönsten Arien dieser seiner schönsten Opern herauszugeben[6].

Aber sosehr er sich beschleunigte, der Ruin der Oper überholte ihn. Ehe die Sammlung seiner Arien herauskommen konnte, sah er sich, Ende 1706[7], zur Flucht gezwungen. Händel und er sollten sich nicht wieder begegnen.

Keiser verwickelte die Oper in seinen eigenen Ruin, und damit hatte Händel nichts mehr in Hamburg verloren. Die Direktion war in die Hände eines Philisters geraten, der, um Geld zu machen, musikalische Farcen aufführte. Er beauftragte wohl Händel, für ihn die Oper *Florindo und Daphne* zu schreiben, aber er verstümmelte das Werk, um es aufzuführen, aus Angst, wie die Vorrede zum Text sagt, die Musik könnte die Hörer ermüden. Damit das Publikum die Aufführung nicht trotzdem noch zu ernst fände, legte er eine plattdeutsche Farce, *Die lustige Hochzeit*, ein. Händel brachte kein Interesse mehr auf für sein also verunstaltetes Werk und wartete nicht einmal die Aufführung ab, um Hamburg zu verlassen. Gegen Herbst 1706 scheint er sich nach Italien aufgemacht zu haben[1].

Nicht etwa, daß Italien ihn angezogen hätte. Es tritt hier eine seltsame, wenn auch in der Kunstgeschichte nicht vereinzelt dastehende Erscheinung zutage: Der Künstler, der ganz dem Zauber Italiens anheimfallen, der dazu bestimmt sein sollte, im musikalischen Europa dem edlen lateinischen Stil einen unerhörten Triumph zu bereiten, empfand damals einen ausgesprochenen Widerwillen gegen die welsche Kunst. Zur Zeit der Aufführungen der *Almira* hatte Händel die Bekanntschaft eines italienischen Fürsten gemacht. Johann Gaston de' Medici, der Bruder des Großherzogs von Toskana[2], hatte sich gewundert, daß Händel sich nicht für die italienischen Musiker interessierte, und hatte ihm eine Sammlung ihrer besten Werke geliehen und ihm angeboten, ihn mit nach Florenz zu nehmen, damit er sie hören könne. Händel schlug das Anerbieten aus. Er sagte, er könne in den Werken nichts finden, was das Lob des Fürsten verdiene, und daß die Sänger Engel sein müßten, die solche Mittelmäßigkeiten angenehm machen könnten[3].

Diese Verachtung für Italien war nicht eine Sondererscheinung in Händel. Sie war charakteristisch für seine Generation und besonders für das Häuflein deutscher Musiker, das in Hamburg lebte. Vor und nach ihnen hat es der Zauber Italiens dem Deutschen angetan. So gut wie Haßler und Schütz waren Hasse, Gluck und Mozart glühende und unersättliche Italienpilger. Dafür aber gingen weder Bach noch Keiser, Mattheson und Telemann nach Italien. Die Hamburger Musiker wollten wohl italienische Kunst sich assimilieren, aber sie wollten sich nicht in die italienische Schule begeben. Sie hatten den aller Ehren werten Ehrgeiz, eine deutsche Kunst schaffen zu wollen, unabhängig vom Ausland. Händel teilte diese großen Hoffnungen, die in ihm durch das Hamburger Theater aufgestiegen waren. Der plötzliche Theaterkrach zeigte ihm aber, wie wenig man auf den Geschmack des deutschen Publikums bauen durfte. Nun wandte er den Blick, den eigenen Widerständen zum Trotz, nach dem Refugium, das allen deutschen Künstlern gemeinsam ist: nach jenem Italien, das er kurz vorher noch zu verachten geglaubt hatte. Italienische Musik hin oder her, eins war sicher: Sie hatte sich in voller Sonne entfaltet. Man machte ihr nicht das Existenzrecht streitig, wie es die Pietisten in Hamburg taten. Sie löste in allen Städten, in allen Gesellschaftsklassen einen Taumel liebender Begeisterung aus. Und um sie herum war ein Blühen der übrigen Künste, ein Aufschwung der Zivilisation, ein lachendes Leben im Licht, von dem Händel einen Vorgeschmack im Gespräch mit den vornehmen Italienern gehabt hatte, die auf ihren Reisen Hamburg berührt hatten.

So ging Händel weg. Seine Abreise war so plötzlich, daß seine Freunde nichts davon erfuhren. Er nahm nicht einmal Abschied von Mattheson.

Er kam nicht zur günstigsten Zeit nach Italien. Man war mitten im Spanischen Erbfolgekrieg, und so traf Händel im Winter 1706 in Venedig auf den Prinzen Eugen mit seinem Stab, der sich von seinem siegreichen lombardischen Feldzug ausruhte. Händel hielt sich aber in Venedig nicht auf, sondern reiste nach Florenz weiter, wo er Ende des Jahres ankam[1]. Ohne Zweifel erinnerte er sich daran, daß ihm der Fürst Gaston de' Medici seine Protektion angeboten hatte. War diese nun so wirksam, wie Händel es gehofft hatte? Es liegt Grund vor, daran zu zweifeln. Der Sohn des Großherzogs von Toskana, Ferdinando, war in der Tat musikalisch. Er spielte Klavier[2], er hatte in seiner Villa in Pratolino ein kleines Theater für Opern einbauen lassen, wählte Libretti, spielte sich als Ratgeber der Komponisten auf, korrespondierte mit Alessandro Scarlatti. Aber sein Geschmack war nicht unbedingt sicher. Er fand den Stil Scarlattis zu gelehrt und bat ihn, leichtere und wenn möglich fröhlichere Musik zu schreiben[1]. An Prunkentfaltung erinnerte er in nichts an seine Vorfahren. Er war knauserig und konnte sich nicht entschließen, Scarlatti zu seinem Kapellmeister zu ernennen. Als ihn der große Musiker, der in Not war, um Geld bat, sagte er, er würde für ihn beten[2]. Es läßt sich denken, daß er gegen Händel nicht freigebiger war, war Händel doch weit davon entfernt, an Ruhm mit Scarlatti wetteifern zu können. Es scheint, daß man ihn während dieses ersten Aufenthalts wenig beachtet hat. Er selbst mußte sich in dieser Welt desorientiert vorkommen, er brauchte Zeit, um sich zu fassen. Ohne Zweifel hat er nur einige Kantaten geschrieben, von denen die eine, *Lucrezia*, von dramatischem Charakter, später in Italien und Deutschland sehr bekannt geworden ist[3]. Der Stil, in dem sie gehalten ist, ist sozusagen noch vollständig deutsch.

Im April 1707 ging er für die Osterfeiertage von Florenz nach Rom. Auch hier war der Augenblick nicht günstig für ihn. Das große Operntheater Tor di Nona war zehn Jahre vorher vom Papst Innozenz XII. als unmoralisch zerstört worden. Seit 1700 hatten sich die Dinge für die Musiker etwas gebessert, aber 1703 hatte ein furchtbares Erdbeben Italien heimgesucht und die religiösen Skrupel wieder wachgerufen[4]. Bis 1709, das heißt während der ganzen Zeit, die Händel in Italien war, wurde in Rom keine Oper aufgeführt. Dafür stand die religiöse und Kammermusik in höchster Blüte. Während der ersten Monate hörte und studierte Händel die religiöse Musik in Rom und versuchte, ähnlich zu schreiben. Aus jener Zeit sind seine lateinischen Psalmen datiert[5]. Er wurde auch in die französischen Salons eingeführt, dank den Empfehlungsschreiben, die er von den Medici bekommen hatte. Er gelangte dort noch mehr durch seine Begabung des Virtuosen als des Komponisten zur Berühmtheit. Er blieb bis zum Herbst 1707 in Rom[6].

Er kam wohl im Oktober wieder durch Florenz, und in diese Zeit scheint die erste Vorstellung des *Rodrigo* gelegt werden zu müssen. Beinahe ein ganzes Jahr hatte Händel nun in Italien gelebt, als er es unternahm, eine italienische Oper zu schreiben. Er sah sich für seine Kühnheit belohnt. Der *Ro-*

drigo wurde ein Erfolg, er erwarb ihm die Gunst des Großherzogs und die Liebe der ersten Sängerin, Vittoria Tarquini[1].

Stark im Bewußtsein seines ersten Sieges ging er nach Venedig, um dort sein Glück zu versuchen.

Venedig war damals die musikalische Metropole Italiens. Bis zu einem gewissen Grade ist sie als die Heimat der Oper anzusprechen. War es doch hier, daß sich ein halbes Jahrhundert vorher das erste öffentliche Operntheater aufgetan hatte, und ihm waren dann fünfzehn weitere gefolgt. Während des Karnevals führte man hier an sieben Theatern Opern auf. Hier trat jeden Abend eine Art Akademie der Musik zusammen, eine musikalische Vereinigung. Es kam sogar vor, daß zwei und drei ähnliche Vereinigungen an einem Abend zusammenkamen. Abend für Abend gab es in den Kirchen musikalische Feierlichkeiten, Konzerte, die mehrere Stunden dauerten, mit mehreren Orchestern, mehreren Orgeln, mehreren Chören, die einander Echo waren[2]. Dazu kamen jeden Sonnabend und Sonntag die berühmten Vespern der »Hospitäler«, jener berühmten Konservatorien, in denen Waisenmädchen, Findelkinder und ganz einfache Mädchen mit schönen Stimmen zur Musik erzogen wurden. Sie gaben Orchester- und Vokalkonzerte, für die sich ganz Venedig begeisterte. Venedig badete in Musik, das ganze Leben war damit durchsetzt, es schwamm im Meer musikalischer Wollust.

Als Händel ankam, hatte Alessandro Scarlatti, der größte italienische Musiker, eben am Theater San Giovanni Grisostomo sein Meisterwerk aufführen lassen, den *Mitridate Eupatore*, eine der seltsamen italienischen Opern, deren dramatische auf gleicher Höhe mit der musikalischen Schönheit steht. War Scarlatti noch in Venedig, als Händel sich dort einfand? Man weiß es nicht, auf alle Fälle aber sollten sie sich einige Monate später in Rom treffen. Es scheint, daß sich Händel um jene Zeit dem Sohn Alessandros, Mimo (Domenico[3]), in Freundschaft verbunden hat. In Venedig traf er übrigens auch noch mit andern Menschen zusammen, durch die sein Leben in eine neue Bahn gedrängt wurde: mit Ernst August, dem Fürsten von Hannover, und dem Herzog von Manchester, dem außerordentlichen Gesandten Englands in

Venedig. Beide waren leidenschaftliche Musikliebhaber und interessierten sich für Händel. Die ersten Aufforderungen, nach Hannover und London zu kommen, datieren ohne Zweifel aus jener Zeit.

Wenn aber die Reise nach Venedig für Händels Zukunft als nicht unnütz sich erweisen sollte, so trug sie ihm für die Gegenwart wenig genug ein. Händel konnte auf sämtlichen sieben Opernbühnen nichts aufführen lassen[1].

Er war glücklicher in Rom, wohin er Anfang März 1708[2] zurückgekehrt war. Der Ruhm seines *Rodrigo* war ihm vorausgeeilt. Jeder italienische Mäzen rechnete sich's jetzt als Ehre an, Händel empfangen zu dürfen. Er war der Gast des Marchese Ruspoli, dessen Gärten auf dem Monte Esquilino der »Arkadia«[3] als Versammlungsort dienten. Händel fand sich mit einem Schlag eingeführt in die Gesellschaft von Schriftstellern, Künstlern, Aristokraten mit den glänzendsten Namen Italiens. Die Arkadia, die in einer geistigen Verbindung Fürsten und Künstler[4] vereinigte, zählte zu ihren Mitgliedern Alessandro Scarlatti, Arcangelo Corelli, Bernardo Pasquini und Benedetto Marcello[5]. Die gleiche erlesene Gesellschaft fand sich bei den Abendgesellschaften des Kardinals Ottoboni[60] wieder zusammen. Jeden Montag gab es im Palazzo Ottoboni sowie bei den Versammlungen der Arkadier Konzerte und Rezitationen von Dichtungen. Dem Fürst-Kardinal – Superintendant der päpstlichen Kapelle – stand das erste Orchester Italiens[7], standen die Sänger der Sixtina zur Verfügung. Bei den Arkadiern ließ sich unter Corellis, Pasquinis oder Scarlattis Leitung ebenfalls ein Orchester hören. Man pflegte die poetische und musikalische Improvisation, und so kam es oft zu künstlerischen Turnieren zwischen Dichtern und Musikern[8]. Für die Konzerte im Palazzo Ottoboni war es, daß Händel seine beiden römischen Oratorien schrieb: *La Resurrezione* und *Il Trionfo del Tempo e del Disinganno*[9], die nichts anderes als verkleidete Opern sind. Man findet den Widerschein der Versammlungen der Arkadier auch in Werken, die für jene Epoche im Leben Händels vielleicht am charakteristischsten sind: in den italienischen Kantaten[10], deren Ruhm über Italien hinausdrang. Bach hat eine von ihnen vor 1715[11] abgeschrieben.

Händel brachte drei oder vier Monate in Rom zu. Er wurde mit Corelli und den beiden Scarlatti, besonders mit Domenico, sehr vertraut. Mit Domenico zusammen wetteiferte er um den Preis des Virtuosen[1]. Vielleicht auch mit Bernardo Pasquini, den er mehr als einmal in Santa Maria Maggiore auf seiner Orgel gehört haben muß. Man interessierte sich im Vatikan für Händel und versuchte, ihn zum Katholizismus zu bekehren. Händel aber wehrte ab, und so groß war die liebenswürdige Duldsamkeit, die damals am Hofe zu Rom herrschte, daß diese Abwehr nicht mehr als der Krieg zwischen Kaiser und Papst die freundschaftlichen Beziehungen zwischen dem jungen Lutheraner und den Kardinälen, seinen Gönnern, trüben konnte. Er hing so an Rom, daß ihm die Abreise schwerfiel, als ihn der sich der Stadt nähernde Krieg zwang, sich Mai/Juni 1708 nach Neapel aufzumachen. Eine seiner italienischen Kantaten, *Partenza* überschrieben, sagt von seinem Kummer, die blühenden Ufer des Tiber, die Mauern, die geliebten Felsen verlassen zu müssen.

Kurz nach Händels Ankunft in Neapel kam Alessandro Scarlatti auch wieder dorthin zurück, nach einer Abwesenheit von sieben Jahren[2]. Dank der Freundschaft mit ihm und seiner Verbrüderung mit den Arkadiern empfing das aristokratische Neapel Händel mit offenen Armen. Er blieb vom Juni 1708 bis im Frühling 1709, also nahezu ein Jahr, in Neapel, wo er fürstliche Gastfreundschaft genoß, die ihm, wie Mainwaring sagt, Palast, Tisch und Wagen zur Verfügung stellte. Aber so berauschend das italienische Leben auch auf ihn wirken mochte, so verlor er seine Zeit doch nicht. Nicht allein, daß er nach dem Vorbild seines Freundes Corelli sich leidenschaftlich für die Malerei begeisterte[3], versuchte er sich auch, gleich einem strebsamen Dilettanten, in den auseinanderliegendsten Stilarten, zu denen ihn die kosmopolitische Gesellschaft Neapels anregte. Französischer und spanischer Einfluß machten sich die Herrschaft streitig. Händel, dem der Sieg des einen wie des andern Volkes, gleich Scarlatti, vollkommen gleichgültig war, versuchte sich in dem Stil des einen wie des andern[4]. Auch die italienischen Volkslieder interessierten ihn, und so notierte er sich die Melodien der kalabresischen Pifferari[5]. Für die Arkadia in Neapel schrieb er seine schöne Serenata *Aci, Galatea e Polifemo*[6].

Schließlich hatte er das Glück, dem Vizekönig von Neapel, dem Kardinal Grimani, zu gefallen. Dieser war ein Venezianer, dessen Familie das Theater San Giovanni Grisostomo in Venedig besaß. Grimani schrieb für Händel das Textbuch zu der Oper *Agrippina*, zu der Händel wahrscheinlich einen Teil der Musik in Neapel geschrieben hat[1]. Eine solche Mithilfe sicherte ihm ohne weiteres die Aufführung in Venedig.

Im Frühjahr verließ er Neapel, um sich kurze Zeit in Rom aufzuhalten, wo er beim Kardinal Ottoboni den Bischof Agostino Steffani traf. In dessen Person vereinten sich auf seltsame Weise die Funktionen hoher Ämter, war er doch Kapellmeister am Hof von Hannover und daneben von verschiedenen deutschen Fürsten mit Geheimmissionen betraut[2]. Steffani war einer der vollkommensten Musiker seiner Zeit. Er schloß sich Händel als ein Freund an. Vielleicht machten sie den Weg nach Venedig zusammen, wo Händels *Agrippina* seit Anfang der Karnevalssaison 1709/10 am Theater San Giovanni Grisostomo gegeben wurde[3].

Der Erfolg übertraf alle Erwartungen. Mainwaring sagt: »Die Zuhörer wurden von dieser Aufführung so bezaubert, daß ein Fremder nach der Art, wie sie gerührt waren, alle miteinander für wahnsinnig gehalten haben würde. Bei jeder kleinen Pause ertönte das Theater vom Jauchzen, von dem Ruf: Viva il caro Sassone! und andern Ausdrücken ihres Beifalls, die zu extravagant sind, als daß man sie nennen möchte. Sie waren durch die Größe und Hoheit seines Stils gleichsam wie vom Donner gerührt.« Die Italiener hatten auch allen Grund, sich zu freuen, war ihnen doch in Händel der sieghafteste Nachwuchs für die italienische Kunst erstanden, war doch die *Agrippina* die melodiöseste aller italienischen Opern. In Venedig wurde über musikalische Siege und Niederlagen entschieden. Die Begeisterung, durch die Vorstellungen von San Giovanni Grisostomo ausgelöst, verbreitete sich über das ganze musikalische Europa.

Händel blieb den Winter über in Venedig. Er schien unentschieden zu sein, auf welchem Weg er weiterreisen sollte. Es ist nicht unmöglich, daß er daran dachte, Paris zu berühren[4]. Wie ganz anders hätte sich alles gestaltet, wenn er damals dorthin gekommen wäre, wenn er sich im Interregnum zwischen Lully und Rameau dort aufgehalten hätte! Ihm war das eigen, was keiner der französischen Musiker besaß: musikalischer Reichtum. Dafür fehlte ihm, was sie besaßen: das klare und durchdringende Verständnis für die wirkliche Natur und die Forderungen des musikalischen Dramas. (Es war gerade die Zeit, in der Lecerf de la Viéville seine *Comparaison de la musique italienne et de la musique françoise* schrieb, in der gewisse Stellen die Reform durch Gluck anzukündigen scheinen.) Wäre Händel nach Frankreich gekommen, so hätte sich diese Reform, davon bin ich überzeugt, schon sechzig Jahre früher vollzogen, und das mit einer musikalischen Pracht, die Gluck niemals eigen war. Händel war mit der französischen Sprache vertraut[1]. Er wurde denn auch von den schönsten Vorwürfen unserer französischen Tragödie angezogen[2]. Begabt mit wunderbarer geistiger Geschmeidigkeit und allen romanischen Qualitäten, nämlich der Liebe für die klaren Linien, für die beredte Vernunft, mit der Leidenschaft für die Form, hätte er sich die Überlieferungen unserer Kunst spielend angeeignet und sie mit der ihm eigenen unwiderstehlichen Kraft sich assimiliert[3].

In seiner Unschlüssigkeit, was er nun beginnen solle, traf er in Venedig mit einigen vornehmen Hannoveranern zusammen, darunter war der Baron Kielmansegg. Sie luden ihn ein, mit ihnen zu gehen, überdies bot ihm Steffani mit entzückender Bereitwilligkeit seinen Posten als Kapellmeister am Hof von Hannover an – also ging Händel nach Hannover.

Es waren vier Brüder, die nacheinander Herzog von Hannover waren: Christian Ludwig, Georg Wilhelm, Johann Friedrich und Ernst August[4].

Allen hatten es Frankreich und Italien angetan. Sie verbrachten die meiste Zeit außerhalb ihres Staates, mit Vorliebe aber in Venedig. Georg Wilhelm hatte in morganatischer Ehe eine französische Adlige aus Poitou, Eleonore d'Olbreuse, geheiratet. Johann Friedrich bezog eine Pension von Ludwig XIV. und wurde katholisch. Ihm diente Versailles zum

Vorbild, und so gründete er 1672 die Oper in Hannover. Überdies hatte er die Einsicht, Leibniz in seinen Bereich zu ziehen [1]. Für seinen Teil aber hütete er sich wohl, im eigenen Staat zu bleiben. Er starb denn auch auf einer Reise nach Venedig. Der auf ihn folgende Ernst August war der Gönner von Steffani. Er war mit der ebenso schönen als klugen Herzogin Sophie verheiratet, einer pfalzgräflichen Prinzessin, Enkelin des Stuarts Jakob I., Tante der Pfalzgräfin von Frankreich und Schwester der Prinzessin Elisabeth, der Freundin Descartes'. Sie selbst war die Freundin von Leibniz, mit dem sie in Briefwechsel stand. Er bewunderte sie, da sie äußerst geistvoll war, sieben Sprachen beherrschte, viel las und von allem Schönen angezogen wurde. Niemand war mehr in Michel de Montaigne eingedrungen, sagte ihre Nichte von ihr. Sehr freigeistig [2], aber noch freier im Ausdruck, bekannte sie sich zu einem epikureischen Materialismus von größter Intelligenz [3]. Ihr Gatte war ihr nicht gewachsen. Er war glanz- und prunkliebend, und so machten sie beide aus dem Hof von Hannover »den politen Hof, der in Teutschland selbst ... in allen Dingen vor den besten gehalten wurde« [4]. Beide Gatten liebten Musik, ohne daß Ernst August freilich daran zu denken schien, daß sie außerhalb Italiens auch existieren könnte. Man hätte ihn ebensogut Herzog von Venedig wie Herzog von Hannover nennen können, war er doch beständig in Venedig und machte keine Miene, es zu verlassen [5]. Die Untertanen fingen an, unzufrieden zu werden, und um den Fürsten in seinem Land zu halten, fand man kein besseres Mittel, als eine prachtvolle Oper zu bauen, in der er, nach dem Beispiel von Venedig, Vorstellungen und Feste geben könne. Der Gedanke war gut. Ernst August begeisterte sich für sein neues Theater, das, von Italienern erbaut und ausgeschmückt 1687 bis 1690, das schönste in Deutschland war [6]. Für eben dieses Theater wurde Steffani als Kapellmeister gewonnen [7].

Agostino Steffani ist eine der merkwürdigsten Erscheinungen seiner Zeit [8]. 1654 in Castelfranco, in der Nähe von Venedig, geboren, armer Leute Kind, war er Chorknabe von San Marco, wurde vom Grafen Tattenbach 1667 nach München mitgenommen und kam in die Schule von Ercole Bernabei, zu einem Lehrer, der erfüllt war von reinster römischer Kunst[1]. Zugleich aber erhielt er eine vorzügliche literarische, wissenschaftliche und theologische Bildung, da man ihn zum Priester bestimmt hatte. Als er Abbate geworden war[2], wurde er zugleich zum Hoforganisten und Musikdirektor ernannt. Seit 1681 hatte eine Reihe von Opern, die in München aufgeführt worden waren, besonders aber 1685[3] sein *Servio Tullio* ihm in Deutschland einen Namen gemacht. Der Herzog von Hannover zog ihn an seinen Hof, und 1689 wurde das neue hannoveranische Theater mit einer Oper Steffanis, dem *Enrico Leone*[4], eingeweiht, zu dem die Herzogin Sophie den patriotischen Stoff geliefert haben soll. Es folgten weiter fünfzehn Opern, die in Deutschland wegen ihrer Musik und ihrer szenischen Aufmachung zu außerordentlicher Berühmtheit gelangten[5]. Kusser führte sie in Hamburg ein, als Vorbilder für den wahren italienischen Gesangsstil, Keiser bildete sich teilweise an ihnen, wie Händel zehn Jahre später sich an Keiser bilden sollte. Aber die Oper von Hannover war kurzlebig. Wirklich mit ihr verknüpft fühlte sich nur der Herzog, die Herzogin empfand für das Theater viel weniger Sympathie[6]. Übrigens machten Ballett und Maskeraden der Oper den Rang als Unterhaltungsgattung streitig. Steffani aber beschäftigten zu jener Zeit viel ernstere Dinge als das Wohl und Wehe der Oper. In der Liga von Augsburg hatte Ernst August von Hannover die Partei des Kaisers ergriffen. Als Belohnung für seine Treue verlieh ihm dieser die Würde eines Kurfürsten. Nun war es aber in der Verwirrung, in der sich das Reich damals befand, nicht leicht, die durch diese Verleihung geschaffene Sachlage zu klären und die dadurch bedingten diplomatischen Geschäfte abzuwickeln. Dazu bedurfte es eines außerordentlichen Gesandten an den großen deutschen Höfen. Die einstimmige Wahl fiel auf Steffani, der in seiner Eigenschaft als Abbate sich am besten zum Vermittler zwischen dem protestantischen hannoveranischen Hof und den katholischen Höfen eignete[7]. Er erfüllte seine Sendung so gut, daß der Herzog von Hannover 1697 seinen Kurfürstentitel erhielt. Daneben hatte dieser erstaunliche Diplomat es fertiggebracht, während er sich seiner Aufgabe entledigte, Opern zu schreiben. Nach Ernst Augusts Tod, 1698, gab er die Opernkomposition auf, aber nicht die Politik. 1703 wurde er Geheimer Rat des Kurfürsten von der Pfalz, Präsident des Kirchenrats und überdies in den Adelsstand erhoben. Papst Klemenz XI. machte ihn 1706 zum Bischof von Spiga[1]. Der Kurfürst ernannte ihn zum Großalmosenier und übertrug ihm die italienische und lateinische Korrespondenz mit dem Herzog von Braunschweig. Von November 1708 bis April 1709 hielt sich Steffani in Rom auf, wo ihn der Papst mit Ehren überhäufte, ihn zum Hausprälaten, Abt von San Stefano in Carrara und zum apostolischen Vikar von Norddeutschland machte, der die Katholiken in der Pfalz, in Braunschweig und Brandenburg zu inspizieren hatte[2]. In jener Zeit traf er, wie gesagt, mit Händel zusammen.

Es war nötig, das Leben dieses außergewöhnlichen Menschen, der in einer Person den Abbate, den Bischof, den Vikar des Apostolischen Stuhls, den vertrauten fürstlichen Rat, den Organisten, den Kapellmeister, den Musikkritiker[3], den großen Sänger[4] und großen Komponisten vereinte, einmal aus bloßem Interesse für seine Erscheinung zu skizzieren, dann aber und vor allem, weil er einen bedeutenden Einfluß auf Händel ausübte, der sich Steffanis stets dankbar erinnerte[5].

Das, was Steffanis Kunst besonders eignet und worin er alle Zeitgenossen überragt, ist eben jene Meisterschaft der Gesangskunst. Obgleich alle Italiener in dieser Gesangskunst zu Hause sind, hat keiner so rein für die Stimme geschrieben wie Steffani. Scarlatti kommt es nicht darauf an, die der Stimme gesetzten Grenzen zu überschreiten, wo es ihm die Ausdrucksmöglichkeit oder Tonfülle im Zusammenklang gilt. Bei Steffani, sagt Hugo Goldschmidt[6], halte der Sänger das Heft. Sein, Steffanis, Werk ist das Zusammenfassen der ganzen italienischen Gesangskunst des goldenen Zeitalters, ihm verdankt Händel seinen ausgeprägten Sinn für den Belcanto. Freilich bedeutete diese Virtuosität für die Opern Steffanis keinen Gewinn. Vom dramatischen Standpunkt gesehen, sind sie durchaus mittelmäßig, ziemlich farblos, leiden an einem Überfluß von Vokalisen: Es sind offenbar Opern, die für Sänger[7] geschrieben worden waren, als solche aber weisen sie merkwürdige Harmonien und eine Geschicklichkeit im Kontrapunkt auf, die der nahezu homophonen Schreibart eines Lully[1] entgegengesetzt werden kann. Zu höchster Ehre gereichen Steffani seine vokalen Kammermusikwerke, vor allem seine Duette[2]. An Charakter und Länge sind sie sehr verschieden. Einige bestehen aus einem Stück, andere tragen die Dakapoform, wieder andere sind wahre Kantaten mit Rezitativen, Soli und Duetten, dann wieder finden sich aneinandergereihte Stücke, eine Art »Liederkreis« bildend. Der Stil, in dem sie geschrieben sind, macht eine Schwenkung von Schütz und Bernabei zu Händel und Telemann, der inneren Struktur nach aber sind sie so ziemlich alle gleich: Eine erste Stimme stellt, allein, das erste Thema heraus, in dem sich die poetische Bewegung des ganzen Stücks spiegelt, die zweite Stimme wiederholt das Thema entweder unverändert und in derselben Lage oder in der Oktave. Mit dem eintretenden zweiten Thema verlassen die Stimmen das Unisono, um sich in frei fugierten Nachahmungen im Kanon zu ergehen, dann wiederholt sich das erste Thema, das zugleich abschließt. Ist das Duett breiter entwickelt, so folgt auf einen ersten Teil in Moll ein zweiter in Dur, in dem die Virtuosität sich freien Lauf läßt, darauf kehrt der Teil in Moll zurück. Diese Werke sind voll von melodischer Schönheit und oft von großer Tiefe des Ausdrucks. In den leichten Themen hat Steffani die bewegliche Anmut, die elegante Phantasie Scarlattis, in den schweren aber reicht er an die höchsten Vorbilder, an Schütz, Provenzale, Bach heran. Er ist einer der größten musikalischen Lyriker des 18. Jahrhunderts[3]. Diese Duette haben Stil und Form der Gattung festgelegt. Ich möchte die Rolle, die Steffani in der Musik gespielt hat, der des Fra Bartolommeo in der Malerei vergleichen: beide mit vollkommener Kunst und abgeklärtem Geist danach strebend, die Gesetze der Komposition auf dem von ihnen für sich umrissenen Gebiet zu ergründen. Fra Bartolomeo sucht das Gleichgewicht der Gruppierung und die Harmonie der Linien in Szenen von drei bis vier Personen, als Rund in ein Bild zusammengefaßt, Steffani faßt die ganze Spannkraft der Erfindung, des künstlerischen Willens und Wissens in den engen Rahmen eines Duetts. Beide Künstler, von der Religion kommend, sind licht, klar, ihrer selbst sicher, einfach, aber wissend, kaum von Leidenschaft beschwert, ihre Seele ist edel, rein, ein wenig unpersönlich. Sie waren Bahnbrecher für andere. Wie Chrysander sagt: »In Steffanis Fußtapfen trat Händel, weil aber sein Fuß von Natur größer war, machte es sich ganz von selbst, daß auch seine Spuren etwas größer wurden.«

Händel blieb 1710 nur kurz in Hannover: Er hatte seinen Posten kaum angetreten, als er um Urlaub einkam und ihn erhielt, um nach England zu gehen, da man ihm von dort aus Vorschläge gemacht hatte. Er reiste durch Holland und kam gegen Ende Herbst 1710 in London an. Er zählte nun fünfundzwanzig Jahre.

England hatte damals seine musikalische Ära schon hinter sich. Fünfzehn Jahre vorher hatte es seinen größten Musiker, Henry Purcell, der mit sechsunddreißig Jahren allzu früh gestorben war, verloren.

In seinem kurzen Leben hatte er verhältnismäßig vieles geschaffen: Opern, Kantaten, religiöse Musik, Instrumentalmusik. Er war ein gebildeter Geist, der Lully, Carissimi und die italienischen Sonaten gründlich kannte; daneben aber durchaus englisch empfindend, verlor er niemals Kontakt mit dem Geist seines Volks. Er hat die Gabe der spontan sich einstellenden Melodie, seine Kunst ist anmutig und zart, viel aristokratischer als die Lullys: Sie ist van Dyck ins Musikalische übersetzt, feine, selbstverständliche, äußerste, wenn auch etwas blutlose Eleganz. Er ist von natürlicher Vornehmheit, die, wie die aller Engländer, aus dem Landleben immer wieder neue Kraft schöpft. In keinen andern Opern des 18. Jahrhunderts findet man so viele frische Melodien voll volkstümlicher Inspirationen und Wendungen. Dieser reizvolle, aber kränkliche Künstler mit seinem kraftlosen Temperament hat etwas Feminines, Zerbrechliches, Widerstandsloses. Seine schmachtende Poesie macht seinen Reiz und seine Schwäche zugleich aus. Sie hindert ihn, mit der Hartnäckigkeit eines Händel über sich selbst hinauszuschreiten. Er bleibt beinahe überall das Letzte schuldig, er versucht nicht, die letzten Schranken niederzureißen, die ihn von der Vollkommenheit trennen. Er bleibt meistens in der genialen Skizze stecken, vieles ist schwach, anderes nicht sorgfältig gearbeitet. Da findet sich oft eine eigentümliche Schwerfälligkeit in der Behandlung der Instrumente und der Stimme, eine holprige Kadenz, monotoner Rhythmus, häufig ist das harmonische Gewebe fadenscheinig, der Atem, besonders in den gewichtigen Stücken, kurz, es überfällt ihn eine Art physischer Erschöpfung, die ihn hindert, prachtvolle Gedanken zu Ende zu denken. Trotz alledem, nehmt ihn, wie er ist: eine der poetischsten musikalischen Gestalten, lächelnd und ein wenig melancholisch, ein kleiner Mozart, der ewig Rekonvaleszent ist. Nichts Gewöhnliches oder gar Brutales, hübsche, von Herzen kommende Melodien, in denen sich das Reinste einer englischen Seele spiegelt. Zarte Harmonien, liebkosende Dissonanzen, ein Sich-Gefallen in Septimen und Sekunden in einem unaufhörlichen Auf und Nieder von Dur und Moll, feine, schillernde Farben, in diffusem Licht, Frühlingssonne durch einen zarten Nebel schimmernd[1].

Er hat nur eine wirkliche Oper geschrieben: 1680 die wundervolle *Dido and Aeneas*[2]. Seine andern, übrigens sehr zahlreichen dramatischen Werke sind in Musik gesetzte Szenen. Das schönste Beispiel dafür ist die Musik, die er 1691 für den *King Arthur* von Dryden schrieb. Sie besteht beinahe nur aus Episoden, man könnte sie weglassen, ohne daß das Wesentliche der Handlung dadurch leiden würde. Der englische Geschmack lehnte nämlich die von einem Ende zum andern gesungene Oper ab, und zu Händels Zeiten war Addison im *Spectator* das Sprachrohr für diesen Widerwillen.

Obgleich Händels Auffassung der Oper von der Purcells abwich und beider Persönlichkeiten grundverschieden waren, so versäumte Händel auch hier nicht, sowenig als er es bei andern getan hatte, Nutzen aus dem Genie seines Vorläufers zu ziehen. Er war in ein Land gekommen, ohne dessen Sprache, dessen treibenden Geist zu kennen, was war da natürlicher, als daß er den englischen Meister sich zum Führer erkor. Daher stammen die Analogien zwischen Purcell und Händel. So kommt es, daß die Oden Purcells zuweilen eine Skizze zu Händels Kantaten und Oratorien zu sein scheinen. Sie weisen den gleichen architektonischen Stil auf, die gleichen Gegensätze in der

Bewegung, im Instrumentalklang, in den großen Ensemble- und Solostellen. Gewisse Tänze[1], gewisse heroische Arien, von unwiderstehlichem Rhythmus und schmetternden Siegesfanfaren begleitet[2], sind schon wirklicher Händel. Bei Purcell aber blitzen diese Lichter nur auf, seine Kunst, seine Persönlichkeit sind von der Händels ganz verschieden. Ihn wie so viele andere gute Musiker jener Zeit hat Händel aufgesogen, wie ein kleiner Bach sich in einem Strom verlieren muß. In dieser kleinen Quelle aber lebte Poesie, die Poesie der englischen Musik, das, was die ganzen Werke Händels nicht enthalten, nie enthalten konnten.

Seit dem Tode Purcells war es um die englische Musik getan. Fremde Elemente überschwemmten sie[3]. Eine junge, puritanische Opposition hatte mit ihren Angriffen auf das englische Theater dazu beigetragen, daß die englischen Künstler entmutigt ihrer Kunst abschworen[4]. John Blow, der letzte Meister der großen Epoche – ein ganz braver Künstler, zu seiner Zeit zu Ruhm gelangt, etwas farblos, etwas verschwommen, aber nicht ohne Vornehmheit, nicht ohne ausdrucksvolles Gefühl –, zog sich in religiöse Betrachtungen zurück[5]. Da keine englischen Komponisten vorhanden waren, traten die Italiener in die Lücke[6]. Thomas Clayton, ein alter Musiker der königlichen Kapelle, brachte aus Italien Textbücher, Partituren und Sänger mit. Er nahm ein altes Bologneser Textbuch, ließ es durch einen Franzosen ins Englische übersetzen und machte dafür ganz ungeschickt eine Musik zurecht, die nichts wert war. So kam dann, wie er mit Stolz sagte, das erste musikalische Drama zustande, das, im italienischen Stil, ganz in England komponiert und aufgeführt worden sei. Diese Niete, *Arsinoe,* im Januar 1705 am Drury Lane gespielt, war ein großer Erfolg, den indessen der einer wirklich italienischen Oper, im folgenden Jahr in London aufgeführt, noch übertraf: *Camilla, regina de' Volsci* von Antonio Maria Bononcini[7]. Umsonst versuchte der beunruhigte Addison gegen die italienische Invasion zu kämpfen, indem er mit liebenswürdiger Ironie den Snobismus des Publikums persiflierte. Er versuchte der italienischen eine nationale englische Oper[8] entgegenzusetzen, wurde aber dabei geschlagen und mit ihm das ganze englische

Theater[1]. 1707 beginnt der Reigen der halb englischen, halb italienischen Vorstellungen mit *Thomyris*. Von Januar 1710 an mit der *Almahida* ist man ganz beim Italienischen angelangt, gegen das kein englischer Musiker mehr zu kämpfen versucht[2].

Als Händel gegen Ende 1710 in England ankam, war die nationale Kunst tot. Es ist also absurd, wenn behauptet wird, wie es so oft geschieht, Händel habe die englische Musik getötet. Es gab für ihn nichts mehr zu töten, hatte doch London nicht einen einzigen Komponisten aufzuweisen. Dafür besaß es eine ganze Reihe ausgezeichneter Virtuosen, ganz besonders aber eine der besten Truppen italienischer Sänger, die man in Europa finden konnte. Einmal der Königin Anna vorgestellt, die musikliebend war und ganz gut Klavier spielte, wurde Händel mit offenen Armen von Aaron Hill, dem Direktor der Oper, empfangen. Dieser war sicherlich eine außergewöhnliche Erscheinung. Er hatte den Orient bereist, schrieb eine *Geschichte des Osmanischen Reiches*, verfaßte Tragödien, übersetzte Voltaire, gründete die Beech Oil Company, um das Öl der Buchnüsse zu gewinnen, gab sich mit Chemie ab und beschäftigte sich überdies mit dem Schiffbau[3]. Dieser in allen Sätteln Gerechte entwarf sofort den Plan zu einer Oper nach dem Vorbild des *Befreiten Jerusalem*. Daraus wurde der *Rinaldo*, der innerhalb von vierzehn Tagen, sowohl Text[4] als Musik, geschrieben war und zum erstenmal am 24. Februar 1711 am Haymarket Theatre aufgeführt wurde.

Der Erfolg war ein ungeheurer. Er machte den zukünftigen Sieg der italienischen Oper in London fraglich, und als der Sänger Nicolini, der die Rolle des Rinaldo innehatte, England verließ, nahm er die Partitur nach Neapel mit, wo er die Oper mit Hilfe des jungen Leonardo Leo 1718 zur Aufführung brachte. Der *Rinaldo* bedeutet einen Wendepunkt in der Musikgeschichte. Die italienische Oper, die Europa erobert hatte, beginnt jetzt ihrerseits von fremden Musikern, die sich an ihr gebildet haben, von den italianisierenden Deutschen, erobert zu werden. Nach Händel Hasse, auf ihn Gluck, nach Gluck Mozart. Händel aber ist der erste der Eroberer[5].

Nach der Aufführung des *Rinaldo* und bis zu dem Zeitpunkt, wo Händel sich endgültig in London niederläßt – zwischen 1711 und Ende 1716 –, schwankt er etwas unschlüssig zwischen Deutschland und England, zwischen religiöser Musik und der Oper.

Da er nun einmal Titel und Stelle eines Kapellmeisters von Hannover innehatte, mußte er seinen Posten im Juni 1711 wieder übernehmen [1]. In Hannover traf er dann wieder mit Steffani zusammen. Er versuchte sich in dessen Stil und komponierte nach seinem Beispiel ungefähr zwanzig Kammerduette, die aber dem Vorbild nicht gleichkommen. Auf Texte von Brockes entstanden schöne Lieder [2]. Einige seiner schönsten Instrumentalsätze, seine ersten Oboenkonzerte und Sonaten für Flöte und Baß [3] scheinen auch aus jener Zeit zu stammen. Die Kavaliere des hannoveranischen Hofes waren leidenschaftliche Flötenspieler, das Orchester, unter Farinel, war ausgezeichnet, ganz besonders die Oboen hatten einen Grad der Vollkommenheit erreicht, den wir heute kaum mehr besitzen. Dafür war aber die Oper in Hannover geschlossen, so daß Händel nicht einmal seinen *Rinaldo* aufführen lassen konnte.

Nachdem er aber einmal das Theater gekostet hatte, konnte und wollte er nicht mehr darauf verzichten. So sehnte er sich nach London, nach England, wo er den Boden abgehorcht, ihn günstig gefunden hatte; er war entschlossen, sich dort niederzulassen. Aus regelmäßigen Nachrichten [4] erfuhr er, daß seit seiner Abreise sich außer *Rinaldo* keine andere Oper hatte halten können. Die englischen Musikfreunde beschworen ihn, wiederzukommen, und Händel, der darauf brannte, abzureisen, verlangte vom hannoveranischen Hof einen neuen Urlaub. Er wurde ihm in der liebenswürdigsten Weise gewährt unter der Bedingung, daß er in vernünftig absehbarer Zeit zurückkomme [5].

Gegen Ende November 1712 traf er in London ein, gerade zur Zeit, um die Aufführung eines Schäferspiels, *Il pastor fido*, zu überwachen, eines überstürzt vollendeten Werks. Später [6] hat er die schönsten Gesänge daraus wiederverwendet. Zwanzig Tage darauf war der *Teseo*, »tragische Oper«, fertig, fünf kurze Akte [7], den Stempel der Eile und des Genies tragend.

Im Januar 1713 ging die Oper in Szene. Händel suchte in England Wurzel zu fassen. Er verbündete sich mit der Loyalität und dem Stolz der Engländer, indem er zu ihren politischen Festen Musik schrieb. Der Tag, wo der Friede von Utrecht, für England ruhmvoll, unterzeichnet werden sollte, nahte heran. Händel hatte dafür ein *Te Deum* vorbereitet, das schon im Januar 1713 fertig vorlag. Die Gesetze des Königreichs ließen es indessen nicht zu, daß ein Fremder beauftragt wurde, die Musik zu einer höchst offiziellen Feier zu schreiben. Das Parlament allein war berechtigt, ein Abweichen vom gebräuchlichen Gesetz zu gestatten. Nun schrieb Händel sehr geschickt eine schmeichelhafte Ode auf den Geburtstag der Königin Anna *(Birthday Ode for Queen Anne)*. Als sie am 6. Februar 1713 in St. James aufgeführt wurde, war die Königin entzückt und beauftragte Händel mit der Ausführung des *Te Deum* und des *Jubilate* für die Feier des Utrechter Friedens. Beides wurde am 7. Juli 1713 bei der feierlichen Handlung in St. Paul, im Beisein des Parlaments, aufgeführt. Diese Werke, zu denen ihm Purcell[1] als Beispiel gedient hatte, waren die ersten großen Versuche Händels im Monumentalstil.

So war es Händel gelungen, der Sitte zum Trotz sich als offizieller Komponist des englischen Hofes durchzusetzen. Das war aber nicht ohne schwere Verstöße gegen seine anderen Herren, die Fürsten von Hannover, abgegangen, in deren Dienst er noch immer stand. Die Beziehungen zwischen der englischen Erbbase und den armen Verwandten in Hannover waren äußerst gespannt. Königin Anna konnte jene nicht ausstehen und hatte namentlich ihren Haß auf die intelligente Herzogin Sophie geworfen, die sie in Spottliedern veralbern ließ. Heimlich verständigte sie sich mit dem Prätendenten der Stuarts, den sie als Erben eingesetzt sehen wollte. Indem nun Händel im Dienste der Königin blieb, ergriff er Partei gegen seinen Herrn in Hannover. Einige Historiker sind so weit gegangen, von Verrat zu sprechen. Das ist der einzige Fehler an dem Musiker, den Chrysander, der Hagiograph Händels, nicht zu entschuldigen vermag. Sein deutsches Nationalgefühl fühlt sich verletzt. Nun muß allerdings zugegeben werden, daß Händel deutschen Patriotismus kaum besessen hat. Er hatte die

Mentalität der großen deutschen Künstler seiner Zeit, deren Vaterland Kunst und Glaube hieß; um den Staat kümmerten sie sich wenig.

Erst wohnte Händel bei dem einen, dann bei dem andern englischen Mäzen, während eines Jahres bei einem reichen Musikliebhaber in Surrey, dann in Piccadilly bei dem Grafen Burlington. In dem Hause, in dem Pope und Swift aus und ein gingen und das von Gay beschrieben worden ist, blieb er drei Jahre. Händel ließ sich vor der Elite der Londoner Gesellschaft auf Orgel und Cembalo hören. Mit Ausnahme Popes, der nicht musikliebend war, brachte man ihm Bewunderung entgegen. Er schrieb wenig[1], überließ sich dem Leben und dem Eindruck wie zur Zeit seines Aufenthaltes in Neapel. Wie damals wartete er ruhig, bis die Atmosphäre des Landes ihn ganz durchdrungen hatte. Er gehörte zu denen, die drei Opern in zwei Monaten schreiben können und dann für ein Jahr schweigen. Das ist die Art des ungestümen Flusses, der bald überschäumt, bald eintrocknet.

Überdies wartete er die Entwicklung der Dinge ab. Die Hannoveraner schienen wirklich aus der englischen Thronfolge verdrängt zu sein. Am 8. Juni 1714 starb die Herzogin Sophie, wie Chrysander sagt, aus Gram (in Wirklichkeit trug die Hauptschuld ein Schlaganfall), mit der Überzeugung, daß dem Stuart die von beiden heiß begehrte Erbschaft zufallen werde. Weniger als je machte Händel Miene, nach Hannover zurückzukehren. Nun aber warf der Zufall alle Pläne über den Haufen: Zwei Monate nach dem Tode der Herzogin Sophie, am 1. August 1714, starb Königin Anna ganz plötzlich. In der Verwirrung, in die dieser plötzliche Tod die Stuart-Partei versetzt hatte, wurde noch am gleichen Tag Georg von Hannover durch geheimen Ratsbeschluß zum König von England proklamiert. Am 20. September kam er in London an, und am 20. Oktober wurde er in Westminster gekrönt. Der enttäuschte Händel mit seiner *Ode* an die Königin Anna mußte sich in Zerknirschung sagen, daß sein *Te Deum* zur Throneinsetzung der neuen Dynastie hätte dienen können, wenn er nur ein Jahr gewartet hätte.

Händel ließ sich nicht lange von diesem Wechsel seines Glücks niederdrücken. Er wurde nicht müde, Verzeihung zu erbitten, und für ihn die beste Art, sie zu erlangen, war, sich unverzüglich an eine Arbeit zu machen. So schrieb er den *Amadigi*. Wohl hatte König Georg I. Fehler, daneben aber den großen Vorzug, die Musik aufrichtig zu lieben, und diese Leidenschaft teilten um ihn herum viele seiner mehr oder weniger schätzenswerten Höflinge. Von jeher ist die Musik den Deutschen eine Heilquelle gewesen, in der ein Besudelter sich reinbaden kann, die Erlöserin von der erniedrigenden Kleinlichkeit des täglichen Lebens. Wie auch König Georg über Händel denken mochte, er konnte ihn nicht strafen, ohne sich selbst zu strafen. Nun gar nach dem Erfolg des entzückenden *Amadigi*, der am 25. Mai 1715 zum erstenmal in Szene ging, hatte er den Mut nicht, seinem Musiker länger zu zürnen. Er versöhnte sich mit ihm[1]. Händel bezog sein Gehalt als Kapellmeister von Hannover wieder, bis er Musiklehrer der kleinen Prinzessinnen geworden war. Als der König im Juli 1716 nach Hannover reiste, ging Händel mit.

Nicht etwa, daß es für Händel am Hof viel Arbeit gegeben hätte. Der König war von den Geschäften und der Jagd derart in Anspruch genommen, daß er nicht einmal Zeit fand, sich nach dem alten getreuen Leibniz umzusehen. Dieser starb am 14. November 1716 zu Hannover, ohne daß jemand am Hof davon Notiz nahm. Händel benutzte die Muße, der man ihn überließ, um in die deutsche Kunst zu tauchen.

Damals war in Deutschland eben die Mode der musikalischen Passionen aufgekommen. Es war eine religiöse und theatralische Strömung zugleich, in der man den Einfluß des Pietismus und der Oper unterscheiden konnte. Keiser, Telemann, Mattheson in Hamburg schrieben Passionen, die viel Aufsehen machten[2], nach einem berühmten Text des Senators Brockes. Nach ihrem Beispiel, vielleicht um sich mit diesen Männern zu messen, die alle drei entweder seine Rivalen oder seine Freunde[3] gewesen waren, unternahm es Händel, auf denselben Text eine Passion nach Brockes zu schreiben.

Dieses mächtige und seltsame Werk voller Ungereimtheiten, in dem schlechter Geschmack und Sublimes sich berühren, wo Emphase und Geziertheit sich mit der letzten und reinsten Kunst mischen (ein Werk, das Bach gut kannte und dessen er sich erinnerte), war für Händel eine entscheidende Erfahrung. Im Schreiben fühlte er, was ihn von der pietistischen Kunst Deutschlands trennte. Nach England zurückgekehrt[1], schrieb er die *Psalmen* und *Esther*.

Was nun folgt, ist die Glanzzeit von Händels Leben. Zwischen 1717 und 1720, während er im Dienst des Herzogs von Chandos[2] stand, wurde er sich seiner Persönlichkeit voll bewußt und schuf nun einen neuen Stil der Musik und des Theaters. Die *Anthems* (oder Psalmen) für Chandos[3] sind für die späteren Händelschen Oratorien, was die italienischen Kantaten für die Opern sind: wundervolle Skizzen, epische Bruchstücke. In diesen religiösen Kantaten, für die Kapelle des Herzogs geschrieben, räumt Händel den Chören den ersten Platz ein, sie sind die singende Stimme der Bibel selbst, eine männliche, heldenhafte Stimme, befreit von der Schwere der Auslegungen und den sentimentalen Ergüssen, mit denen deutsche Frömmigkeit sie belastet und zur widerwillig gehörten Stimme gemacht hatte. In diesen *Anthems* leben schon Stil und Geist des *Israel in Egypt*, hier sind schon große, monumentale Linien, hier kündigt sich schon Volkstümliches an.

Von diesen biblischen Epen war nur ein Schritt zum Drama. Händel unternahm ihn in *Esther*, die in der ersten Form den Titel trug: *Haman and Mordecai*, »a masque«[4]. Es ist möglich, daß bei der ersten Aufführung am 29. August 1720 beim Herzog von Chandos das Werk auf der Bühne dargestellt worden ist. Auf alle Fälle ist es eine der größten Tragödien im antiken Stil, die seit den Griechen geschrieben worden sind. Als ob diese Tragödie Händels Geist dem hellenischen Ideal zugeführt hätte, komponierte er beinahe zur selben Zeit die Schäfertragödie *Acis and Galatea*, gleichfalls unter dem Namen einer Masque[5] und wie *Esther* nicht frei vom Gedanken ans Theater. Dieses kleine poetische[6] und musikalische Meisterwerk, in dem sich die lachenden und elegischen Bilder der schönen sizilianischen Legende aufrollen, ist von einer klassischen Vollkommenheit, über die Händel nie hinausgekommen ist.

Esther und *Acis* zeugen von dem Wunsche Händels, die Vollkraft der Musik in Chor und Orchester in den Dienst der dramatischen Handlung zu stellen. Hier in diesen beiden Werken, die, ohne daß er sich dessen bewußt ist, den Weg weisen zu seinen zukünftigen Oratorien, strebt er dennoch nicht nach dem Oratorium als Ziel, sondern nach der Oper. Immer hat ihn das Theater angezogen, und nur eine Kette von Mißgeschicken, von rasch sich folgenden Zusammenbrüchen, drängte ihn später und gegen seinen Willen davon ab. So ist es ganz natürlich, daß er zur Zeit, als er *Esther* und *Acis* schrieb, die musikalische Direktion eines Theaterunternehmens übernahm, von dem ein Teil seiner Kraft, ja selbst seines Lebens aufgezehrt wurde. Das war die Akademie für italienische Opernmusik[1].

Man sagt, Händel habe im Jahre 1720 den Abschluß seiner Lehrlingsjahre gesehen. Was er damals nicht wußte, war, daß er zu jener Zeit auch mit seinen Ruhejahren abschloß. Bis dahin hatte er das Leben eines jener ungezählten Hofmusiker geführt, die im Schatten eines Fürsten leben und für einen kleinen gewählten Kreis schreiben. Nur mit ein paar wenigen religiösen oder patriotischen Werken hatte er Gelegenheit gehabt, aus diesem Kreis herauszutreten, die Stimme des Volkes interpretierend. Nun aber, von 1720 bis zu seinem Tode, gehört seine Kunst allen. Jetzt steht er an der Spitze eines Theaters, jetzt hat er den Kampf aufzunehmen mit dem großen Publikum. Seine außergewöhnliche Vitalität bringt es zustande, daß er zwei bis drei Opern im Jahr schreibt und daneben – allerdings nahezu aufgerieben vom Unfruchtbaren der Aufgabe – eine Truppe von undisziplinierten Virtuosen, die an Größenwahn leiden, dirigiert. Von Kabalen gereizt, vom Gespenst des drohenden Bankrotts gehetzt, spannt er sein Genie während zwanzig Jahren vor die paradoxe Aufgabe, nach London eine italienische Oper verpflanzen zu wollen, die rachitisch werden und verkümmern mußte in einem Boden, einem Klima, das nicht für sie gemacht war. Am Ende dieses erbitterten Kampfes sollte er, der Besiegte und Sieger, nachdem er den zurückgelegten Weg mit Meisterwerken besät hatte, auf den Gipfel seiner Kunst gelangen, zu den großen Oratorien, die seinen Namen unsterblich gemacht haben.

Am 27. April 1720, nachdem Händel auf einer Reise nach Deutschland in Hannover, Halle, Düsseldorf und Dresden seine Truppe von italienischen Sängern[1] zusammengestellt hatte, eröffnete er die Londoner Oper mit seinem *Radamisto*[2], der dem König gewidmet war. Der Zudrang des Publikums war groß, war aber hauptsächlich auf die Rechnung der Neugier und eine momentane Geschmacksrichtung zu schreiben. Bald begnügte sich nämlich der Snobismus einer gewissen Klasse von Musikliebhabern nicht mehr damit, einen italianisierenden Deutschen als Repräsentanten der italienischen Oper zu besitzen: Graf Burlington, der frühere Beschützer Händels, holte von Rom den König der italienischen Mode, Giovanni Bononcini[3].

Bononcini war aus Modena und kam als ungefähr Fünfzigjähriger[4] nach London. Als Sohn eines Künstlers von großem Verdienst – sein Vater war Giovanni Maria Bononcini[5], den ein frühzeitiger Tod nicht zum Ruhm gelangen ließ – wurde er von einem der ersten italienischen Meister jener Zeit mit brüderlicher Liebe erzogen. Giovanni Paolo Colonna, der Lehrer des Knaben Bononcini, war Organist von S. Petronio in Bologna und war einer der wenigen, die Kultur und Wissen der Vergangenheit bewahrt hatten. Der junge Bononcini genoß schon früh die Gunst hoher fürstlicher, sogar kaiserlicher Gönnerschaft[6]. Noch frühreifer als Händel, veröffentlichte er Erstlingswerke mit dreizehn Jahren, war mit vierzehn Mitglied der philharmonischen Akademie von Bologna und mit fünfzehn Kapellmeister. Er schrieb zuerst Instrumentalmusik, das war eine Eigentümlichkeit, die er vom Vater geerbt hatte[7]. Er langte erst bei der Oper an, als er sich in allen anderen Gattungen versucht hatte. Die Oper lag ihm im Grunde nicht, da er von Geburt Konzertmusiker war und sich auch in seinen Opern als solcher nicht verleugnet. Reisen in Deutschland und Österreich, in deren Lauf er 1700 zum kaiserlichen Komponisten ernannt wurde und 1703[8] in Berlin seinen *Polifemo* aufführen ließ, verbreiteten und machten seinen Namen in Europa. Seine Musik war seit 1706 in Frankreich bekannt und fand bald unbeschreiblichen Beifall[9]. In Italien aber übertraf sein Ruf von nun an den Scarlattis, der sogar, nach Dent, sich Bononcinis Einfluß hingegeben hätte. Für ihn dauerte die europäische Berühmtheit zehn bis fünfzehn Jahre; während dieser Zeit war er in der Tat der Deuter und Dolmetscher einer Gesellschaft, einer Zeit.

An seiner Musik war erstaunlich – wenn man Lecerf de la Viéville glauben kann – die Kühnheit der Modulation, der Reichtum der vokalen Ornamentik, das Losgebundene seines Geistes. Seine Schule schien den Anhängern Lullys Geziertheit und Gezwungenheit zu pflegen, sich der Vernunft entgegenzustellen. Sie galt als die Verkünderin der Melodie, die sich der des Kontrapunkts gegenüberstellte. Bononcini war ein damaliger »Vertikalist«, der den »Horizontalisten« der vorausgegangenen Epoche[1] entgegentrat. Ganz offenbar war er in der Musik ein Sensualist, ein Antiintellektueller. Da er von der reinen Instrumentalmusik kam, ist ihm immer Dichtung, dichterischer Vorwurf, alles, was außermusikalisch ist, gleichgültig geblieben. In der Musik geht er hauptsächlich den seltenen und »samtnen« Klängen nach[2]. Das war offenbar der Grund, warum er einer von der Anspannung des Verstandes ermüdeten Zeit – wie sie eine streng deduktive Kunst eines Scarlatti oder die ausdrucksvolle Rezitativkunst eines Lully[3] fordert – so gefallen mußte. In Bononcini verkörpert sich die Reaktion des guten, mondänen gegen den gelehrten Geschmack[4]. Gegen die großen Dakapoarien, nach den Gesetzen des Kontrapunkts mehr oder weniger breit entwickelt, stehen jetzt ganz kurze Arien, immer noch im Dakapostil, aber in verkleinertem Maßstab, leicht verdaulich, die nach volkstümlicher Melodie riechen, aber nach der Mode von Bononcinis elegantem Publikum, sorgfältig parfümiert und frisiert sind[5]. Seine vornehme Einfachheit, seine zärtliche, fade Empfindsamkeit, immer korrekt in der Kühnheit, immer kalt in der Wollust, machten Bononcini zum großen Mann des Salons, zum Revolutionär der großen Welt. Je älter er wurde, desto mehr traten seine fatalen Züge hervor, desto mehr versteinerten sie. Wie es immer wieder vorkommt bei Künstlern, die zuviel Erfolg haben, bemächtigte sich dieser Erfolg seiner Kunst und diktierte ihm die Wiederholung gewisser Klischees. Die Trägheit Bononcinis kam diesem Zwang entgegen. Nun trat von Jahr zu Jahr das Oberflächliche seiner Kunst, und was ihr an bloß Mechanischem anhaftete, mehr zutage. Diese Musik, häufig schön und anmutig, immer harmonisch, nie ausdrucksvoll, wickelte sich jetzt ab als Reihenfolge von eleganten, aber trockenen Motiven, alle mit der Schere nach gleichem Vorbild ausgeschnitten und bis ins Unendliche wiederholt.

In London erlag man im ersten Augenblick ganz seinem Zauber. Das Persönliche des Musikers trug zur Anziehungskraft, die seine Musik ausübte, bei. Der geschmeidige Italiener hatte gute Manieren und eine zugleich liebenswürdige und selbstbewußte Art. Gleich Händel war er Virtuose, aber auf einem vornehmeren Instrument als dem Cembalo, auf dem Cello. Er ließ sich, Zurückhaltung wahrend, in den aristokratischen Salons hören. Es dauerte nicht lange, so war er der Modekomponist, und sein *Astarto*[1], Ende 1720 aufgeführt, löschte bald die Erinnerung an Händels *Radamisto* aus.

Händel sah sich einem starken Gegner gegenüber. Es war nichts weniger als leicht, auf dem Boden des Italianismus gegen einen Bononcini zu kämpfen, aber es gab für Händel kein Ausweichen der Fehde. Das englische Publikum, dem Bären-, Hahnen- und Virtuosenkämpfe von je ein Leckerbissen waren, machte sich eine Freude daraus, zwischen Händel und Bononcini einen Zweikampf zu inszenieren: Sie sollten gemeinsam eine Oper schreiben! Händel nahm die Herausforderung an – und wurde geschlagen. Sein Teil des *Muzio Scevola*[2] (März 1721) ist sehr schwach und der darauf folgende *Floridante* (9. Dezember 1721) nicht viel besser. Der Erfolg des Italieners stieg durch die Niederlage Händels. Übrigens rechtfertigte die hübsche Oper *Griselda* (Februar 1722) den Ruhm, zu dem Bononcini inzwischen gelangt war. Er nutzte die Opposition der tadelsüchtigen englischen Literaten und des hohen Adels aus, um gegen den Hof von Hannover und die deutschen Künstler Stimmung zu machen.

Händels Stellung war stark erschüttert. Nun aber tat er mit seinem melodiösen *Ottone* (12. Januar 1723), der volkstümlichsten seiner Opern, den Gegenstreich. Siegreich[3] ging er von jetzt an vorwärts, ohne sich mehr um Bononcini zu kümmern. Er schreibt jetzt Schlag auf Schlag drei Meisterwerke, in denen er das Theater einer neuen musikalischen Bestimmung weiht.

Sie sind musikalisch ebenso reich und dramatischer als zehn Jahre später die Werke Rameaus. Es sind *Giulio Cesare* (20. Februar 1724), *Tamerlano* (31. Oktober 1724) und *Rodelinda* (13. Februar 1725). Der letzte Akt des *Tamerlano* ist ein wundervolles und vor Gluck ziemlich allein dastehendes Beispiel des packenden und leidenschaftlich bewegten Musikdramas.

Bononcinis Partei war nun endgültig erledigt[1]. Nun begannen aber für Händel noch größere Schwierigkeiten, war doch die Londoner Oper den Forderungen von Kastraten und Primadonnen und den Extravaganzen ihrer Ritter ausgeliefert. 1726 kam die berühmteste italienische Sängerin ihrer Zeit, die Faustina[2], in London an. Von diesem Augenblick an wurden die Londoner Vorstellungen zu einem Zweikampf der Kehlen zwischen der Faustina und der Cuzzoni, die unter dem Lärm der feindlichen Parteien in Vokalisen wetteiferten. Händel schrieb seinen *Alessandro* (5. Mai 1726)[3] für ein Duell zwischen den beiden Sternen der Truppe, die Alexanders Geliebte sangen. Trotz aller Theaterunannehmlichkeiten fand Händel Zeit, sein dramatisches Genie in einigen erhabenen Szenen des *Admeto* (31. Januar 1727) an den Tag zu legen. Das Publikum schien ergriffen von dieser Größe. Nicht so die beiden Theaterdamen; in erbitterter Nebenbuhlerschaft brannten sie lichterloh. Jede hatte in ihrem Dienst Pamphletisten, die auf die Gegnerin unwürdige Spottverse losließen. Sie gerieten in solche Wut, daß sie sich auf offener Szene am 6. Juni 1727 buchstäblich in die Haare gerieten und sich mit Schlägen traktierten unter dem Geheul des Publikums, im Beisein der Prinzessin von Wales[4].

Nun geht alles drunter und drüber, obgleich Händel versucht, die Zügel wieder in die Hand zu nehmen. Aber wie sein Freund Arbuthnot gesagt hat, der Teufel war nun einmal los und wollte nicht mehr in seinen Kasten zurück. Die Partie war verloren, trotz drei neuer Werke Händels, in denen es von seinem Genie blitzt. Es sind *Riccardo Primo* (11. November 1727), *Siroe* (17. Februar 1728) und *Tolomeo* (30. April 1728). Ein kleiner Pfeil, den Gay und Pepusch mit der *Beggar's Opera* auf Händel abschossen, vollendete den Zusammenbruch der

Opernakademie in London[1]. Diese ausgezeichnete Operette, aus gesprochenem Dialog und populären Gesängen bestehend, war eine blutige Satire auf Walpole und zugleich eine geistreiche Parodie auf die Lächerlichkeiten der Oper an sich[2]. Ihr ungeheurer Erfolg nahm den Charakter einer nationalen Kundgebung an. Es war die Reaktion des populären Wirklichkeitssinns auf den hohlen Pomp der italienischen Oper und auf den Snobismus, der diesen Pomp den anderen Nationen aufzwingen wollte. Schon zeigen sich die ersten Risse im Bau des triumphierenden Italianismus. Das Nationalgefühl erwacht überall, 1729 wird die *Matthäuspassion* aufgeführt, wenige Jahre später die ersten Oratorien Händels und die ersten Opern Rameaus. 1728/29 zieht Martin Heinrich Fuhrmann mit seinen berühmten Pamphleten gegen die italienische Oper zu Feld. Nach ihm schickt Mattheson die Welschen mit ihren Hippogryphen über die wilden Alpen, daß sie sich im Ätna reinigen. Nirgends aber ist die nationale Reaktion spontaner und populärer als in England, dessen robuster Humor mit Swift und Pope, die mit ihren Besen die Lügen auskehrten, erwachte[3].

Händel fühlte sich in diesen Umschwung ein. Seit 1727 versuchte er auf dem Boden der englischen Nationalität Fuß zu fassen. Am 13. Februar 1726 hatte er sich als Engländer naturalisieren lassen. Für die Krönung des neuen Königs, Georg II., am 11. September 1727[4] hatte er seine *Coronation Anthems*[5] geschrieben. Nun kam er auf den Plan eines englischen Oratoriums zurück.

Er fühlte sich aber weder auf dem neuen Boden noch im Geschmack des Publikums sicher genug, um der italienischen Oper ganz den Rücken zu kehren. Besser als irgendein anderer sah er die reichen Quellen, die für ihn in dieser Musikgattung sprudelten und was er aus ihr zu machen imstande war. Übrigens hatte der Zusammenbruch der Londoner Opernakademie seinem Prestige nicht im mindesten geschadet: Nicht allein in England, auch in Frankreich galt er nach wie vor als der größte lyrische Meister des Theaters[6]. Seine in London aufgeführten italienischen Opern verbreiteten sich von da über ganz Europa.

»Flavius, Tamerlan, Otto, Rinald, Cäsar,
Siroe, Rodelind, Richard und Admet gar,
Denksteine sind's, die ewig seinem Ruhme ragen,
Die Werke überstrahlen sie aus Römertagen.
Hat selbst Venedig einen Herrlichen wie er?«[1]

Man versteht, daß Händel der Versuchung nicht widerstehen konnte, ganz allein, ohne Kontrolle, die ihm die Freiheit zu beschneiden trachtete, eine neue italienische Oper ins Leben zu rufen. Ende des Sommers 1728 reiste er nach Italien, um sich dort für seinen bevorstehenden Kampf zu wappnen. Im Laufe dieser langen Reise[2], die beinahe ein Jahr dauerte, warb er Sänger und vervollständigte seine Sammlung von Textbüchern und italienischen Partituren. Er füllte seinen Italianismus mit frischem Leben, indem er sich in das Studium der neuen italienischen Opernschule vertiefte, die Leonardo Vinci[3] gegründet hatte. Diese kämpfte gegen die Anwendung des Konzertstils in der Oper und drang auf die Betonung des Dramatischen, selbst auf die Gefahr eines musikalischen Verlustes hin.

Händel zog auch hier Nutzen aus seinen neuen Studien, ohne an Reichtum seines Stils zu verlieren. Seine neuen Opern *Lotarico* (Dezember 1729), *Partenope* (Februar 1730), *Poro* (Februar 1731), *Ezio* (Januar 1732) – besonders die beiden letzteren – überraschen durch die Schönheit der Melodie und die dramatische Wucht gewisser Stellen. Das Meisterwerk dieser Schaffenszeit ist der *Orlando* (27. Januar 1733), der ebenso vollendet musikalisch wie intelligent in der Anlage der Charaktere und durchsprüht ist von Geist und Leidenschaft. Wenn der *Tamerlano* von 1724 den Gedanken der Gluckschen Tragödien heraufbeschwört, so denkt man beim *Orlando* an Mozarts schönste Opern.

Während er den Kampf für die italienische Oper fortsetzte, benutzte Händel den unerwarteten Erfolg, den der englische Nationalismus *Acis and Galatea* und *Esther*[4] in einer Wiederaufnahme auf englische Texte bereitete: Er versuchte von neuem, nur um so viel bewußter als zehn Jahre vorher bei Chandos, die Form des musikalischen Theaters zu erweitern, sie freier und reicher zu gestalten, den Chor zu einem lyrischen Hauptträger im Werk zu machen. Für die Wiederaufnahme von *Esther* 1732 fügte er die schönsten Chöre aus den *Krönungspsalmen* dem Oratorium ein. Im folgenden Jahr schrieb er *Deborah* (17. März 1733) und *Athalia* (10. Juli 1733), in denen die Chöre den größten Platz einnehmen. Gegen seine Erwartung stießen diese großen biblischen Dramen, die beim englischen Publikum eine begeisterte Aufnahme hätten finden müssen, auf Widerstand, den persönliche Motive, die mit Kunst nichts zu tun hatten, in Szene gesetzt hatten. *Deborah*[1] wurde kaltgestellt, und wenn auch *Athalia*[2] in Oxford Erfolg hatte, so gelang es Händel erst nach zwei Jahren, sie in London aufzuführen.

Händel mußte also wieder einmal auf die italienische Oper zurückgreifen. Auf diesem Gebiet aber verfolgte ihn die Feindschaft des Publikums. Man haßte die hannoveranische königliche Familie. Sie vergrößerte das Mißtrauen durch skandalöse Zänkereien, die Vater und Sohn gegeneinander führten. Dem Prinzen von Wales fiel es aus kleinlichem Rachegefühl gegen seinen Vater ein – er kannte dessen Zuneigung für Händel –, diesen zugrunde zu richten. Von einer Opposition unterstützt, die entzückt war von dem Plan, dem König ein Bein zu stellen, gründete er eine Konkurrenzoper. Da man nun Händel nicht mehr Bononcini entgegenstellen konnte, der sich durch eine Plagiatsaffäre in ganz Europa unmöglich gemacht hatte[3], wandte man sich an Porpora, damit er die Direktion der geplanten Oper übernehme. Jetzt, sagt Baron Hervey, wurde die Sache ebenso ernst wie die der Grünen und der Blauen zur Zeit Justinians in Konstantinopel. Ein Antihändelianer war zugleich ein Antiroyalist, und im Parlament gegen den Hof zu stimmen war kaum gefährlicher, als gegen Händel zu sprechen. Dafür fiel aber die ganze Unpopularität, die auf dem König lag, auf Händel zurück: Die ganze Aristokratie verband sich, um ihn zu Fall zu bringen.

Händel nahm den Handel an. Nach einer dritten italienischen Reise während des Sommers 1733, auf der er neue Sänger engagierte, nahm er tapfer den Kampf gegen Porpora, mit dem sich 1734 Hasse vereinigt hatte, auf. Es waren die beiden größten Rivalen, mit denen er sich je gemessen hatte. Beide hatten mächtiges dramatisches Gefühl, und beide waren sie vor allem die Herrscher im Reiche des Belcanto[1] und der italienischen Melodie.

Nicola Porpora aus Neapel zählte damals siebenundvierzig Jahre. Er war ein kalter, aber starker Geist, als intelligenter Musiker beherrschte er alle Hilfsmittel seiner Kunst, vor allem wie kein zweiter – Hasse vielleicht ausgenommen – alle technischen Mittel des italienischen Gesangs. Sein Stil ist ebenso schön und nicht weniger groß als der Händels, kein anderer italienischer Musiker seiner Zeit hat seinen tiefen und ruhigen Atem[2]. Seine Schreibart scheint nicht der Zeit Händels, eher der eines Gluck oder Mozart anzugehören. Während Händel, seinem wundervollen Gefühl für plastische Schönheit zum Trotz, die Stimme häufig wie ein Instrument behandelt und in der Entwicklung seines Motivs die schönen italienischen Linien bisweilen durch germanisches Rankenwerk erdrückt werden, bewahrt Porpora immer das klassisch Reine, etwas Trockene der Zeichnung. Die Geschichte hat ihm noch nicht Gerechtigkeit widerfahren lassen[3]. Er war durchaus würdig, sich mit Händel zu messen, und der Vergleich von Porporas *Arianna* und der Händels, die kurz hintereinander aufgeführt wurden[4], fällt nicht zugunsten der letzteren aus. Händels Musik ist wohl elegant, aber man wird vergebens darin das Weitgespannte suchen, das in der *Arianna in Nasso* von Porpora zu finden ist. Die Form seiner Arien ist vielleicht von zu klassischer Regelmäßigkeit, aber durch dieses Werk, das wie ein römischer Tempel[5] anmutet, geht ein machtvoller Zug. Man glaubt sich einem italienischen Schüler Glucks gegenüber. Eine seltsame Erscheinung, die einigen Vorläufern eigen ist. So ist es mit Iacopo della Quercia, der in Wirklichkeit Michelangelo inspirierte, aber aus ihm hervorgegangen zu sein scheint.

Hasse war Porpora überlegen an Reiz der Melodie, die nur bei Mozart ihresgleichen hat, und an symphonischer Begabung, die sich in seiner reich instrumentierten Begleitung, die nicht weniger melodiös ist als sein Gesang, offenbart[6].

Händel sah bald das Aussichtslose eines Kampfes auf dem Boden der italienischen Oper ein. Seine Überlegenheit lag in der Verwendung des Chors; so suchte er, nach französischem Muster, ihn in die Oper einzuführen.

Die Situation hatte sich für ihn nach der Abreise seiner ersten Gönnerin, der Prinzessin Anna[1], Schwester des Prinzen von Wales, noch drohender gestaltet. Sie kompromittierte erst Händel durch die Leidenschaft, mit der sie ihn gegen seine Feinde verteidigte, dann überließ sie ihn diesen Feinden, deren Feuer sie mitgeschürt hatte. Im April 1734 verließ sie England, um ihrem Gemahl, dem Prinzen von Oranien[2], nach Holland zu folgen. Von dem Augenblick an sah sich Händel von den Freunden von gestern verlassen. Sein Associé Heidegger, der Besitzer des Haymarket Theatre, vermietete den Theatersaal der feindlichen Partei, und Händel sah sich aus dem Haus gejagt, für das er vierzehn Jahre gearbeitet hatte. Er mußte mit seiner Truppe in den Covent Garden zu John Rich[3] auswandern. Das Lokal war eine Art Music Hall, wo die Oper als Mitmieterin neben allen möglichen Arten und Abarten des Schaustücks geduldet war, wie Ballett, Pantomime, Harlekinade. In der Truppe Richs befanden sich französische Tänzer und unter ihnen die Sallé[4], die im englischen Publikum mit zwei getanzten Tragödien, *Pygmalion* und *Bacchus und Ariadne*[5], Stürme der Begeisterung entfesselt hatte. Händel, der die französische Kunst[6] seit langem kannte, sah den Vorteil, den er aus den neuen Mitgliedern der Truppe ziehen konnte. Er eröffnete also die Saison 1734 im Covent Garden mit einem ersten Versuch in der Gattung der französischen Ballettoper, mit der *Terpsicore* (9. November 1734), in dem die Sallé die Hauptrolle innehatte. Einen Monat später folgte *Oreste*, ein Pasticcio, in dem er der Sallé und ihrer Ausdruckskunst wieder einen Platz einräumte. Schließlich verband er in zwei Meisterwerken ganz eng Tanz, Chöre und dramatische Handlung, in dem poetischen und schön gebauten *Ariodante* (8. Januar 1735), besonders aber in der *Alcina* (16. April 1735).

Aber alles Unglück hatte sich gegen ihn verschworen. Grobe nationalistische Kundgebungen zwangen die Sallé und die französischen Tänzer, London zu verlassen[7]. Händel mußte auf die Ballettoper verzichten. Wenn er trotzdem auf dem Boden des Theaters weiterkämpft, ist es von nun an nur noch, weil ihn sein trotziger Wille davon abhält, sich besiegt zu erklären. Als er sein Theater übernahm, habe er sich, sagt man, auf einen

Fonds von zehntausend Pfund an Ersparnissen stützen können. Sie waren nun aufgezehrt, und er hatte überdies ein Defizit von weiteren zehntausend Pfund aufzuweisen. Seine Freunde konnten seinen Eigensinn durchaus nicht verstehen, der ihn dem Ruin entgegenführen mußte. »Aber«, sagt Hawkins, »er war ein Mann von einem entschlossenen und unerschrockenen Geist, in keiner Weise ein Sklave geiziger und habsüchtiger Leidenschaften, und er würde nötigenfalls noch weiter gegangen sein, als er tat, anstatt sich vor denen zu beugen, die er als tief unter ihm stehend ansah.« Da er nicht mehr Sieger sein konnte, wollte er wenigstens seinen Gegnern den Hals brechen. Er hat sie denn auch getötet, aber wenig fehlte, so hätte er mit demselben Streich auch sich selbst getötet.

Er beharrte darauf, weiter Opern[1] zu schreiben, deren lange Reihe sich bis ins Jahr 1741 erstreckt. Von Werk zu Werk zeigt sich jetzt eine ausgesprochene Neigung zur komischen Oper und zum Romanzenstil[2], der in der zweiten Hälfte des 18. Jahrhunderts beliebt wird. Man fühlt aber deutlich, daß seit 1735 für ihn das wirkliche musikalische Drama das Oratorium ist. Er kommt auch sieghaft in *Alexander's Feast*, das auf die *Ode an die heilige Cäcilie* von Dryden[3] komponiert ist, darauf zurück. Es wurde am 19. Februar 1736 zum erstenmal im Covent-Garden-Theater aufgeführt.

Sollte man glauben, daß dieses starke und gesunde Werk in zwanzig Tagen, gleichsam in leichtem Spiel, entstanden ist, am Rande des Zusammenbruchs, vor dem Händel stand! Hat doch nur weniges gefehlt, daß die Krankheit, die neben dem pekuniären Ruin über ihn hereinbrach, seine Vernunft hinuntergeschlungen hätte in den Abgrund.

Seit einigen Jahren schon hatte die Krankheit auf ihn gelauert, Arbeiten und unerhörte Sorgen hatten diese eiserne Gesundheit zerfressen. Ohne Erfolg hatte er während des Sommers 1735 und wahrscheinlich auch 1736 die Bäder von Tunbridge versucht. Er konnte sich keine Ruhe gönnen, da sein Theater vor dem Bankrott stand, und machte, um es zu halten, übermenschliche Anstrengungen. Zwischen Januar 1736 und April

1737 dirigierte er zwei Opern- und zwei Oratoriensaisons, schrieb ein Oratorium, einen Psalm und vier Opern[1].

Am 12. oder 13. April 1737 versagte die Maschine ihren Dienst: Händel wurde vom Schlag getroffen, so daß die rechte Seite teilweise und die Hand ganz gelähmt war und selbst die geistigen Fähigkeiten in Mitleidenschaft gezogen waren. Während er krank und vom Theater abwesend war, schloß es seine Pforten und machte Bankrott[2]. Während des ganzen Sommers befand sich der Kranke im Zustand der hoffnungslosesten geistigen Depression, er wies alle Pflege von sich, man fürchtete das Schlimmste. Endlich gelang es seinen Freunden, ihn Ende August nach Aachen in die Bäder zu schicken. Die Wirkung der Kur war ein Wunder: Innerhalb von einigen Tagen war er gesund. Im Oktober kam er nach London zurück. Der auferstandene Titan nahm sogleich den Kampf wieder auf und schrieb in drei Monaten zwei Opern und den herrlichen Totenpsalm *(Funeral Anthem)* auf der Königin Tod[3].

Traurige Tage, die nun folgen: Seine Gläubiger verfolgen ihn, das Gefängnis droht ihm; endlich dringt eine Sympathiebewegung für den vom Schicksal verfolgten Künstler durch. Ein Konzert, das zu seinen Gunsten gegeben wurde, das er seinem Stolz schwer abgerungen hatte[4], trug Ende März 1738 einen unverhofften Erfolg ein. Er konnte die am lautesten ihn bedrängenden Gläubiger befriedigen. Im folgenden Monat wurde ein Zeugnis der öffentlichen Bewunderung für ihn abgelegt, indem seine Statue im Garten von Vauxhall[5] aufgestellt wurde.

Der Frühling 1738 muß ihn, zugleich mit der zurückkehrenden Kraft, mit dem Vertrauen auf die Zukunft erfüllt haben. Der Horizont wurde klar, er war getragen von treuer Zuneigung, er war neu geboren. Das alles sollte sich bald auswirken.

Am 23. Juli begann er den *Saul*, am 8. August waren zwei Akte geschrieben, am 27. September war das Werk vollendet. Am 7. Oktober begann er *Israel in Egypt*, am 28. Oktober war das Werk vollendet. Dazwischen warf er am 4. Oktober bei dem Verleger Walsh die erste Sammlung seiner *Orgelkonzerte* heraus, und am 7. lieferte er ihm seine sieben *Trios* oder zweistimmigen *Sonaten* mit Baß op. 5 ab. Dem, der diese reinen

Werke der Freude kennt, die von zwei Kolossen, den beiden sieghaften Oratorien, beherrscht werden, kommt diese übermenschliche Schöpferkraft wie die Naturgewalt selbst vor, wie ein Feld, das nach einer Frühlingsnacht in Blüte steht.

Saul ist ein großes dramatisches Epos, überschäumend und wild, in dem sich Tragisches und Komisches mischen. *Israel* ist ein Epos des Chores, das Oratorium im Riesenausmaß, nicht *mit* Chören, sondern ganz *in* Chören geschrieben[1]. Das Gefühl für die kühne Originalität dieses Wurfs, für seine strenge Größe, ging dem Publikum jener Zeit ab. Solange Händel lebte, wurde das Werk immer mißverstanden.

Es dauerte nicht lange, so wurden die Hoffnungen, die Händel auf England gesetzt hatte, aufs neue erschüttert. Die Zeiten waren hart. Während des Winters 1739 wurden Schauspiele und Konzerte sogar für mehrere Monate wegen Kälte und Krieg eingestellt. Um sich zu erwärmen, schrieb Händel in acht Tagen die kleine *Ode for St. Cecilia's Day* (22. November 1739), in sechzehn *L'Allegro, il Penseroso ed il Moderato* (Januar/Februar 1740) und in einem Monat die *Concerti grossi* op. 6[2]. Der Erfolg dieser reizvollen Werke, in denen sich so viel liebevolle Ziselierarbeit offenbart, in denen, mehr als in allen andern Werken Händels, seine persönlichsten Eindrücke, seine poetischen und humoristischen Aufzeichnungen über die Natur[3] niedergelegt sind, genügte nicht, um seine geschäftliche Lage, die schon wieder ins Wanken geraten war, zu festigen. Wieder einmal, wie schon zur Zeit der *Deborah*, der *Arianna*, stieß er gegen einen feindseligen Ring, von der hohen Gesellschaft gegen ihn gebildet. Man weiß nicht, womit er sie beleidigt hat[4]. Man war aber wieder einmal entschlossen, ihn zu vernichten. Seine Konzerte blieben leer, es wurden Leute bezahlt, die seine Konzertankündigungen von den Mauern reißen mußten. Entmutigt und erschöpft gab Händel plötzlich den Kampf auf[5]. Er beschloß, England zu verlassen, wo er nun seit dreißig Jahren gelebt hatte, das er durch den Ruhm seines Namens bereichert hatte. Zum 8. April 1741 kündigte er sein letztes Konzert an[6].

Es ist eine im Leben der Großen sich oft wiederholende Tatsache, daß sie in dem Augenblick, wo alles verloren, wo der Tiefpunkt erreicht zu sein scheint, in Wirklichkeit auf dem Gipfel angelangt sind. Händel schien besiegt zu sein. Das war der Augenblick, in dem er das Werk schrieb, das seinen Ruhm in ganz Europa befestigte.

Er verließ London[1]. Der Vizekönig von Irland hatte ihn eingeladen, nach Dublin zu kommen, um dort Konzerte zu dirigieren. Um, wie Händel sagte, dieser großmütigen und höflichen Nation etwas Neues anbieten zu können, komponierte er auf ein Gedicht seines Freundes Jennens den *Messiah*[2]. Mehrere seiner religiösen Werke waren in Dublin schon in Wohltätigkeitskonzerten[3] aufgeführt worden. Händel wurde mit Begeisterung empfangen. Ein von ihm am 29. Dezember an Jennens gerichteter Brief ist voll Frohlockens. Die Zeit, die er in Dublin zubrachte, machte mit den in Italien zugebrachten Jugendjahren die glücklichste Zeit seines Lebens aus. Vom 23. Dezember 1741 bis zum 7. April 1742 veranstaltete er, immer mit dem sich gleichbleibenden Erfolg, zwei Serien von je sechs Konzerten. Am 12. April endlich fand in Dublin die erste Aufführung des *Messiah* statt. Der Ertrag des Konzertes floß Wohltätigkeitsinstitutionen zu, der Erfolg war beträchtlich[4].

Acht Tage vor der Vollendung des *Messiah*, das heißt, ehe er überhaupt in Irland angekommen war, hatte Händel schon begonnen, am *Samson* zu arbeiten, der in fünf Wochen beendigt war (Ende September bis Ende Oktober 1741). Er führte ihn indessen nicht in Dublin auf, da er ohne Zweifel keine geeigneten Interpreten für dieses an Chorszenen und schwierigen Solopartien[5] reiche Kolossalwerk fand. Möglich auch, daß er das Werk erst in der nächsten Saison in Dublin, wohin er zurückzukehren dachte, aufführen wollte. Als er indessen, nach London zurückgekehrt, keine Einladung für Dublin erhielt, fand die Erstaufführung des *Samson* am 18. Februar 1743 in London statt.

Diesem Heros unter den Oratorien, auf dem erhabenen *Samson Agonistes* Miltons[6] basierend, folgte ein Werk, das der Gattung nach eine frivole Oper ist, obwohl es die Bezeichnung Oratorium trägt. Es ist *Semele*, der Text ist einer Dichtung Congreves entlehnt (3. Juni bis 4. Juli 1743). Sie bedeutet gleichsam eine zerstreuende Ausspannung zwischen zwei herkulischen Werken. Im gleichen Monat, in dem er die *Semele* vollendete, schrieb Händel sein monumentales *Dettingen Te Deum*[1] zur Feier des Cumberlandschen Sieges über die Franzosen. Der im August/September desselben Jahres entstandene *Joseph*, auf eine ganz rührende Dichtung James Millers, ist von einer melancholischen, sanften, etwas blassen Poesie, auf der sich die Silhouette des trotzigen Simeon abhebt.

Das Jahr 1744 war für Händels Schöpferkraft der ruhmreichsten, für den Erfolg der traurigsten eines. Beinahe zu gleicher Zeit schrieb er seine tragischsten Oratorien: das große shakespearische Drama *Belshazzar* (Juli–Oktober 1744), dessen volle Dichtung ihm von seinem Freunde Jennens[2] geliefert worden war, und die erhabene Tragödie im antiken Stil *Hercules*, »a musical drama«[3], die den Gipfel des Händelschen und, man darf sogar behaupten überhaupt, des Musikdramas der Zeit vor Gluck darstellt.

Die Händel feindliche Gesinnung des englischen Publikums erreicht jetzt ihren Höhepunkt. Die gleiche gift- und haßgeschwollene Kabale, die ihn schon dreimal zu vernichten gedroht hatte, erhob den Kopf wieder gegen ihn. An Tagen, an denen er seine Oratorienaufführungen angesetzt hatte, bestand ein stilles Einverständnis, sich gerade dann zu Festen einzuladen, um ihm seine Zuhörer wegzunehmen. Bolingbroke und Smollett sprechen von der hitzigen Wut gewisser Damen, mit der sie Händel zu ruinieren trachteten, und Horace Walpole sagt, es sei an der Tagesordnung gewesen, die italienische Oper zu besuchen, wenn Händel seine Oratorien dirigierte. Er, der sich dank seines Genies, seiner Energie aus seinem ersten Bankrott von 1735 glücklich wieder herausgearbeitet hatte, sah sich Anfang 1745 von neuem der Katastrophe gegenüber. Kummer, unablässige Sorgen, der ungeheure Verbrauch an Kräften der letzten Jahre hätten sein Gehirn beinahe wieder zum Bersten gebracht. Er verfiel einem ähnlichen Zustand der gänzlichen Apathie und Geistesgestörtheit wie im Jahre 1737, der acht Monate, von März bis Oktober 1745, dauerte[4]. Aber wie durch ein Wunder tauchte er wieder aus dem Abgrund auf, und unvorhergesehene Ereignisse, bei denen die Musik nur als Handlanger mitspielte, sollten ihn auf die Höhe der Popularität tragen.

Der Prätendent Karl Eduard war in Schottland gelandet; dieses erhob sich, die Hochländerarmee marschierte auf London, das in Schrecken lag. Da lief eine große Bewegung durch die ganze englische Nation, von der auch Händel ergriffen wurde. Am 14. November 1745 ließ er am Drury Lane den *Song made for the Gentlemen Volunteers of the City of London*[1] (Hymnus auf die Freiwilligen der Stadt London) aufführen. Weiter schrieb er zwei Oratorien, die eigentlich nichts anderes sind als zwei monumentale Nationalhymnen, nämlich das *Occasional Oratorio* (Gelegenheitsoratorium)[2], in dem Händel die Engländer zum Kampf gegen den Einfall aufruft, und *Judas Maccabaeus*[3] (9. Juli bis 11. August 1746), die Hymne auf den Sieg, nach der Niederwerfung der Rebellen bei Culloden geschrieben. Sie feiert die Rückkehr des Siegers, des kühnen Herzogs von Cumberland, dem die Dichtung gewidmet ist. Diese beiden patriotischen Oratorien, in denen Händels Herz mit dem von ganz England schlägt und von denen der *Judas* bis auf unsere Zeit, dank seines großen Stils und des Geistes, der ihn beherrscht[4], ein populäres Werk geblieben ist, trugen zum endlichen und endgültigen Sichdurchsetzen Händels mehr bei als sein ganzes übriges Werk. Nach fünfunddreißig Jahren erbitterten Kampfes hatte er endlich den Sieg für immer errungen, er war, durch die Gewalt der Tatsachen, der Nationalmusiker Englands geworden.

Befreit von den materiellen Sorgen, die sein Leben vergiftet hatten[5], lebte jetzt Händel mit mehr Ruhe seinen Schöpfungen. Die folgenden Jahre sahen einige seiner heitersten Werke aufblühen. *Alexander Balus*[6] (1. Juni bis 4. Juli 1747) ist, wie *Semele*, eine fein ausgearbeitete Konzertoper, die Orchestration ist ausnahmsweise reich und fein ziseliert. *Joshua*[7] (30. Juli bis 18. August 1747) ist eine etwas verwässerte Wiederholung von *Judas Maccabaeus*, in der zwischen Chorepen eine Liebesidylle blüht. *Solomon*[8] (Juni 1748) ist ein musikalisches Fest, das von Poesie und Freude strahlt. *Susanna* (11. Juli bis 24. August 1748), ernst und heiter, realistisch und lyrisch in einem, ist ein etwas zwiespältiges, aber sehr originelles Werk. Im Frühjahr endlich des Jahres 1749, das, wie es scheint, das Ende von Händels Glück bedeutet, schrieb er seine berühmte *Fireworks Music*, ein Vorbild für Volksfeste im Freien. Sie wurde am 27. April 1749 durch ein Monsterorchester von Trompeten, Hörnern, Oboen und Fagotten (ohne Saiteninstrumente) bei Gelegenheit eines Feuerwerks, das man in Greenpark zur Feier des Friedens von Aachen abbrannte, aufgeführt[1].

Auf diese Werke des Jubels folgten ernstere. In diesem Augenblick seines Lebens meldet sich bei dem starken Greis Melancholie, wie Vorahnung eines Leides, das ihn treffen sollte.

Am 27. Mai 1749 dirigierte er am Foundling Hospital[2], zum Benefiz der verlassenen Kinder, sein schönes *Foundling Hospital Anthem*[3], das eine Blüte seines Mitleids für die Unglücklichen ist. Vom 28. Juni bis zum 31. Juli schrieb er ein reines Meisterwerk, seine intimste musikalische, neben dem *Messiah* seine einzige christliche Tragödie, die *Theodora*[4]. Vom Ende desselben Jahres datiert eine Szenenmusik für Tobias Smolletts *Alceste*, die niemals aufgeführt wurde, der aber Händel das Wesentliche für seinen *Choice of Hercules*[5] entnahm.

Bald darauf reiste er zum letztenmal nach Halle. Er befand sich schon auf deutschem Boden, als Johann Sebastian Bach am 28. Juli 1750 starb. Es hätte wenig gefehlt, so wäre auch Händel in derselben Woche an den Folgen eines Wagenunfalls gestorben[6].

Er erholte sich schnell, und am 21. Januar 1751, als er sich an die Partitur zu *Jephtha* machte, schien er trotz seiner siebzig Jahre im Vollbesitz seiner Gesundheit zu sein. Er schrieb den ersten Akt in einem Zug in dreizehn Tagen. Nach weiteren elf Tagen war er bei der vorletzten Szene des zweiten Aktes angekommen, als er die Arbeit unterbrechen mußte. Schon vorher hatte er nur mit Mühe arbeiten können, seine Schrift, im Anfang klar und deutlich, wird verwischt, undeutlich und zitternd[7]. Schon hatte er den Schlußchor des zweiten Aktes angefangen: »Verhüllt, o Herr, ist dein Beschluß«, kaum aber hat er das anhebende Largo begonnen, als er die Arbeit unterbrechen muß, er notiert:

»biß hier her kommen. Den 13. Febr. 1751 verhindert worden wegen des Gesichts meines linken Auges«.[1]

Die Arbeit bleibt zehn Tage unberührt. Am 23. Februar, seinem Geburtstag, notiert er:

»den 23. F. dieses etwas besser worden, wird angegangen.«

Und er setzt vorahnend die Worte in Musik:

»Alle Freud' wird nun zu Leide, aller Jubel wird zur Klage, wie sich Tag in Nacht verkehrt.«

Mühsam und schwer beendet er diesen Chor, der übrigens von erhabener Feierlichkeit ist, in fünf Tagen. Nun bleibt das Werk vier Monate liegen[2]. Am 18. Juni nimmt er den dritten Akt vor. Mittendrin muß er von neuem die Arbeit unterbrechen[3]. Die letzten vier Arien und der Schlußchor nehmen ihm mehr Zeit als gewöhnlich ein ganzes Oratorium, erst am 30. August 1751 ist er endlich fertig. Sein Gesicht aber war verloren.

Nun ist wirklich alles zu Ende. Händels Augen schließen sich, das Licht löscht aus. »Total eclipse.« Die Welt ist für ihn untergegangen[4].

Nie hat er mehr gelitten als im ersten Jahr des Übels, als er noch nicht ganz blind war. 1752 hat er bei der Aufführung seiner Oratorien nicht die Kraft, die Orgel zu spielen. Das Publikum sieht mit großer Bewegung, wie er zitternd erblaßt, als er die wundervolle Klage seines blinden Samson hört. Von 1753 an, als das Übel unabänderlich wird, gewinnt sein Wille wieder die Oberhand. Von neuem nimmt er seinen Platz an der Orgel ein in den zwölf Aufführungen von Oratorien, die er jedes Jahr zur Fastenzeit bringt, und so bleibt es bis zu seinem Tode. Mit dem Gesicht aber hat er die lebendigste Quelle seiner Inspiration verloren. Diesen Menschen, der weder ein Intellektueller noch ein Mystiker war, diesen Menschen, der das Licht, der die Natur, die schönen Gemälde, der die vielfältige Erscheinung der Dinge liebte – diesen Menschen, der mehr als irgendein anderer deutscher Musiker durch die Augen das Leben aufnahm, umgibt nun die Mauer der schwarzen Nacht. Von 1752 bis 1759 dämmert er in dem Halbschlaf dahin, der dem Tod voranzugehen pflegt. 1758 diktiert er ein Duett mit Chor für *Judas Maccabaeus*: »Sion now her head shall raise«, und in der Erinnerung glücklich vergangene Tage noch einmal durchlebend, nimmt er ein Jugendwerk wieder vor, *Il Trionfo del Tempo*[1], von dem er im März 1757 eine neue Fassung gibt: *The Triumph of Time and Truth*[2].

Am 6. April 1759 ist er, bei einer Aufführung des *Messiah*, an der Orgel. Mitten in einem Stück verläßt ihn seine Kraft. Er erholt sich indessen und improvisiert, wie behauptet wird, mit der ihm eigenen Größe. Zu Hause angekommen, legt er sich zu Bett. Am 11. April fügt er seinem Testament ein letztes Kodizill bei[3], in dem er der Gesellschaft zur Unterstützung armer Musiker großzügig tausend Pfund vermacht und zugleich gefaßt den Wunsch ausspricht, in Westminster begraben zu werden. Er sagte:

»Ich möchte am heiligen Karfreitag sterben, in der Hoffnung mit meinem guten Gott, meinem Herrn und Retter, am Tag seiner Auferstehung vereint zu werden.«

Sein Wunsch ging in Erfüllung; am Samstag vor Ostern, am 14. April 1759, acht Uhr morgens, entschlief der Sänger des *Messiah*, in seinem Gott ruhend.

Nach seinem Tode wuchs sein Ruhm. Am 20. April wurde er, wie er es gewünscht hatte, in Westminster begraben[4]. Die jährlichen Aufführungen seiner Oratorien zur Fastenzeit wurden unter der Leitung seines Freundes Christoph Smith fortgesetzt. Bald wurden daraus populäre Aufführungen. Die großen »Commemoration«-Feierlichkeiten in Westminster und im Pantheon am 26. Mai und 5. Juni 1784 zur Jahrhundertfeier seiner Geburt[5] fanden in ganz Europa ihren Widerhall. Weitere Feiern fanden in London 1785, 1786, 1787, 1790, 1791 statt. Den letzten, an denen mehr als tausend Ausführende teilnahmen[6], wohnte auch Haydn bei, der geweint und gesagt haben soll, Händel sei aller Meister.

Die englischen Aufführungen hatten die Aufmerksamkeit Deutschlands auf sich gelenkt. Zwei Jahre nach der »Commemoration« dirigierte Johann Adam Hiller den *Messiah* in der Domkirche in Berlin, bald darauf in Leipzig und in Breslau. Drei Jahre später gab Mozart Arrangements aus dem *Messiah*, aus *Acis and Galatea*, der *Ode for St. Cecilia's Day* und aus *Alexander's Feast* heraus[1]. Mit einer ersten vollständigen Händel-Ausgabe wurde im Jahre 1786 begonnen. Nach den englischen »Festivals« erwachte überall in Deutschland ein glühender Eifer für die Wiederbelebung des Chorgesangs und die Gründung von Singakademien[2]. Das Anhören der Händelschen Oratorien veranlaßte Haydn, die *Schöpfung* zu schreiben. Beethoven sagte am Ende seines Lebens von Händel: »Das ist das Wahre.«[3] Seinem Zauber unterlagen die Dichter wie die Musiker. Goethe bewunderte ihn, und Herder widmete ihm ein Kapitel seiner *Adrastea* von 1802. Die Befreiungskriege verliehen dem Oratorium der Freiheit, dem *Judas Maccabaeus*, erhöhten Glanz.

Zur Zeit der Romantiker erlosch das Gefühl für Händels Genie. Berlioz hat ihn nie verstanden; er, der in ihm das Vorbild für die große populäre Kunst, von der er träumte, hätte finden müssen, wenn er ihn wirklich gekannt hätte! Von allen Musikern jener Zeit waren Schumann und Liszt[4] dem Geiste Händels am nächsten. Beide waren begabt mit ausnahmsweise klarem Verstand, großzügigem Sicheinfühlen. Man kann ruhig sagen, daß die Kunst Händels, durch falsche Ausgaben und Aufführungen entstellt – und zwar ebensosehr durch die deutschen wie durch die lächerlich ins Kolossale getriebenen englischen –, uns verlorengegangen wäre ohne die Gründung der Händel-Gesellschaft im Jahre 1856, die sich das Ziel setzte, eine genaue und vollständige Ausgabe des Meisters zu veröffentlichen. Gervinus gab den Anstoß dazu, dann aber war es Friedrich Chrysander, der allein die Aufgabe vollendete. Und zwar begnügte er sich nicht mit einer kritischen Herausgabe der Werke: Als glühender Apostel arbeitete er unaufhörlich dafür, dem Werk durch lebendige Aufführungen zur Auferstehung zu helfen[5]. Darin unterstützten ihn die Gesangvereine in Norddeutschland, besonders die Berliner Singakademie, die von

1831 bis 1860 unermüdlich alle Händelschen Oratorien aufführten. Österreich dagegen blieb lange Zeit zurück. 1873 dirigierte Brahms in Wien die Erstaufführung von *Saul*. Die wirkliche Wiedererweckung von Händels Kunst in Deutschland liegt nur zehn Jahre zurück[1]. Man fühlte wohl seine Größe, aber man glaubte nicht an seine lebende Gegenwart. Nach dem ersten Händel-Fest in Mainz 1895, an dem *Hercules* und *Deborah* aufgeführt wurden, muß sich die Erkenntnis für die Größe von Händels dramatischem Genie dem Hörer mit überzeugender Gewalt aufgedrängt haben.

Nun ist es an uns, unsre Welt mit dem lebendigen Gefühl für Händels große Kunst zu erfüllen, die tragisch und lichterfüllt ist wie die der Griechen.

Die Ästhetik, das Werk

Bei keinem andern großen Musiker wie bei Händel tritt die Unmöglichkeit so zutage, das Wesen seiner Kunst auf eine oder selbst auf mehrere Formeln der Definition zu bringen. Obgleich er schon sehr früh (viel früher als Johann Sebastian Bach) dazu gelangte, den Stil zu meistern, hat er sich doch nie auf *eine* bestimmte Form in seiner Kunst beschränkt. Es hält sogar schwer, seinen Entwicklungsgang als einen von Bewußtheit und Überlegung gelenkten aufzufassen. Er gehörte nicht zu jenen, die nur *einen* Weg verfolgen können, auf dem sie immer geradeaus ansteigen, bis sie am Ziel angelangt sind. Wohl kennt auch er nur *ein* Ziel: das, was er macht, gut zu machen. Dorthin aber führen ihn alle Wege. Von seinen ersten Schritten an hält er sich am liebsten an Kreuzwegen auf, von hier aus beherrscht er das Land, von hier aus kann er sich nach allen Seiten wenden, er, der sich nirgends festlegen will. Er gehört nicht zu denen, die dem Leben und der Kunst den Willen des Idealisten aufzwingen, des leidenschaftlichen oder geduldigen Idealisten, er gehört auch nicht zu jenen, die in das Buch des Lebens die Formel ihres Lebens einschreiben. Sein Genie trinkt das allumfassende Leben, es assimiliert sich ihm. Sein künstlerischer Wille ist von klarer Objektivität; er paßt sich den tausend Wahrnehmungen der fließenden Erscheinung an, der Nation, mit der er, der Zeit, in der er lebt, ja selbst der eben herrschenden Mode; er findet sich mit den Einflüssen und mit dem Zwang der Hindernisse ab; er geht Verbindungen ein mit fremden Stilen und fremden Gedanken. So groß aber ist die Kraft dieser Natur, Fremdes sich zu assimilieren, so vollkommen ist ihr Gleichgewicht, daß diese Natur selbst niemals verschlungen werden kann von der Vielheit der fremden Elemente, vielmehr ist sie es, die sogleich alles sich einordnet, sich angliedert. Dieser weltweite Geist gleicht einem Meere; alle Ströme der Schöpfung vermögen weder seinen Durst zu stillen noch seine göttliche Heiterkeit zu trüben.

Deutschem Genie war mehr als einmal schon die Macht verliehen, fremde Gedanken und Formen in seine Wesensart aufzusaugen[1]. Sehr selten aber findet sich bei ihm diese große Objektivität, diese überragende Unpersönlichkeit, die Händel kennzeichnet. Der deutsche, vom Gefühl getragene Lyrismus kann wohl das All des Gedankens singen, aber schwer das All der Formen und des schwingenden Rhythmus malen. Händel war anderer Art: Mehr als in irgendeinem andern Deutschen war in ihm Geist vom südlichen, vom homerischen Geist, der sich Goethe offenbarte vom Augenblick seiner Ankunft in Neapel an[2]. Händel ist das große Auge, das sich dem All öffnet, in dem sich das All spiegelt wie ein Gesicht in einem klaren, ruhigen Wasser. Zum Teil verdankte er seine Objektivität Italien: Den Zauber der Erinnerung an die dort verbrachten Jahre hatte nichts aus seinem Gedächtnis verwischen können. Zum andern Teil aber verdankt er sie der Mannhaftigkeit englischen Wesens, das hochmütig Gemütsbewegungen beherrscht und die gefühlvollen, geschwätzigen Ergießungen verachtet, in der sich deutsche Frömmigkeit und deutsche Kunst häufig gefallen. Händel trug den Keim zu dem allem in sich: Schon in seinen ersten Werken in Hamburg fühlt man, wie das alles sich ans Licht drängen will.

In Halle, noch während der Kindheit, hatte er bei Zachow nicht einen, nein, alle Stile der verschiedenen Völker, hatte er nicht allein den Geist aller großen Komponisten kennengelernt, sondern sich darin geübt, ihn sich zu assimilieren, indem Zachow ihn dazu anhielt, nach dessen Manier zu schreiben. Diese in hohem Grade kosmopolitische Erziehung erhielt ihre Vollendung durch drei italienische Reisen und einen Aufenthalt in England, der sich auf ein halbes Jahrhundert ausdehnte. Seinem Lehrgang in Halle getreu, machte er sich überall das Beste der Künstler des Landes und ihrer Werke zu eigen. Wenn er nicht nach Frankreich gekommen ist, was übrigens nicht bestimmt erwiesen ist, kannte er es doch und strebte danach, sich seine Sprache und seinen musikalischen Stil anzueignen. Wir besitzen in seinen Manuskripten[3] Beweise davon, und weiter in den Anschuldigungen, die von gewissen französischen Kritikern[1] gegen ihn erhoben worden sind. Überall, wo er hinkam, legte er sich eine Schatzkammer musikalischer Erinnerungen an: Er kaufte die Werke der fremden Künstler haufenweise an, kopierte sie, oder besser, da die beharrliche Geduld eines Bach nicht seine Sache war (schrieb dieser doch mit eigener Hand gewissenhaft ganze Partituren von französischen Organisten oder italienischen Violinisten ab), er hob in flüchtigen und häufig unexakten Skizzen dort einen Ausdruck, hier einen Gedanken heraus, der ihn im Lauf der Lektüre in Erstaunen setzte. Diese große Sammlung von künstlerischen Gedanken europäischer Prägung, von der nur einige Bruchstücke im Fitzwilliam Museum von Cambridge auf uns gekommen sind, lieferte seiner Schöpferkraft den Nährboden. Von Art und Charakter durch und durch ein Deutscher, war er in der Kunst, gleich seinem Landsmann Leibniz, den er in Hannover kennengelernt hatte, ein Weltbürger geworden, ein Europäer, bei dem die lateinische Kultur die Oberhand gewonnen hatte. Die großen Deutschen vom Ende des Jahrhunderts, ein Goethe, ein Herder, waren weder freier noch allumfassender, als es in der Musik dieser Sachse gewesen ist, der alle künstlerischen Gedanken des Okzidents in sich aufgenommen hat.

Er schöpfte nicht allein aus der Quelle der durch Wissenschaft verfeinerten Musik, das heißt aus der Musik der Musiker, er scheute sich nicht, auf einfache, ländliche Weise aus den Bächen der Volksmusik zu trinken[2]. Er liebte diese Volksmusik. Man findet in seinen Manuskripten Notizen über die Ausrufer in den Straßen Londons, und einer Freundin sagte er, daß er ihnen die Inspiration zu einigen seiner besten Gesänge verdanke[3]. Gewisse Oratorien wie *L'Allegro* sind durchflochten mit Erinnerungen an seine Spaziergänge in der englischen Landschaft. Wer dächte nicht im *Messiah* an die Pifferari, im *Saul* an den flämischen Carillon, an lustige italienische Volkslieder im *Hercules* und *Alexander Balus*?

Händel verschloß sich als Künstler nicht in sich selbst: Er sah und hörte, was um ihn herum vorging, er beobachtete. Das Gesicht spielte bei ihm als Quelle der Inspiration kaum eine kleinere Rolle als das Gehör. Ich kenne keinen großen deutschen

Musiker, der so wie Händel ein »Visueller« gewesen wäre. Mit Hasse und Corelli teilte er die Leidenschaft für schöne Gemälde; er ging selten aus, und wenn er es tat, war es, um ins Theater oder zu Bilderverkäufen zu gehen. Er war Kenner von Gemälden und hatte sich eine Sammlung angelegt, in der man bei seinem Tode mehr als einen Rembrandt fand[1]. Die Blindheit, die beim reinen »Hörenden«, der sich nun vollständig auf seine tönenden Träume konzentrieren konnte, die Schöpferkraft hätte steigern müssen, legte ihn auf der Stelle lahm, da die Quelle seiner immerwährenden Erneuerung, sein Jungbrunnen, austrocknete.

In ihm quoll der musikalische Saft des ganzen Europa seiner Zeit, er hatte die Musik der Musiker eingefangen und die reichere Musik, die in der Natur wogt, die überall in Licht und Schatten spielt. Seine Werke sind voll vom Gesang der Quellen, der Wälder, der Vögel, er hat ihn zu vielen malerischen Stellen von nahezu romantischer Färbung inspiriert[2]. Er schrieb, wie ein anderer Sterblicher spricht, er komponierte, wie ein anderer Sterblicher atmet. Er warf keine Skizzen aufs Papier als Vorbereitung für das definitive spätere Werk. Er schrieb in einem Zuge, als ob er improvisierte. In der Tat scheint er auch der größte Improvisator, der jemals gelebt hat, gewesen zu sein. Improvisator auf der Orgel bei dem Nachmittagsgottesdienst in St. Paul oder im Covent Garden während der Zwischenakte seiner Oratorien, wenn er seine *Capricci* spielte, Improvisator auf dem Cembalo, ja selbst Improvisator mit dem Orchester der Opern von Hamburg und London, wenn er die Sänger auf eine wunderbare Art begleitete, sich ihrem Temperament, ihrer Virtuosität anpaßte, ohne geschriebene Noten vor sich zu haben. Er setzte die Kenner seiner Zeit in größtes Erstaunen, und Mattheson, dem niemand Nachsicht nachrühmen kann, stellte fest, daß er im Improvisieren nie seinesgleichen gehabt habe. Man konnte mit Recht von ihm sagen, er improvisiere jede Minute. Er schrieb seine Musik mit solch ungestümer Leidenschaft und aus einer solchen Fülle der Vorstellungen heraus, daß der musikalische Gedanke ihm beständig vorauseilte und er ihn, um ihm zu folgen, in Abkürzungen aufzeichnen mußte[3].

Zugleich aber – obwohl das beinahe mit der Gabe der Improvisation im Widerspruch zu stehen scheint – besaß er ein hervorragend feines Gefühl für die Form. Kein Deutscher hat die Schönheit seiner melodischen Linie übertroffen, nur Mozart und Hasse haben sie erreicht. Nur Händels Leidenschaft für das Vollendete ist es zuzuschreiben, daß er, trotz seiner überschäumenden Kraft der Erfindung, wieder und wieder dieselben Wendungen aufgenommen hat – die bekanntesten und die ihm die liebsten waren –, jedesmal eine kaum merkliche Änderung einführend, einen leichten Bleistiftstrich einfügend, der sie noch vollkommener machen mußte. Das Nachprüfen dieser Stadien, dieser, man möchte fast sagen: Bäder im musikalischen Scheidewasser, gehört zum Lehrreichsten für einen Musiker, der die plastische Form über alles liebt[1]. Es gibt zugleich Aufschluß darüber, wie gewisse Melodien, obgleich schon einmal niedergeschrieben, in Händel während Jahren weiterschwingen können, bis sich ihm endlich ihr innerster Kern offenbart. Zuerst legt er sie, der zufälligen Inspiration untertan, irgendeiner Situation unter, auf die sie schlecht und recht passen. Dann aber, fortwährend auf der Suche nach ihrem Körper, nach ihrer Fleischwerdung, sehnen sie sich nach der wahren Situation, dem wirklichen Gefühl, für das sie der noch verborgene Ausdruck sind. Haben sie diesen Körper einmal gefunden, dann entfalten sie sich freudig[2].

Händel geht nicht anders zu Werk mit den fremden Kompositionen, aus denen er für die seinigen Nutzen zieht. Wenn hier Platz dafür wäre, das zu studieren, was oberflächliche Leser seine »Plagiate« nennen – ganz besonders, indem sie *Israel in Egypt* als Beispiel anführen, in dem die »Anleihen« am herausforderndsten sind –, müßte man schnell erkennen, daß Händel mit dem Genie des Sehers aus der Tiefe dieser musikalischen Themen ihre verborgene Seele, von deren Dasein der ursprüngliche Schöpfer nicht einmal eine Ahnung hatte, ans Licht beschworen hat. Sein Auge oder sein Ohr brauchte es, um in der *Serenade* von Stradella die Möglichkeit der Sintflut der Bibel zu erkennen. Jeder legt ein Kunstwerk aus nach der ihm, dem Genießenden, nicht dem Kunstwerk eigentümlichen Natur, und so kann es vorkommen, daß nicht der Schöpfer selbst die reichste Vorstellung produziert. Händel steht als Beispiel für diese Tatsache. Er gestaltete nicht allein seine Musik, sehr häufig gestaltete er auch die anderer. Stradella und Erba waren für ihn nur das – mag auch der Vergleich immerhin erniedrigend sein –, was für Leonardo die Flamme des Herdes und die Risse der Mauer waren, aus denen er lebende Gestalten sah. Händel hörte im Gitarrengezirpe Stradellas das Sausen des Sturmes[1].

Diese geisterbeschwörende Eigenschaft von Händels Genie darf man nie vergessen. Wer sich damit begnügt, diese Musik zu hören, ohne zu *sehen*, was sie ausdrückt, wer sie als reine Formkunst auffaßt, wer nicht die suggestive Macht ihres Ausdrucks, die bis zur Halluzination führen kann, fühlt, der wird sie nie verstehen. Diese Musik malt: Sie malt Affekte, Seelen, Situationen, ja selbst ganze Epochen und Orte malt sie, die den Rahmen liefern zu diesen Affekten und ihnen bestimmte dichterische und sittliche Färbung geben. Mit einem Wort: Das Wesen dieser Kunst ist malerisch, ist dramatisch.

Es sind kaum zwanzig, dreißig Jahre her, daß man in Deutschland den Schlüssel zu Händels Kunst wiedergefunden hat, und dieses Wiederfinden ist ein Verdienst der Händel-Musikfeste. Alfred Heuß sagte bei Gelegenheit einer *Samson*-Aufführung in Leipzig, daß kein Meister so sehr wie Händel der Aufführung, und zwar der guten Aufführung, bedürfe, um richtig verstanden zu werden. Man könne Bach für sich studieren und einen größeren Genuß davontragen als in einem guten Konzert. Wer aber Händel nicht gut aufgeführt gehört habe, könne sich schwer eine Vorstellung von dem machen, was er wirklich sei. Nun sind aber gute Aufführungen Händelscher Werke außergewöhnlich selten. Ihr letzter Gehalt ist in dem Jahrhundert, das seinem Tode folgte, gefälscht worden durch die englische Interpretation, die durch Mendelssohn und seine zahllosen Schüler in Deutschland Fuß faßte und erstarkte. Mit systematischer Nichtachtung ging man an Händels Opern vorüber. Man ließ beinahe alle dramatischen Oratorien, darunter seine besten und neuesten Werke, fallen, indem man sich mehr und mehr nach immer enger werdender Wahl auf deren vier oder fünf beschränkte und unter ihnen dem *Messiah* eine übertriebene Vorliebe schenkte. Endlich führte man diese paar Werke und vor allem wieder den *Messiah* mit pomphaftem, schwülstigem Apparat auf, mit zu großem, schlecht ausbalanciertem Orchester und Chor, mit geschulten Sängern, die erfüllt waren von Pietät, aber verlassen von allen Göttern, denen Leidenschaft und alle Fähigkeit des Sicheinfühlens fehlten. So konnte die Legende Fuß fassen, Händel sei ein Kirchenmusiker im Stil Ludwigs XIV., er sei ganz Verzierung, sein seien pompöse Säulenreihen, sein die edlen und kalten Statuen, sein die Gemälde à la Le Brun. Ist es erstaunlich, wenn von diesem einstigen Lebenswerk, zurückgeschnitten auf eine Handvoll Werke, die man überdies nach den eben genannten Grundsätzen aufführte, eine tödliche Langeweile ausging, wie sie uns etwa ein Perücken-Alexander oder ein wohlmeinender Christus Lebruns einflößt?

Um noch einmal darauf zurückzukommen: Händel ist nie ein Kirchenmusiker gewesen, hat sogar selten für die Kirche geschrieben. Seine *Psalmen* und seine *Te Deum* abgerechnet, die für die Kapellen hoher Herren oder außergewöhnliche Gelegenheiten komponiert waren, hat er ausschließlich Instrumentalmusik für Konzerte oder für Feste im Freien, Opern und was man Oratorien nennt, die aber alle auch für das Theater bestimmt waren, geschrieben. Seine zuerst entstandenen Oratorien wurden denn auch wirklich gespielt: im Mai 1732 im Haymarket Theatre *Acis and Galatea* mit Maschinerie, Dekorationen und Kostümen unter dem Titel einer »English Pastoral Opera«, im Februar 1732 *Esther* in der »Academy of antient musick«, diese nach der Art einer antiken Tragödie, mit dem Chor, der zwischen Bühne und Orchester aufgestellt war. Wenn sich Händel in der Folge einerseits entschieden der Aufführung auf dem Theater enthalten hat[1], die übrigens allein gewisse Szenen zu voller Geltung bringen könnte, wie im *Belshazzar* Orgie und Vision ganz ausgesprochen auf das Spiel der Ausführenden zugeschnitten sind, so hat er andererseits immer, aller Opposition zum Trotz, daran festgehalten, seine Oratorien wenigstens im Theater hören zu lassen und nicht in der Kirche. Es hätte nicht an Kirchen gefehlt: Er hätte seine Werke in den von der Landeskirche abgefallenen aufführen können. Indem er es nicht tat, entfesselte er den Zorn der Frommen, die »Sakrileg« riefen, als er Stoffe der Religion auf die Bühne trug[1]. Es lag ihm daran, klarzulegen, daß er mit seinen Oratorien keine Kirchenmusik, sondern Werke fürs Theater geschaffen hatte – des weitgefaßten Theaters[2].

Dieser klar zutage tretende dramatische Charakter vom Werk Händels ist den deutschen Historikern, die sich in den letzten Jahren mit ihm befaßt haben, ganz bewußt geworden. Chrysander[3] vergleicht ihn mit Shakespeare, Kretzschmar nennt ihn den Reformator des musikalischen Dramas. Fritz Volbach und Alfred Heuß sehen in ihm einen musikalischen Dramatiker und verlangen für die Aufführungen der Oratorien dramatische Sänger. Richard Strauss setzt in seiner Vorrede zum *Traité d'orchestration* von Berlioz zu der großen polyphonen, symphonischen Strömung, die von Bach ausgeht, die von Händel ausgehende homophone, dramatische Strömung in Gegensatz. Ich hoffe, daß die Leser dieses kleinen Buches beinahe auf jeder seiner Seiten die Bestätigung dieser Gedanken finden müssen.

Nachdem ich versucht habe, im allgemeinen das Wesen von Händels Kunst zu umschreiben, bleibt mir noch übrig, diesem Wesen, wie es sich im einzelnen in den verschiedenen Arten seiner Werke ausdrückt, nachzugehen.

Nun wäre es allerdings schwer, von *einer* Oper, von *einem* Oratorium Händels zu sprechen, muß es doch hier *die* Opern, *die* Oratorien heißen, da man weder die einen noch die andern auf den für alle geltenden Typus zurückführen kann. Hier tritt schon in Kraft, was ich im Anfang dieses Kapitels von Händels prachtvoller Unbekümmertheit sagte, die ihn weder zu einer bestimmten Form noch zu einer bestimmten Richtung der Musik seiner Zeit sich bekennen ließ.

Alle Kunstrichtungen des damaligen Europa spiegeln seine Opern wider: In seinen Jugendwerken ist Keiser, in der *Agrippina* sind die Venezianer sein Vorbild, in den ersten in London entstandenen Opern folgten Scarlatti und Steffani, es kommen auch bald, besonders in der Rhythmik, englische Einflüsse hinzu. Dann folgt der Streit auf Bononcinis Gebiet, dann die großen Antriebe, aus der eigenen genialen Kraft ein neues Musikdrama zu schaffen, im *Giulio Cesare,* im *Tamerlano,* im *Orlando.* Darauf folgen die entzückenden Ballettopern *Ariodante, Alcina,* zu denen ihm die Inspirationen aus Frankreich kamen, und darauf wieder folgen jene Werke, in denen man die komische, überhaupt den Stil der leichter beschwingten Oper der zweiten Hälfte des Jahrhunderts schon durchschimmern sieht, wie im *Serse,* in der *Deidamia* ... Wäre Händel in der Oper weitergeschritten, er hätte höchstwahrscheinlich sich noch weitere Arten zu eigen gemacht und wäre nicht, wie Gluck, bei einem Typus einmal stehengeblieben.

Allerdings, und das ist die größte Schwäche seines Theaters, war er durch die Konvention der damaligen italienischen Oper und durch die Zusammensetzung seiner Truppe von Sängern gezwungen, ohne Chöre auszukommen und Opern ausschließlich für Soli zu schreiben, in denen dann die Hauptpartien wieder die der Primadonna und der Altistin waren[1]. Wenn er es irgend konnte, schrieb er Opern mit Chören, wie *Ariodante* und *Alcina*, und es lag nicht an ihm allein, wenn er Tenor und Baß nicht den ihnen zukommenden Platz im Zusammenklang der Stimmen gab[2]. Wenn es ihm unmöglich war, das zu Gleichförmige der vokalen Soli durch das Hinzutreten der Chöre zu unterbrechen, suchte er diese Soli wenigstens durch Reichtum und Abwechslung in der instrumentalen Begleitung zu beleben. So sind einzelne seiner berühmtesten Arien, wie die Gartenszene im *Rinaldo*: »Angelletti che cantate«, in Wirklichkeit Orchestermalerei, und die Stimme wird dabei als sich einfügendes Instrument behandelt[3]. Mit welcher Kunst zeichnet Händel immer seine Melodien, bringt er die schöne Linie heraus, holt er aus dem reinen Klang eines jeden Instrumentes, jeder Stimme, allein und im Zusammenklang, ja selbst aus den Pausen, jede Möglichkeit heraus.

Der Bau seiner Arien ist abwechslungsreicher, als man anzunehmen geneigt ist. Wenn die Dakapoform in seinem Werk überwiegt[4], so ist sie darum doch nicht die allein angewandte. In der *Almira* verwendet Händel mit glücklicher Hand die Form des kleinen Strophenliedes, zu dem Keiser das Vorbild geliefert hatte, und von da an verzichtet er nicht mehr auf die Anwendung der kurzen, einfach rührenden, eigentlich nackten Melodie, in der die reinste Seele spricht. In seinen letzten Opern scheint er sie sogar mit besonderer Vorliebe zu verwenden, so in der *Atalanta,* im *Giustino, Serse,* in der *Deidamia*[1]. Er liefert auch Hasse und Graun das Modell zu den Kavatinen – eine Arie in zwei Teilen[2] –, die sie später auf eine so hohe Stufe brachten. Wir finden bei ihm auch die dramatische Arie ohne zweiten Teil oder Wiederholung[3].

Aber selbst in der Dakapoarie was für ein Reichtum der Formen! Nicht nur, daß Händel darin alle Stile zur Anwendung bringt, indem er die Stimme bald mit den Instrumenten zusammen in glänzender und frei sich bewegender Virtuosität konzertieren läßt[4], bald schöne, ernste Gebilde des Kontrapunkts webt wie die »Cara Sposa« im *Rinaldo* oder die »Ombra cara« im *Radamisto,* immer sucht er innerhalb der alten Form auch nach neuen Kombinationen. Er ist einer der ersten, der sich die kleinen Dakapoarietten aneignet, die im Anfang des 18. Jahrhunderts durch Bononcini Mode geworden zu sein scheinen und von denen man in der *Agrippina* und im *Ottone* einige hübsche Beispiele findet[5]. Den zweiten Teil der Arie hält er in Charakter und Tempo vom ersten verschieden[6]. Auch innerhalb der Teile läßt er manchmal einen Tempowechsel eintreten[7]. Zuweilen ist der zweite Teil ein Rezitativ[8] oder sonst sehr gekürzt[9]. Vom Augenblick an, wo Händel im Oratorium über einen Chor verfügen kann, gibt er ihm häufig die Aufnahme des Themas im Dakapo[10]. Er geht noch weiter: Nachdem Micha im zweiten Akt vom *Samson* die ersten beiden Teile der Arie »O komm, du Gott« gesungen hat, nimmt der Chor den zweiten Teil, Micha den ersten Teil auf. Dann wieder versucht Händel das Dakapo auf zwei Rollen zu verteilen. So folgt im zweiten Akt vom *Saul* der Arie des Jonathan »O frevle an dem Jüngling nicht« eine wundervolle Arie des Saul, und dann hebt die erste Arie mit ihrem Text wieder an.

Zu höchster Vollkommenheit im Vokalsolo ist Händel indessen in der Handhabung der Rezitativszene gekommen.

Von Keiser hatte er die Kunst dieser ergreifenden rezitativen Ariosi mit Orchester gelernt, die er dann schon in der *Almira* anwandte und deren Stil Bach nach ihm aufnahm. In seinen Londoner Opern hat er sie weitergetrieben und ihnen wundervolle Rundung verliehen. Es sind nun keine vereinzelten Rezitative mehr, keine Einleitung zu einer großen Arie[1]. Die Erzählung Cäsars im dritten Akt des *Giulio Cesare*: »Dall'ondoso periglio«, ist ein großes musikalisches Gemälde, das in seinem Rahmen ein symphonisches Vorspiel, ein Rezitativ, die ersten beiden Teile einer Arie auf die Begleitung des symphonischen Anfangsstückes, ein zweites Rezitativ und schließlich den Dakapoteil der Arie umschließt. Die Todesszene des Bajasid im letzten Akt des *Tamerlano* besteht aus mehreren aneinandergereihten Rezitativen und Arien, die alle Stadien der Leidenschaft durchlaufen, in denen von der ersten bis zur letzten das gleiche starke Leben pulsiert. Die Todesqual Admetos im Anfang der gleichnamigen Oper wiegt an ergreifender Tiefe und dramatischer Freiheit die schönsten Rezitativszenen Glucks auf. Die Wahnsinnsszene im *Orlando*[2] und die der Verzweiflung der Deianira im dritten Akt des *Hercules* überbieten sie sogar an kühnem Realismus und leidenschaftlicher Raserei. In der ersten ist Burleskes dem Tragischen mit shakespearischer Kunst gesellt. In der zweiten wälzt sich ein wilder Strom von Schmerz und Wut einher. Weder die eine noch die andere dieser beiden Szenen kann mit irgend etwas in der ganzen Opernliteratur des 18. Jahrhunderts verglichen werden. *Teseo, Rodelinda, Alessandro, Alcina, Semele, Joseph, Alexander Balus, Jephtha* weisen nicht weniger neue, bahnbrechende Beispiele von Rezitativszenen oder Zusammenfassen in eine Szene von Rezitativen, ganz freien Arien und Orchesterzwischenspielen auf. Es darf nicht vergessen werden zu erwähnen, daß bei Händel gleichsam eine Vorahnung des Leitmotivs und seiner psychologischen Verwendung auftritt, und zwar im *Belshazzar,* wo gewisse Themen in den Instrumenten und in den Rezitativen mit dem Charakter der Nitokris verbunden erscheinen[3].

Das Studium von Händels Arien und Rezitativen rollt ein Problem in der künstlerischen Wiedergabe auf: das der vokalen Ornamentik.

Man weiß, daß die Händel-Sänger seine Melodien mit Fiorituren und oft mit beträchtlichen Verzierungen und Kadenzen schmückten, die zum größten Teil verschwunden sind. Als Chrysander eine Händelsche Neuauflage vorbereitete, sah er sich vor die Notwendigkeit gestellt, diese Fiorituren entweder ganz beiseite zu lassen, was die historische Echtheit des Stils beeinträchtigt hätte, oder sie selbst wiederherzustellen und neu zu schreiben. Er entschied sich für das letztere, indem er sich mit allen ihm zu Gebote stehenden Mitteln für die möglichst genaue oder wenigstens wahrscheinliche getreue Wiederherstellung einsetzte. Diese Art des Wiederkonstruierens fand aber wenig Anklang, und unter den deutschen Musikwissenschaftlern hat sich in dieser Hinsicht eine lebhafte Polemik erhoben[1]. Der Streit, auf den näher einzugehen die Knappheit des Buches mir nicht gestattet, berechtigt zu den nachstehenden Schlüssen: 1. die vokale Ornamentik war nicht improvisiert und der Phantasie des Sängers überlassen, wie man häufig annahm, sie war vielmehr genau in die Partie der Sänger und in die Partitur des begleitenden Cembalisten eingezeichnet[2]; 2. wenn sie aber nicht der Laune einer leeren, sondern die Frucht einer ganz bewußten, überlegten Virtuosität waren, dem allgemeinen Stil des ganzen Werkes untergeordnet, dann mußten sie notwendig dazu dienen, den Ausdruck der melodischen Hauptlinien zu betonen[3].

Nun kann man sich mit Recht fragen, hat es für uns Zweck, diese Ornamentik wiederherzustellen? Der Geschmack hat sich seit Händels Zeit geändert, und eine zu engbrüstige Pietät kann den großen Werken der Vergangenheit nur schaden, wenn sie sklavisch an jedem Detail des Kostüms kleben bleibt, das altväterisch geworden ist. Was ist vorzuziehen: dem Publikum von heute die Werke der Vergangenheit mit all ihren Runzeln, die das darauffallende Licht einiger Jahrhunderte noch verschärft, aufzuzwingen oder sie der heute herrschenden Art, zu empfinden, um ein kleines anzupassen, damit sie auch an uns ihre künstlerische Wohltat üben können? Beide Thesen sind verfochten worden[4]. Ich für mich glaube, die erste sei auf die Veröffentlichung der Notentexte, die zweite auf die musikalische Ausführung anzuwenden. Es ist Pflicht des Geistes, die

Vergangenheit genau kennenzulernen. Ist das aber einmal geschehen, so darf und muß das Leben in sein Recht treten. Ihm soll es gestattet sein, Verbrauchtes, Veraltetes über Bord zu werfen und dem Genie das ewig Lebendige zu bewahren.

Die vokalen Ensemblestücke nahmen in der italienischen Oper einen sehr beschränkten Platz ein. Auf diesem Boden war Händel weniger der Neuerer als auf dem des vokalen Solos. Man stößt aber bei ihm doch auf einige merkwürdige Versuche. Seine Duette sind in den meisten Fällen im Stil der alten italienischen Schule der Provenzale und Steffani[1] geschrieben, ernst, etwas schwerblütig, oder im Stil Lullys, wo die beiden Stimmen Note für Note steif nebeneinander herlaufen[2]. In *Atalanta* und *Poro* stehen indessen Duette von seltener Freiheit und Feinheit der Bewegung, und im Duett des dritten Aktes von *Orlando* hat Händel versucht, die verschiedenen Charaktere der weinenden Angelica und des rasenden Orlando zu zeichnen. Ebenso steht neben Terzetten, im gelehrten Stil geschrieben, wie das im dritten Akt der *Alcina,* ein Terzett wie das in *Acis and Galatea,* in dem sich vom Liebespaar die kolossale Figur des Polyphem klar abhebt, das Terzett des *Tamerlano,* das dem verzweifelten Tamerlan Bajasid und Asteria, die ihn reizen, gegenüberstellt. Das Terzett des Richterspruches im *Solomon* zeichnet klar drei Individualitäten: Da ist die ruhige Kraft Salomos, das aggressive Gezänk der bösen und die schmerzliche Bitte der guten Mutter. Das Terzett in der *Susanna* ist nicht weniger frei gestaltet, wenn auch im komischen Stil: Der eine der beiden Greise ergeht sich zierlich im Madrigal, der andere droht. Das Ensemble bildet eine kleine Szene, die selbst Mozart nicht zu verleugnen brauchte[3]. Die Quartette sind selten. Es gibt deren zwei, im *Trionfo del Tempo* in Rom geschrieben. Im *Radamisto* hat Händel den ziemlich ungeschickten Versuch gemacht, ein dramatisches, da capo gesungenes Quartett zu schreiben[4]. Das ergreifendste ist das Quartett im zweiten Akt des *Jephtha.* Ebenfalls im *Jephtha* findet sich im dritten Akt das einzige Quintett, das er meines Wissens geschrieben hat.

Der Chor ist in der italienischen Oper des 18. Jahrhunderts[1] dazu verdammt, eine rudimentäre Rolle zu spielen; meistens besteht er am Ende des Stückes nur aus den vereinigten Stimmen der Solisten oder im Laufe der Handlung aus einigen banalen und lärmenden Ausrufen. Händel hat aber sehr schöne Chöre schon in der *Alcina* geschrieben, und die in *Giulio Cesare, Ariodante* und *Atalanta* sind ebenfalls eine Ausnahme in den Opern jener Zeit. Selbst in den Schlußchören strebt Händel danach, aus der landläufigen Banalität herauszukommen, der des *Tamerlano* trägt den melancholischen Zug des ganzen Dramas. Im *Orlando* versucht er im Schlußchor den Charakter der einzelnen Persönlichkeiten zu betonen. In den vom *Giulio Cesare* ist ein Duett eingeflochten. Es kommen auch volkstümliche Chöre vor, wie im *Giustino* der Matrosen-, in der *Deidamia* der Jägerchor, wo der Chor die vom Solo angestimmte Melodie aufnimmt. Gleich ist es im *Alessandro,* wo der Soldatenchor den von Alexander auf der Bresche gesungenen Hymnus wiederholt.

Händel hat mehr als einmal musikalische Gebäude aufgeführt, ein Stockwerk über das andere setzend, sich von den Soli zu den Ensembles und von da zu den Chören erhebend. Am Schluß des ersten Aktes von *Ariodante* wird vom Chor die Gavotte eines Duettes aufgenommen, dann wird sie ohne Gesang getanzt, um zum Schluß gesungen und getanzt zu werden. Das Ende des dritten Aktes der gleichen Oper stellt eine Aufeinanderfolge von Aufzügen, Tänzen und Chören dar. Die letzten Szenen des *Alessandro* sind wie ein regelrechtes Opernfinale gebaut: Zwei Duette, ein Terzett und ein Chor folgen sich.

Aber erst in den Oratorien hat Händel sich in Zusammenstellungen von vokalen Ensembles im größten Maßstab versucht, in mächtigen Verschmelzungen oder Entgegenstellungen von Soli und Chören, die er zu einem Gemälde gruppiert.

Aus allem geht die Varietät der angewandten Formen und Stile hervor. Händels Geist war zu umfassend und objektiv, um an das Alleinseligmachende einer einzigen Kunst glauben zu können. Sein Glaube war, daß es zwei Arten von Musik gebe: gute und schlechte; im übrigen schien ihm alles gleichwertig zu sein. So hat er denn auch Meisterwerke jeder Gattung hinterlassen. Aber er hat auch der Oper keinen neuen Weg gewiesen, obgleich er nach allen Richtungen weit vorgedrungen ist. Er probiert und erfindet fortwährend, und das mit solch überraschender Sicherheit, als wäre er sich seiner Erfindung immer vollkommen bewußt. Und doch bleibt keine seiner künstlerischen Entdeckungen für ihn ein bleibendes Gut. Mag er auch das Rezitativ à la Gluck oder das Arioso à la Mozart meisterhaft beherrschen, mag er auch im *Tamerlano* ganze Akte schreiben, die gedrängtes und von heftig pulsierendem Leben erfülltes Drama, gleich der *Iphigénie en Tauride,* sind, oder Szenen, die von musikalischer Leidenschaft überschäumen, wie gewisse Stellen im *Admeto* und *Orlando,* in denen sich wie im *Don Giovanni* Komisches und Tragisches mischen; mag er auch hier neue Rhythmen[1], dort neue Formen erfinden: ein dramatisches Duett oder Quartett, eine Oper, die mit einem symphonischen, beschreibenden Stück anhebt[2], eine raffinierte Orchestration[3], Chöre und Tänze[4], er läßt es bei dem einen Mal bewenden. In der folgenden Oper finden wir, daß er zu den gebräuchlichen Formen der italienischen oder deutschen Oper seiner Zeit zurückkehrt.

Man könnte sagen, daß Händel sich in seinen Opern, wenn er den Stil ständig wechselte, dem ständig wechselnden Geschmack des Theaterpublikums und den Sängern, über die er gerade verfügte, anpaßte. Wenn er aber die Oper mit dem Oratorium vertauscht, ist es nicht anders. Auch hier das fortwährende Spiel mit neuen Formen im weiten Rahmen des freien Theaters, des Konzertdramas. Sein Schöpfertrieb weist nicht den Rhythmus von Gruppen analoger oder verwandter Werke auf, vielmehr verlangt ihn nach Aufeinanderfolge von Werken, die nach Stil und Gefühl verschieden, ja sich beinahe entgegengesetzt sind. In jedem wirft Händel eine Hälfte seiner Leidenschaft ab, und wenn er es getan hat, sieht er sich der andern Hälfte gegenüber, die sich angehäuft hat, während er die erste abstieß. So entsteht ein beständiges Herstellen des Gleichgewichts, das wie das Pulsieren des Lebens selbst anmutet. Auf den Realisten *Saul* folgt das unpersönliche Epos von *Israel in Egypt.* Nach diesem Kolossalmonument eines Chorwerks erscheinen zwei kleine Genrebilder: die *Ode for St. Cecilia's Day* und das *Allegro, il Penseroso.* Nach der volkstümlichen, heroischen Tragikomödie des herkulischen *Samson* erblüht die romantische Liebesoper, die reizende *Semele.*

So verschieden nun auch diese Oratorien sein mögen, es ist ihnen doch ein gemeinsamer Zug eigen: Noch mehr als die Opern sind es alles musikalische Dramen. Nicht der religiösen Idee zuliebe legt Händel ihnen zum Teil biblische Stoffe zugrunde, sondern, wie es von Hermann Kretzschmar richtig gesehen worden ist, weil die Geschichten der biblischen Helden in Fleisch und Blut des Volkes, an das er sich wandte, übergegangen waren. Jedermann kannte sie, während die romantischen Fabeln der Antike nur einen kleinen Kreis von raffinierten und verdorbenen Dilettanten zu interessieren vermochten. Diese Oratorien sind zweifellos nicht für eine Aufführung auf dem Theater berechnet, mit Ausnahme einiger weniger Szenen, wie die der Orgie des *Belshazzar,* wo man geradezu Händels Vision von der Bühnenhandlung spürt. Aber die Seele und ihre Leidenschaften sind mit dramatischer Wucht dargestellt. Händel ist ein großer Zeichner von Charakteren. Die Dalila im *Samson,* die Nitokris im *Belshazzar,* die Kleopatra im *Alexander Balus,* die gute Mutter im *Solomon,* die Deianira im *Hercules* und endlich *Theodora* zeugen für die Tiefgründigkeit und Geschmeidigkeit seines psychologischen Genies. Wenn er sich auch im Lauf der Handlung und im Ausmalen des Durchschnittsgefühls gern vom Strom der reinen Musik tragen läßt, so erhebt er sich in der Krisis der Leidenschaft zur Höhe der größten Meister des musikalischen Dramas. Ich erinnere an die furchtbaren Szenen im dritten Akt des *Hercules,* die Schlußszenen in *Alexander Balus,* an die Vision des Belsazar, die Szene mit Juno und den Tod der Semele, das Wiedererkennen von Joseph und seinen Brüdern, an den Tempeleinsturz im *Samson,* den zweiten Akt von *Jephtha,* an die Kerkerszenen der Theodora oder an den ersten Akt des *Saul* und endlich an gewisse alles überragende Chöre im *Israel, Joshua,* in der *Esther,* in den *Chandos Anthems,* die dem Sturm gleich daherkommen, wie eine ungeheure Wasserflut anschwellen und wieder gebändigt werden.

Diese Chöre machen den wesentlichen Unterschied von Oratorium und Oper aus. Das Oratorium kann geradezu eine Tragödie des Chors genannt werden. Der Chor, der aus der italienischen Oper seit der Zeit der Barberini so ziemlich verschwunden ist, nimmt in der französischen Oper einen ziemlich bedeutenden Platz ein, wenn er auch hauptsächlich die dekorative Rolle des Statisten vertritt. Im Oratorium Händels ist er die Seele des Werkes. Bald spielt er die Rolle des antiken Chors, der die Idee des Dramas, das geheime Fatum, das den Helden leitet, herauszuschälen hat, wie im *Saul, Hercules, Alexander Balus,* in der *Susanna.* Bald bricht aus ihm auf den Schlag mit dem Hammer der Leidenschaft der mächtige Schrei der Gläubigen, und er krönt dann das menschliche Drama mit einem übermenschlichen Strahlenkranz, wie in *Theodora* und *Jephtha.* Endlich aber ist er selbst der Träger der dramatischen Handlung, er ist das Volk oder die sich feindlich gegenüberstehenden Völker samt dem Gott, der sie führt. Händel hatte diese geniale Konzeption von der Rolle des Chors schon in der *Esther,* seinem ersten Oratorium. In diesen Chören ist herrlich schon das Drama eines unterdrückten Volkes skizziert und seines Gottes, der ihm zu Hilfe eilt. In *Deborah* und *Athalia* sind zwei Völker da, im *Belshazzar* sogar drei. Aber das Meisterwerk der Gattung ist *Israel in Egypt,* das größte Chorepos, das existiert, das Jehova und sein Volk vollständig erfüllen.

Der Stil der Chöre ist sehr verschieden. Die einen sind in etwas archaisierendem Kirchenstil[1] geschrieben, andere neigen zum Opernstil, sogar zum Stil der komischen Oper[2]. Dann wieder[3] meint man in ihnen die Luft des Madrigals vom Ende des 16. Jahrhunderts zu atmen, dessen Kunst die »Academy of antient Musick« wieder zu Ehren zu ziehen versuchte. Entgegen der Zeitströmung hat Händel oft die Form des einfachen oder des variierten Chorals angewandt[4]. Bewundernswert ist die Art, wie er die Chordoppelfuge[5] bringt, und er handhabt sie mit solch genialem Wurf, daß er auch die schwierigsten Kunstrichter seiner Zeit, wie einen Mattheson, zur Bewunderung hinreißt. Mit dem Instinkt des großen Baumeisters ließ er gerne den homophonen sich von dem fugierten Gesang ablösen[1], die Vertikalen, die mächtigen Säulen des harmonisierten Chorals, von den Horizontalen, den vom Kontrapunkt geschobenen Massen, die sich übereinander schichten. Oder er rahmte die dramatischen Chöre von einer imposanten Architektur, bloß dekorativen Charakters, ein. Seine Chöre sind bald Szenen der Tragödie[2], bald der Komödie, sogar des Vaudeville[3], bald Genrebilder[4]. Händel versteht es wundervoll, in ihnen aus dem populären Motiv[5], dem Tanz, der mit dem Gesang[6] verbunden wird, Nutzen zu ziehen.

Was ihm aber eigentlich gehört – nicht weil er es erfunden hätte, aber durch den genialen Gebrauch, den er davon macht –, ist die Architektur der sich ablösenden und sich verschlingenden Soli und Chöre. Purcell und die Franzosen haben ihm wohl den Anstoß dazu geben können. Einen ersten Versuch machte er in seinen ersten religiösen Werken, besonders von seiner *Ode for the Birthday of Queen Anne* an (1713), in der beinahe jede Soloarie wieder von dem nachfolgenden Chor aufgenommen wird[7]. In seiner Leidenschaft für das Licht legt er mitten in die Chormassen ein gesungenes Solo, das den Massen gleichsam frische Luft zuführt[8]. Sein dramatisches Genie löst gelegentlich auf diese Weise gewaltige Eindrücke aus. So in der *Passion* nach Brockes (1716), deren Dialog zwischen der Tochter Zion und dem Chor: »Eilt, ihr angefochtenen Seelen«, mit seinen Fragen, seinen Antworten, seinen äschyleischen Rufen Bach für seine *Matthäuspassion* zum Vorbild geworden ist. Am Ende von *Israel in Egypt* erhebt sich über die Gipfel der Chorberge, in ergreifendem Kontrast zu ihnen, ganz allein eine Frauenstimme. Ohne Begleitung und abwechselnd mit dem Chor, der ihn wiederholt, singt sie ihren Lobgesang. Auch das Ende der kleinen *Ode for St. Cecilia's Day* ist so gebaut, im *Occasional Oratorio* wechselt ein Duett von Sopran und Alt mit dem Chor ab. Am vollkommensten aber wachsen Chor und Orchester im *Judas Maccabaeus* zusammen. In dem sieghaften Epos des unterjochten Volkes, das sich erhebt und den Unterdrücker hinwegfegt, löst sich die einzelne Persönlichkeit kaum aus der Seele der ganzen Nation, und so sind die Führer des Volkes nur Koryphäen, deren Gesang dazu bestimmt ist, die enormen Chormassen in Bewegung zu setzen, die nun mit schwerem Schritt unwiderstehlich hinaufsteigen, gleichsam auf den Stufen einer riesenhaften Triumphtreppe.

Es kommt auch vor, daß das Orchester dem Dialog von Solo und Chor ein drittes, der dramatischen Psychologie dienendes Element beifügt, das manchmal in offenbarem Gegensatz zu den ersten beiden steht. So bildet im zweiten Akt des *Judas Maccabaeus* das Orchester einen Gegensatz zum Chor: Im Orchester tönt untermalend heftiges Schlachtgetümmel, während die Chöre mit ihrem Text: »Wär's zum Fall, wie schön, o Freiheit«, beinahe eine Totenklage anstimmen. Besser gesagt, das Orchester vervollständigt das lebendige Bild des Sieges, der an der Seite des Todes steht.

Da das Oratorium ein »freies Theater« ist, so muß die Musik selbst für die Dekoration stehen. So ist denn ihre malerische, beschreibende Seite sehr stark entwickelt. Das war auch die Seite von Händels Genie, die das englische Publikum in das größte Staunen versetzte. Saint-Saëns schrieb in einem interessanten Brief an Camille Bellaigue[1]:

»Ich bin zu der Überzeugung gelangt, daß Händel durch die malerische und beschreibende Seite seiner Kunst, die damals ganz neu und unvorhergesehen war, zu der erstaunlichen Gunst gelangte, die er genossen hat. Die Art, den Chor zu beherrschen, die Fuge zu behandeln, hatten andere gleich ihm. Was er aber mitgebracht hat, ist die Farbe, das moderne Element, was wir heute nicht mehr in ihm sehen können ... Man kann nicht von Exotismus sprechen, aber sehen wir uns einmal das *Alexanderfest, Israel in Ägypten* und besonders *L'Allegro, il Penseroso* an und suchen wir zu vergessen, was inzwischen geschrieben worden ist. Wir finden bei jedem Schritt das Streben nach dem Malerischen, nach der Wirkung des Nachahmenden. Dieses Streben ist im Verhältnis zu dem Milieu, aus dem es hervorging, ein sehr tatsächliches und intensives, und man scheint vorher etwas Ähnliches nicht gekannt zu haben.«

Vielleicht schätzt Saint-Saëns die Kunst Händels, »den Chor zu beherrschen«, etwas zu niedrig ein. Sie war in England keineswegs so allgemein zu Hause, nicht einmal bei Purcell. Vielleicht schätzt er auch das Händel von den Franzosen Zugetragene, sehr Reale in der malenden, beschreibenden Musik und den Einfluß, den Frankreich in dieser Beziehung ausüben konnte, nicht hoch genug ein[1]. Man darf sich das Streben Händels nach Beschreibung nicht als in seiner Epoche einzig dastehend vorstellen. Ein großer Zug nach der Natur geht durch die ganze deutsche Musik jener Zeit und drängt sie zur Tonmalerei[2]. Noch mehr als Händel war Telemann Maler in Tönen und berühmter als er durch die Wirkung seiner Bilder. Das England des 18. Jahrhunderts war aber in der Musik konservativ und huldigte nach wie vor den Meistern der Vergangenheit. So war es gegeben, daß Händel hier mehr als anderswo durch »die Farbe«, die »Wirkung des Nachahmenden« erstaunen mußte. Ich kann nicht, wie Saint-Saëns, empfinden, daß man bei »Händel nicht von Exotismus sprechen kann«. Im Gegenteil scheint Händel ihn mehr als einmal angestrebt zu haben, besonders in der Orchestration von Szenen, in denen die beiden Kleopatren, die des *Giulio Cesare* und des *Alexander Balus,* auftreten. Ständig aber malt er Landschaften und Naturstimmungen. Es sind sehr stilisierte Gemälde freilich, Beethoven sagt sogar, sie seien mehr Ausdruck von Empfindungen als Gemälde, sie beschwören die Vorstellung eines Hagelsturmes, des ruhigen oder stürmisch bewegten Meeres, der großen Schatten einer Nacht, der Dämmerung, die über eine englische Landschaft herabsinkt, eines Parks im Mondschein, des jungen Morgens im Frühling, des Erwachens der Vögel. *Acis and Galatea, Israel in Egypt, L'Allegro,* der *Messiah, Semele, Joseph, Solomon, Susanna* enthalten eine reiche Galerie solcher Naturgemälde, die in Händel zugleich die Gaben eines flämischen Malers und eines romantischen Dichters zeigen. Diese Romantik mußte seinerzeit erstaunen, ja sogar brutalisieren, sie brachte ihm Bewunderung und heftige Kritiken ein. Ein Brief von 1751 beschreibt ihn wie einen Berlioz oder Wagner, der in Chor und Orchester Stürme aufrührt.

»Er möchte vielleicht das Übergewicht behauptet haben, wenn er zufrieden gewesen wäre, die Leute nach ihrer eigenen Weise zu vergnügen; aber sein böser Genius wollte es nicht leiden; denn wahrlich, er bildete sich ein, daß ihn nichts in seinem Lauf hemmen könne, dieweil er im Zenit seiner Großheit stand; bohrte also ein neues Faß an mit einer andern Art Musik (Oratorium), voller, großartiger (wie seine Bewunderer sich auszudrücken belieben), und um den Lärm desto größer zu machen, ließ er sie wenigstens von einer doppelt so großen Zahl Stimmen und Instrumente aufführen, als man jemals zuvor im Theater gehört hatte. Hierin dachte er nicht bloß mit dem Gott der Musiker zu rivalisieren, sondern auch noch mit andern, als besonders Äolus, Neptun und Jupiter; denn zu einer Zeit erwartete ich nicht anders, als das Haus würde von seinem kunstvollen Winde niederstürzen; zu einer andern Zeit, daß die See die Bänke überfluten und uns verschlucken würde. Aber unerträglicher als alles andere war sein Donner. Ich werde das schreckliche Rollen niemals wieder aus meinem Kopfe herausbringen.«[1]

So sagte Goethe, als er den ersten Satz der *Symphonie* c-Moll von Beethoven gehört hatte: »Das ist sehr groß, ganz toll, man möchte sich fürchten, das Haus fiele ein.«

Es ist kein Zufall, daß ich Händels und Beethovens Namen zusammen nenne. In Händel lebt ein gefesselter Beethoven. Er scheint gelassen, wie die großen italienischen Künstler, die ihn umgeben: Porpora, Hasse; und doch liegt eine Welt zwischen ihnen und ihm[2]. Unter der klassischen Gelassenheit, mit der er sich umgab, brannte das Feuer des genialen Romantikers, des Vorläufers von Sturm und Drang. Zuweilen macht der unterdrückte Dämon sich Luft durch einen plötzlichen Ausbruch – vielleicht gegen den eigenen Willen.

Die Instrumentalmusik Händels verdient es, daß wir uns eingehender mit ihr beschäftigen; sie ist von den Musikschriftstellern meistens schlecht beurteilt, von den Künstlern wenig verstanden worden, die zum großen Teil nur eine leere Formkunst in ihr sahen.

Sie ist eigentlich als ständige Improvisation aufzufassen. In vielen Fällen ist sie gegen den Willen Händels und ohne sein Wissen veröffentlicht worden[3]. Sie war gar nicht dazu bestimmt, gelesen und im sozusagen kalten, erstarrten Zustand beurteilt, sondern kochendheiß dem Publikum vorgesetzt zu werden. Es waren ganz frei gehaltene Skizzen, deren Form niemals ganz fest umrissen, vielmehr fließend und beweglich war und sich im Konzert den beiden vorhandenen Empfindungsinstrumenten, dem des Künstlers und dem des Publikums, anpassen konnte[1]. Man müßte also versuchen, diesen Werken bis zu einem gewissen Grade den Charakter der Improvisation zu bewahren. Nun ist aber das, was uns geboten wird, Versteinerung. Man kann nicht einmal sagen, es sei eine Karikatur seines Schöpfers, es ist vielmehr sein Verleugner. Selbst wenn man mit peinlicher Sorgfalt jede Einzelheit des Werkes studiert und vom Orchester eine Präzision, eine Reinheit des Zusammenspiels, eine ausgearbeitete Tadellosigkeit erreicht hätte und hätte des Geistes nicht, der aus dem Werk das Genie des Improvisators beschwört, man hätte nichts vollbracht.

Überdies ist es mit der Instrumentalmusik wie mit der Vokalmusik Händels: Sie ist fast immer der Ausdruck für eine innere oder äußere Stimmung. Für Händel wir für seinen Freund Geminiani gilt, was dieser gesagt hat, daß nämlich die Instrumentalmusik nicht allein dazu da sei, das Ohr zu erfreuen, sondern Empfindungen, Gemütsbewegungen auszudrücken und Leidenschaften darzustellen[2]. Sie spiegelt nicht nur eine innere Welt, sie wendet sich auch dem sinnlichen Schauspiel der Dinge zu[3]. Sie ist genau beschreibende Poesie, und wenn es gelänge, alle musikalischen Aufzeichnungen der Inspirationen zu finden, würde man in gewissen Instrumentalwerken die Erinnerung an verbrachte Tage, an gesehene Landschaften, an geschaute und erlebte Szenen finden. Einige sind ganz sichtbar von der Natur inspiriert[4]. Andere zeigen ihre Verwandtschaft mit den vokalen und dramatischen Werken. Mehrere der heroischen Fugen der vierten Sammlung der *Cembalostücke,* 1735 erschienen, sind von Händel wiederaufgenommen und zu Trägern von Worten gemacht worden, die deren verborgene Seele ans Licht heben, wie im *Israel in Egypt.* Das erste Allegro des vierten Orgelkonzertes (der ersten Sammlung, 1738 erschienen) ist beinahe zu gleicher Zeit eine der hübschesten Chöre der *Alcina* geworden. Das zweite, monumentale *Concerto a due cori* in F-Dur[5] ist eine Wiedergeburt der schönsten Stellen der *Esther.* Dem Publikum jener Tage war der Sinn des

Ausdrucks dieser Instrumentalwerke ganz klar, und es wußte, daß, wie Geminiani schrieb, jede gute Musik die Nachahmung einer schönen Rede sein mußte. So konnte der Verleger Walsh sechs Bände der beliebtesten Opern- und Oratorienmelodien Händels als *Sonaten* für Flöte, Violine und Cembalo arrangiert erscheinen lassen, und Händel selbst oder sein Schüler William Babell arrangierte für das Cembalo eine ganze Reihe von Opernmelodien, sie durch Präludien, Zwischenspiele oder Variationen zusammenfassend. Man darf die enge Verwandtschaft der Instrumentalwerke Händels mit seiner übrigen Musik nie aus dem Auge verlieren. Sie muß unsere Aufmerksamkeit notwendig auf den Gefühlsgehalt dieser Werke lenken.

Die Instrumentalmusik Händels zerfällt in drei Kategorien: 1. Klaviermusik (Cembalo und Orgel), 2. Kammermusik (Sonaten und Trios), 3. Orchestermusik.

Die Klavierkompositionen sind von allen Werken, die Händel geschrieben hat, die populärsten, die am meisten Auflagen in Europa erlebt haben. Obgleich sie drei Sammlungen in sich schließen, gibt nur eine – die erste – den ganzen, wirklichen Händel: Es ist die einzige, deren Auflage er selbst besorgt und überwacht hat. Die andern, die mehr oder weniger hinter seinem Rücken erschienen sind, verleugnen ihn als Urheber.

Diese erste Sammlung, die im November 1720 unter dem französischen Titel *Suites de pièces pour le clavecin composées par G. F. Händel* erschienen ist, läßt zwei Züge besonders deutlich erkennen: einmal seine Frühreife, die von Anbeginn so vollkommen war, daß sie sich im Laufe der Jahre nicht weiterentwickelt hat, und dann den allgemein europäischen Zug, der seine Kunst kennzeichnet selbst zu einer Zeit, wo die großen Künstler weniger in der Nationalität hingen als heute. Was den ersten Zug betrifft, muß hervorgehoben werden, daß die Klavierstücke wohl 1720 erschienen sind, aber schon lange vorher, einige schon vor 1700, geschrieben waren. Man findet einen Teil davon im *Jugendbuch* der Sammlung Lennard[1], andere stammen aus der *Almira* (1705). Selbstverständlich hat Händel die Stücke in seiner Ausgabe von 1720 erweitert, ausgearbeitet und vor allem umgruppiert. Das ist das Interessante des *Jugendbuches,* daß es uns erste Skizzen von Werken und zugleich die Art, wie Händel sie zur Vollkommenheit gesteigert hat, zeigt. Neben diesen älteren Werken gibt es spätere, zum Teil in Italien, zum Teil in England komponierte[1]. Es gehen Spuren der verschiedensten Einflüsse durch alle hindurch, von denen Seiffert und Fleischer[2] einige festgenagelt haben; es sind deutsche, französische und italienische Einflüsse[3]. Selbst in England herrschen bald die italienischen, bald die deutschen Einflüsse vor[4]. Die Anordnung der Tänze ist in den Suiten verschieden, auch der Mittelpunkt – der Kernpunkt – des Werkes ist von einem zum andern nicht der gleiche. Die Einleitung wird hier von einem Präludium, dort von einer Fuge, einer Ouvertüre usw. gebildet. Die Tänze und Airs sind bald untereinander verwandt, bald unabhängig voneinander. Der Eindruck, den diese untereinander so verschiedenen Werke hinterlassen, ist aber der einer absoluten Einheit. Händels Persönlichkeit bindet und verschmilzt die verschiedensten Elemente, Polyphonie und harmonische deutsche Fülle, italienische Homophonie und die Technik Scarlattis, französische Rhythmik und Ornamentik[5]. Durch diese Eigenschaften mußte Händels Werk zu seiner Zeit durchdringen. Vor ihm waren vielleicht schon originellere Klavierwerke dagewesen, aber ihr Geist hatte sich meistens von den Grenzen der nationalen Kunst einschränken lassen. Händel war der erste der großen deutschen Klassiker des 18. Jahrhunderts, die für die Musik das bedeuten, was die französischen Dichter und Denker des 17. und 18. Jahrhunderts für die Literatur. Er hat für alle geschrieben, und seine erste Sammlung war vom ersten Tag ihres Erscheinens an, was sie seitdem geblieben ist, ein klassisches europäisches Werk.

Die folgenden Sammlungen sind aus den oben angeführten Gründen weniger interessant. Die zweite Sammlung, ohne Wissen Händels und fehlerhaft 1733 von Walsh veröffentlicht, enthält kleine Suiten, die sich im *Jugendbuch* finden oder bis in die Zeit von Hamburg und Halle zurückreichen[6]. Es fehlt der Rahmen, in den Händel diese Stücke unzweifelhaft gefaßt hätte, das heißt die Präludien und Fugen.

Dieser Rahmen lag bereit. Als Händel sich von seinem Verleger hintergangen sah, mußte er sich darauf beschränken, ihn nachträglich, als Appendix zu dem vorausgegangenen Werk, erscheinen zu lassen unter dem Titel *Six Fugues or Voluntarys for the Organ or Harpsichord,* 1735, op. 3. Diese Fugen datieren aus der Zeit, wo Händel in Canons war, also vor 1720, die zweite in G-Dur sogar aus der ersten Zeit seines englischen Aufenthalts. Sie wurden sofort bekannt und kamen in Manuskriptform bis nach Deutschland[1]. Händel hatte sich in der Fuge nach Kuhnau und besonders nach Johann Krieger gebildet[2]. Gleich ihnen gibt er der Fuge wesentlich melodischen Charakter. Sie eignen sich so gut für den Gesang, daß zwei von ihnen, wie schon oben gesagt wurde, in zwei Chören des ersten Teils von *Israel* verwendet worden sind[3]. In den Kompositionen Händels pulsiert aber ein ganz anderes Leben als in denen seiner deutschen Vorläufer, sie haben eine Kühnheit des Wurfs, ein Ungestüm, ein Feuer, die nur ihm eigentümlich sind. »Sie leben, alle Noten sprechen«, sagt Mattheson. Die Fugen nehmen sich wie geniale Improvisationen aus, was sie in der Tat auch waren. Händel nennt sie denn auch »Voluntarys«, »Einfälle«, die aber dem künstlerischen Willen und Wissen unterworfen sind. Er macht häufigen Gebrauch von der Doppelfuge, wendet sie aber mit meisterhafter Zwanglosigkeit an. »Diese Doppelfugen«, sagt Mattheson, »können nicht nur den Zuhörer ergötzen, sondern auch den Komponisten und Spieler warm halten.« Nachdem dieser Bach gehört hatte, fand er Händel den Größten in der Komposition der Doppelfuge und in der Improvisation.

Diese Gewohnheit – man möchte sagen, dieses Bedürfnis – zu improvisieren war die Quelle seiner großen *Orgelkonzerte.* Händel leitete die Aufführung seiner Opern und Oratorien, nach der Gewohnheit seiner Zeit, am Cembalo sitzend. Er begleitete die Sänger bewundernswert, sich ihrer Phantasie unterordnend und, wenn sie geendet hatten, sich der seinigen überlassend[4]. Die Zwischenspiele auf dem Cembalo in seinen Opern führten ihn zu den Fantasien und Capricci auf der Orgel in den Zwischenakten der Oratorien, und der Erfolg war ein so großer, daß er diese Gewohnheit beibehielt. Man kann ruhig sagen, das Publikum, das der Aufführung der Oratorien beiwohnte, sei mehr durch Händels Improvisationen angezogen worden als durch die Oratorien selbst. Zwei Sammlungen von *Orgelkonzerten* wurden zu Lebzeiten Händels, 1738 und 1740, veröffentlicht, die dritte 1760, bald nach seinem Tode[1].

Um sie richtig zu beurteilen, muß man sich ihre Bestimmung für das Theater ins Gedächtnis zurückrufen. Es wäre ganz verkehrt, von diesen Werken den strengen, ernsten und zusammengefaßten Stil Bachs zu verlangen und zu erwarten. Es sind glänzende Divertissements, denen der etwas leere, aber leuchtende und prunkvolle gefällige Stil den Charakter von Improvisationen für das Oratorium wahrt. Immer zielt er auf die unmittelbare Wirkung auf eine große Menge hin. Hawkins sagt: »Gab er ein Orgelkonzert, so war es gemeiniglich sein Verfahren, dasselbe einzuleiten mit einem freien Präludium in den Oktaven, welches sich in einer langsamen Folge in das Ohr einstahl; die Harmonie dicht gewebt und so voll, wie es nur auszudrücken möglich war, die einzelnen Perioden erstaunlich kunstvoll miteinander verbunden, wobei dennoch das Ganze vollkommen verständlich blieb und den Anschein einer großen Einfachheit hatte. Einem solchen Präludium folgte sodann das Concerto selbst, welches er mit einem Grade von Geist und mutiger Sicherheit ausführte, dem niemals einer gleichzukommen sich vermaß. Dies war im allgemeinen die Art seines Spiels; aber wie soll man die Wirkung desselben auf die entzückte Versammlung beschreiben! Seine erstaunliche Gewalt über das Instrument, die Fülle seiner Harmonie, die Großheit und Würde seines Stils, seine unbegrenzte Einbildungskraft und die Fruchtbarkeit seines Erfindungsvermögens waren Eigenschaften, welche die genannten geringeren Zeichen der Künstlerschaft gänzlich absorbierten ... Stille, der wahrste Beifall, erfolgte in dem Augenblick, in welchem er sich anschickte, die Orgel zu berühren, eine so tiefe Stille, daß sie das Atmen hemmte und über den Lauf der natürlichen Funktionen Gewalt zu üben schien.«

Mitten in der größten Intrige, die Händel so wütend verfolgte, veröffentlichte das *Grubstreet Journal*[2] dieses begeisterte Gedicht über Händels *Orgelkonzerte*:

»O sanft, ihr Lüfte, sanft bewegt
Die gold'nen Flügel in den Zweigen!
Sei alles stille, was sich regt,
Und Zephirs Flüstern selbst laß schweigen.

Ihr Lebensquellen, hemmt den Lauf
Gewohnter Tätigkeit, in vielen,
Vieltausend Strömen fließend – horcht auf!
Hört Händel, den Vollkommnen, spielen!

O seht, wenn er, der mächt'ge Mann,
Der Orgel Kräfte läßt ertönen:
Die Groll'nden selbst bewegt's, und dann
Mahnt tiefe Regung zum Versöhnen.

Laßt ab denn, Stümper in der Kunst
Des großen Händel, spart die Flügel!
Ihn zu erreichen hilft nicht Gunst
Der Lords, denn hier lenkt Er die Zügel.

Wenn Händel unser Ohr berührt,
Er tut es, wie die Schöpferhand
Ihr hehres Werk im großen führt,
Voll Ordnung, Plan und voll Verstand.«

Man muß also in diesen *Orgelkonzerten* im wirklichen Sinne prachtvolle populäre »Konzerte« für ein großes Publikum sehen[1]. Große Licht- und Schatteneffekte, starke Kontrastwirkungen, alles ist auf die monumentale Wirkung hin gesehen. Das Orchester besteht gewöhnlich aus zwei Oboen, zwei Violinen, Bratsche und Baß (Violoncelli, Fagotte und Cembalo), bisweilen zwei Flöten, Kontrabässen und Harfe[2]. Die Konzerte haben gewöhnlich drei oder vier Sätze, von denen meistens jeweils zwei miteinander verknüpft sind. Gewöhnlich fangen sie mit einem Pomposo oder einem Staccato an, im Stil der französischen Ouvertüre[3], dann folgt häufig ein Allegro im gleichen Stil, den Schluß bildet ein Allegro moderato oder ein ziemlich lebhaftes Andante, hie und da auch ein Tanz. Das Adagio in der Mitte fehlt häufig und überläßt den Platz der Orgelimprovisation. Die Form zeigt Verwandtschaft mit der dreiteiligen

Sonate – Allegro, Adagio, Allegro –, eingeleitet von einer Ouvertüre. Die ersten Sätze der ersten beiden Konzerte, die im Band XLVIII der großen Edition (zweite Sammlung) erschienen sind, sind in einer malend-beschreibenden Art komponiert. Das lange Konzert in F-Dur derselben Sammlung trägt den Charakter der Festmusik, fast der Festmusik im Freien. Endlich muß der schöne, leider unvollendet gebliebene Versuch eines Konzerts für zwei Orgeln genannt werden[1] und der eines Konzerts für Orgel, das mit einem Chor schließt[2]. Er ist erstaunlicher noch als der erstgenannte, zeigt er doch die Linie, die von hier zum Beethoven der neunten *Symphonie* geht und von dort zu dessen Epigonen: Berlioz, Liszt und Mahler.

Die Kammermusik Händels weist die gleiche Frühreife wie die Klaviermusik auf.

Die *Six Sonates or Trios for two Hoboys with a thorough bass for the Harpsicord*[3] scheinen ungefähr aus der Zeit von 1696 zu stammen. Händel zählte damals elf Jahre, war noch in Halle und »komponierte«, wie er sagte, »wie der Teufel, am meisten für die Oboe, die mein Lieblingsinstrument war«. Sie sind in vier Sätzen geschrieben – Adagio, Allegro, Adagio, Allegro –, die einzelnen Sätze sehr kurz, der zweite hat häufig nur die Bedeutung eines Überganges.

Eine *Sonate* für Viola da gamba und Cembalo concertato in C-Dur[4] stammt wahrscheinlich aus dem Jahr 1705, aus Händels Hamburger Aufenthalt. Sie ist in seinem Werk einzig in ihrer Art, da er sich darin als Vorläufer Bachs zeigt. Die *Sonate* ist in Trioform, außer dem Baß ist auch dem Klavier seine Obligatopartie zugewiesen. Max Seiffert stellte einmal fest, zehn Jahre, ehe Bach an seinen Sonaten mit obligater Cembalobegleitung gearbeitet habe, sei in Händel schon das klare Bewußtsein von dieser Notwendigkeit wach gewesen.

Drei *Sonaten* für Flöte und Baß[5], von etwas elegischer Anmut, reichen vielleicht bis in die Hallenser Zeit zurück und scheinen sich nach Chrysander gegen 1710 in Hannover verbreitet zu haben.

Die Hauptwerke von Händels Kammermusik sind indessen zwischen 1732 und 1740 in London erschienen und umfassen drei Sammlungen[1]:

1. *15 Sonatas or Solos for a german Flute, Hoboy, or Violin, with a thorough bass for the Harpsicord or Bass Violin,* op. 1.

2. *9 Sonatas or Trios for two violins, flutes, or hoboys, with a thorough bass for the Harpsicord or Violoncello,* op. 2.

3. *7 Sonatas or Trios for two violins or german flutes, with a thorough bass for the Harpsicord or Violoncello,* op. 5.

Die erste Sammlung enthält Stücke älteren Ursprungs, zum Teil aus der Zeit, in der Händel bei Burlington und Chandos war, andere mögen um 1730 entstanden sein, vielleicht für den Prinzen von Wales bestimmt, dessen Lehrer im Violinspiel, Matthew Dubourg, ein Freund Händels war.

Die zweite Sammlung erschien zuerst in Amsterdam, dann bei Walsh in London unter französischem Titel[2].

Die dritte Sammlung wurde 1738 komponiert und erschien Anfang 1739[3].

Den Werken dieser drei Sammlungen ist es eigen, daß Händel ziemlich offen gelassen hat, für welche Art von Instrument sie eigentlich gedacht sind. Der Komponist überließ den Ausführenden, darin dem etwas abstrakten ästhetischen Gefühl seiner Zeit Ausdruck gebend, die Entscheidung. Freilich kann kein Zweifel bestehen, daß Händel ursprünglich bestimmte Stücke für Flöte, einige für Violine und andere für Oboe gedacht hatte.

In der ersten Sammlung op. 1 von *Solosonaten* (Flöte, Oboe oder Violine) mit Baß (Cembalo oder Violoncello) findet sich gewöhnlich die Einteilung in vier Sätze[4]: Adagio, Allegro, Adagio, Allegro. Die langsamen Sätze sind sehr kurz, einige leiten ihre Themen aus Gesangsstücken italienischer Kantaten und Opern her, oft sind die Sätze untereinander verwandt[5]. Die Harmonisierung ist häufig dünn und verlangt nach Ergänzung.

Von viel größerem Wert sind die zweite und dritte Sammlung, die *Trios* oder zweistimmige *Sonaten* (zwei Violinen oder zwei Oboen oder zwei Flöten) mit Baß (Cembalo oder Violoncello) umfassen. Alle Sonaten der zweiten Sammlung, mit einer Ausnahme[1], sind in vier Sätzen, abwechselnd zwei langsame und zwei schnelle gleich denen im op. 1, geschrieben. Bald sind ihre Themen Opern oder Oratorien entlehnt, bald sind sie wiederum Vorwürfe zu Gesangsstücken geworden. Das elegische Largo, das die erste Sonate eröffnet, findet sich im *Alessandro* wieder, das Allegro, womit die dritte schließt, bildet ein Satz der Ouvertüre der *Athalia,* und das Larghetto der vierten kommt als zweiter Satz in der Ouvertüre zu *Esther* vor. Am schönsten, von eindringlicher Poesie erfüllt, sind das erste und das neunte Trio. Im zweiten Satz des letzten hat Händel mit glücklicher Hand ein volkstümliches englisches Thema benutzt.

Die sieben *Trios* der dritten Sammlung sind viel abwechslungsreicher, was Bau und Zahl der Sätze[2] betrifft, die Tänze nehmen darin eine hervorragende Stelle ein[3]. Es sind eigentliche Suiten, die in den Jahren entstanden sind, in denen Händel sich in der Form der Ballettoper versucht hat. Die Musette und das Allegro der zweiten Sonate stammen aus *Ariodante.* Andere ernste oder pompöse Sätze sind aus Oratorien geliehen, so die beiden Allegri am Anfang der vierten Sonate, die der Ouvertüre zu *Athalia* entnommen sind. Dann wieder bringt Händel im Finale des *Belshazzar* das schöne Andante, mit dem die erste Sonate anhebt.

Wer diese Werke vom historischen und intellektuellen Standpunkt aus beurteilt wie Chrysander, wird zum Schluß kommen, daß Händel hier keine neuen Formen gefunden habe, daß er vielmehr mit vorrückendem Alter auf die Suite, die Form der Vergangenheit, zurückgreift, anstatt seiner Zeit in der kommenden Sonatenform vorauszueilen. Wer sie aber vom künstlerischen Gesichtspunkt aus auf ihren persönlichen Charme hin beurteilt, wird in einigen reinste Gebilde von vollkommener Jugendfrische erkennen. Ihre schönen italienischen Linien, ihre empfindsame Zartheit, ihre aristokratische Einfachheit sind für Geist und Gemüt gleich erquickend. Unsere von der nachbeethovenschen oder nachwagnerschen Kunst ermüdete Zeit findet in diesen Werken, wie in der Kammermusik Mozarts, eine von Poesie erfüllte Zufluchtsstätte, wo er seine fruchtlose seelische Erregung beschwichtigen und von neuem Sammlung und Gesundheit gewinnen kann.

Die Orchestermusik Händels umfaßt 12 *Concerti grossi* (1739), 6 *Oboenkonzerte* (1734), die »Sinfonie« zu seinen Opern und Oratorien und seine Musik, die im Freien aufgeführt wurde: *Water Music* (1715 oder 1717), *Fireworks Music* (1749) und *Concerti a due cori*.

Obwohl Händel in seiner Kunst ein Visueller war und dieser seiner Kunst beschreibende und Bilder beschwörende Kraft innewohnt, macht er von der instrumentalen Farbe nur wenig Gebrauch[1]. Er zeigt aber gelegentlich ein merkwürdiges Raffinement in der Verwendung der Klangfarbe. Die zwei in Rom geschriebenen Oratorien aus der Zeit, die er mit dem Kardinal Ottoboni und den großen Virtuosen seines Kreises verbrachte, der *Trionfo del Tempo* und die *Resurrezione* von 1708, sind von feiner und abwechslungsreicher Tönung[2]. In London war er einer der ersten, der die Hörner im Orchester der Oper einführte[3]. Als erster, wie Fritz Volbach sagt, hat er die persönliche Ausdrucksmöglichkeit des Cellos hervorgehoben[4]. Den Bratschen entlockt er merkwürdige Wirkungen von unbestimmter und dunkler, gebrochener Farbe[5]. Er verleiht dem Fagott unheimlichen und phantastischen Charakter[6]. Er versucht neue Instrumente, bald sind sie kleiner[7], bald größer[8] als gewöhnliche. Er verwendet auf merkwürdig dramatische Weise die Trommel solo in der *Semele* beim Schwur Jupiters. In gewissen Fällen verlangt er von der Klangfarbe der Instrumente nicht nur die Wirkung des dramatischen Ausdrucks, sondern auch die des Exotismus und der Untermalung der Situation. Davon zeugen die beiden Szenen der beiden Kleopatren im *Giulio Cesare* (1724) und im *Alexander Balus* (1748)[9].

So groß auch Händel als Maler sein mag, er wirkt doch nicht so sehr durch Reichtum und Neuheit der Farbe als durch Schönheit der Zeichnung und Verteilung von Licht und Schatten. Freiwillig sich auf das Notwendigste der Farbe beschränkend, sich mit dem Grau der Saiteninstrumente begnügend, packt er dennoch und gelangt zur Möglichkeit der Nuancierung. Fritz Volbach weist nach[1], daß er weniger zum Mittel der möglichst verschiedenartigen Instrumente greift als vielmehr zu dem der Teilung einer Gruppe von Instrumenten in mehrere. In der Introduktion zur zweiten *Esther* (1732) sind die Violinen in fünf solcher Gruppen eingeteilt[2], in der *Resurrezione* (1708) in vier[3]. Die Bratschen sind zuweilen in zwei geteilt, die zweite Gruppe wird dann durch die dritte Violine oder die Celli verstärkt[4]. Dann wieder, wenn er es für gut findet, reduziert Händel freiwillig seine Orchesterkräfte, läßt Bratsche und zweite Violine weg, um sie durch das Cembalo zu ersetzen. Seine ganze Kunst der Orchestration liegt in der weisen Verteilung des Gleichgewichts und in der Ökonomie der Kraft, die mit beschränkten Mitteln, Farben sparend, ebenso gewaltige Wirkungen erzielt, wenn sie diese Farben dann wirklich gebraucht, wie unsere heutigen Musiker mit ihrer überladenen Farbenpracht[5]. Es ist also bei der Wiedergabe dieser Musik von größter Wichtigkeit, daß an der Gleichgewichtsverteilung des Orchesters nichts geändert werde unter dem Vorwand, es bereichern oder modernisieren zu wollen. Der schlimmste Fehler, in den man verfallen könnte, wäre, ihm durch eine unnötige Belastung von Farbe die Geschmeidigkeit in der Nuance zu nehmen, die seinen Hauptreiz ausmacht.

Man bildet sich so gern ein, die Nuance sei ein Vorzug der modernen Musik, und Händels Orchester habe große Wirkungen nur mit theatralischer Gegenüberstellung von Starkem und Weichem erzielt. Dem ist nicht so. Händel verfügt über reich gestufte Nuancen. Es finden sich bei ihm das Pianissimo, das Piano, das Mezzoforte, un poco più forte, un poco forte, das Forte, das Fortissimo. Es findet sich allerdings kein Crescendo- oder Decrescendozeichen fürs Orchester, das kaum, so ausdrücklich vorgezeichnet, vor Jommelli[6] und der Mannheimer Schule auftritt. Es ist aber kein Zweifel, daß die Praxis schon lange dem Vortragszeichen im Manuskript zuvorgekommen war[7]. Der Präsident de Brosses schrieb 1739 nach Rom: »Die Singstimme wendet gleich den Violinen dieses Helldunkel an, dieses Anschwellen des Tones, das von Note zu Note an Stärke zunimmt, bis es den höchsten Grad erreicht hat, und dann zurückgeht auf eine ganz sanfte und zarte Schattierung.« In Händels Partituren ist Überfluß an Beispielen von diesen großen Crescendi und Diminuendi, ohne daß die Bezeichnung dafür dasteht[1].

Eine Art von Crescendo und Diminuendo auf ein und derselben Note war zu Händels Zeit sehr gebräuchlich, und sein Freund Geminiani trug dazu bei, daß es Mode wurde. Fritz Volbach und nach ihm Hugo Riemann[2] haben nachgewiesen, daß Geminiani in den Neuauflagen seiner ersten Violinsonaten 1739 und in seiner Violinschule 1751 die beiden Zeichen gebraucht hat:
»Swelling the sound (Anschwellen des Tons)[/],
Diminishing (falling) the sound (Abschwellen des Tons)[\].«

Wie Geminiani es erklärt, muß der Ton leise ansetzen und gleichmäßig bis zur Mitte anschwellen und von da bis zum Ende abschwellen. Der Bogen muß ohne Unterbrechung geführt werden.

Bei dem Streben nach Vervollkommnung des Ausdrucks, das in der Schule von Mannheim zur Manie, aber zugleich zum Boden wird, aus dem die mächtigen Kontraste Beethovens emporwachsen, kommt es vor, daß das Anschwellen plötzlich abbricht und einem plötzlichen Piano Platz macht wie im folgenden Beispiel aus den Sonaten in Trioform von Geminiani:

Es ist mehr als wahrscheinlich, daß die Virtuosen von Händels Orchester diese Ausdrucksmittel auch kannten und gebrauchten[3], ohne daß ich freilich glaube, daß Händel so häufigen Gebrauch davon gemacht hätte wie Geminiani und die Mannheimer, deren Geschmack ihm zweifellos etwas gezwungen und leichtfertig vorkam. Aber für ihn, für Geminiani, wie für alle großen Künstler seiner Zeit, besonders aber für die Italiener und die sich italienisch Gebenden, war die Musik Rede und mußte ebenso frei und biegsam, ebenso immer wechselnd sich bewegen können wie das Wort[1].

Wie konnte nun aber diese Geschmeidigkeit der Rede zustande kommen? Um das verstehen zu können, muß man sich die Anordnung des damaligen Orchesters vorstellen. Es war nicht wie heute von der Hand eines einzigen Leiters zusammengefaßt. Zur Zeit Händels herrschte, wie Max Seiffert sagt[2], das Prinzip der Dezentralisation. Jeder Chor hatte seinen Dirigenten, der mit der Orgel in Verbindung war, deren Zeichen er verfolgen konnte. Sie unterstützte und hielt die Stimmen. Das Orchester war, auf italienische Art, in drei Teile geteilt: 1. das Concertino, das aus einem Solospieler der ersten und zweiten Violine und der Celli bestand, 2. das Concerto grosso, bestehend aus dem gewöhnlichen Orchesterkörper, 3. die Ripienisten, die das Grosso zu verstärken hatten[3].

Ein Gemälde im British Museum, das, wie man behauptet, Händel inmitten seiner Musiker darstellt[4], zeigt den Komponisten am Cembalo sitzend (ein Cembalo mit zwei Klaviaturen, von dem der Deckel entfernt ist). Er ist eingerahmt von dem Cellospieler, ihm zur Rechten sitzend, zwei Violinspielern und zwei Flötisten, die vor ihm, ihm unter den Augen, stehen. Die Gesangssolisten stehen ganz dicht bei ihm, zu seiner Linken am Cembalo. Das übrige Orchester ist hinter ihm, er sieht es nicht. So leitete er mit Befehlen und dem Wink seines Auges das Concertino, das den Willen des Dirigenten an das Concerto grosso und dieses wieder an die Ripienisten weitergab. Statt der quasi militärischen Disziplin unter dem modernen Taktstock des heutigen Dirigenten leitete das ineinandergreifende Räderwerk des Händelschen Orchesters, mit Elastizität begabt, sich selbst. Die Gefahr lag hier in der Möglichkeit des Zerflatterns ohne den mächtigen, sich übertragenden Willen des Dirigenten, der Händel hieß, und ohne gegenseitiges Einfühlen, das zwischen ihm und seinen Unterdirigenten des Concertino und des Grosso bestand.

Diese Elastizität sollte man den Instrumentalwerken Händels, wenn sie heute aufgeführt werden, angedeihen lassen[5].

Vor allem verlangen diese Elastizität die *Concerti grossi*[1]. Es gibt keine Werke Händels, die so berühmt sind und so wenig verstanden werden. Händel verkaufte sie zu einem besonderen Preis, denn er veröffentlichte sie selbst auf dem Wege der Subskription, ein Weg, der zu seiner Zeit allgemein eingeschlagen wurde, den Händel aber nur im Ausnahmefall beschritt.

Man weiß, daß das Concerto grosso, das der Hauptsache nach in einem Dialog zwischen einer Gruppe von Solisten (eben dem Concertino) und dem übrigen Orchester (dem Concerto grosso), dem sich das Cembalo[2] gesellt, besteht, wenn auch nicht erfunden, so doch zu seiner Vollendung und zur klassischen Form durch Corelli gebracht worden ist[3]. Corellis Werke und Schüler haben dann die Form in ganz Europa verbreitet, Geminiani führte sie in England ein[4]. Händel, dessen Freund Geminiani war[5], hat sicher von diesem in dieser Hinsicht manches gelernt, aber man darf mit viel mehr Recht annehmen, er habe das Concerto grosso an der Quelle, bei Corelli selbst, während seines römischen Aufenthaltes, 1708, kennengelernt. Mehrere der Konzerte in op. 3[6] stammen aus den Jahren 1710, 1716, 1722. Es scheint sogar, als ob der Ursprung einiger bis in die Lehrlingsjahre in Hamburg zurückzulegen wäre. In diesem Fall hätte er mit Corellis Manier schon bekannt sein können, indem nämlich Georg Muffat[47] diesen Stil schon sehr früh in Deutschland durch seine kräftige Propaganda verbreitet hatte. Seit Corelli hatten Locatelli[8], besonders aber Vivaldi[9] das Concerto grosso auf eigentümliche Art umgestaltet, indem sie ihm gern den Charakter von Programmusik[10] verliehen und es zielbewußt der dreiteiligen Sonatenform zuführten. Obwohl nun Vivaldi in London von 1723 an häufig aufgeführt wurde und Händel dessen Werke, die überall begeistert aufgenommen wurden, sicherlich gekannt hat, hält er sich doch immer an Corelli und ist sogar, in mancher Beziehung, konservativer als dieser. Die Form seiner Concerti, die vier- bis sechssätzig sind, ist bald die der Suite, bald der Sonate, bald sogar die der Sinfonia (Ouvertüre). Deswegen tadeln ihn die Musikhistoriker. Ich möchte ihn dafür loben. Er hat nicht versucht, seinen Gedanken in den ein für allemal bestimmten Rahmen zu pressen, sondern hat es diesem Gedanken überlassen, sich den Rahmen zu formen, den er brauchte. Dieser Rahmen wechselt nun wie der Gedanke und paßt sich den Leidenschaften des Tages an.

Die Spontaneität dieses Gedankens offenbart sich uns schon in der Schnelligkeit, mit der diese Concerti komponiert worden sind – jedes einzelne an einem Tage, in einem Zuge, mehrere in der Woche[1] –, und sie ist der Reiz dieser Werke. Sie sind, nach Kretzschmar, Stimmungsbilder, in eine präzise und doch geschmeidige Form gebracht, in denen sich der kleinste Wechsel der Stimmung ausdrückt.

Gewiß, sie sind nicht alle gleichwertig; daß sie der Eingebung des Moments entsprungen sind, ist sogar der Grund für das ungemein Ungleiche in ihnen. Man muß zugeben, daß zum Beispiel das siebente Concerto in B-Dur und die letzten drei nur mäßig interessieren[2]. Es sind aber nicht etwa diejenigen, die am seltensten aufgeführt werden. Wenn man ihnen gerecht werden will, muß man die Meisterwerke herausgreifen, vor allem das zweite Concerto in F-Dur, das ich das »Beethoven-Concerto« nennen möchte, lebt doch darin etwas von der Seele des Meisters aus Bonn. Für Kretzschmar beschwört das Ganze die Vorstellung eines schönen Herbsttages: der Morgen, die Sonne kämpft gegen herbstliche Nebelwolken; der Nachmittag, der fröhliche Gang, das Sichlagern im Wald; die abendliche Heimkehr, gerührtes Glücksgefühl des Wiederkommenden. Man kann sich auch wirklich des Gefühls beim Anhören des Concertos nicht erwehren, daß hier Natureindrücke am Werk sind. Das erste Andante larghetto, das zeitweilig an Beethovens *Pastoral*-Symphonie denken macht, ist die Träumerei an einem schönen Tag. Die Seele läßt sich vom vielfältigen Murmeln der Natur einwiegen, sie dämmert wohlig dahin, schläft ein. Die Tonart geht von F-Dur nach B-Dur und g-Moll über. Um diesen Teil gut wiederzugeben, muß man sich vollkommen Zeit lassen, häufig vom Rallentando Gebrauch machen und ohne Eile sich der weichen Träumerei überlassen.

Andante larghetto

Das folgende Allegro in d-Moll ist ein feines, fröhliches Spiel, ein Dialog, der zwischen den beiden Soloviolinen des Concertinos hin und her hüpft und dann von dem Concertino und dem Grosso weitergeführt wird. Und hier wieder erinnern gewisse robuste und ländliche Passagen in den Bässen an die *Pastorale*.

Der dritte Satz, ein Largo in B-Dur, ist eines der Stücke für Orchester, in das Händel am meisten von sich selbst gelegt hat. Nach sieben Takten Largo, in denen das Concertino träume-

risch mit dem Tutti spricht, kommen zwei breite, schmachtende Adagiotakte, die Träumerei zur Ekstase steigernd.

Dann singt ein Larghetto andante e piano ein zärtliches, melancholische Lied.

Nun wird das Largo wiederholt. Aus der Melancholie dieses kleinen Gedichtes scheinen die Schatten von Erinnerungen aufzusteigen. Das abschließende Allegro ma non troppo ist wieder voll biederer Gutmütigkeit und erinnert noch einmal stark an Beethoven. Es klingt wie ein Marschlied, ist ein Pizzikato im stark markierten Dreivierteltakt.

Mitten aus diesem Marsch heraus erhebt sich das Thema der beiden Violinen des Concertinos gleich einem Lobgesang, den fromme, tiefe Dankbarkeit anstimmt.

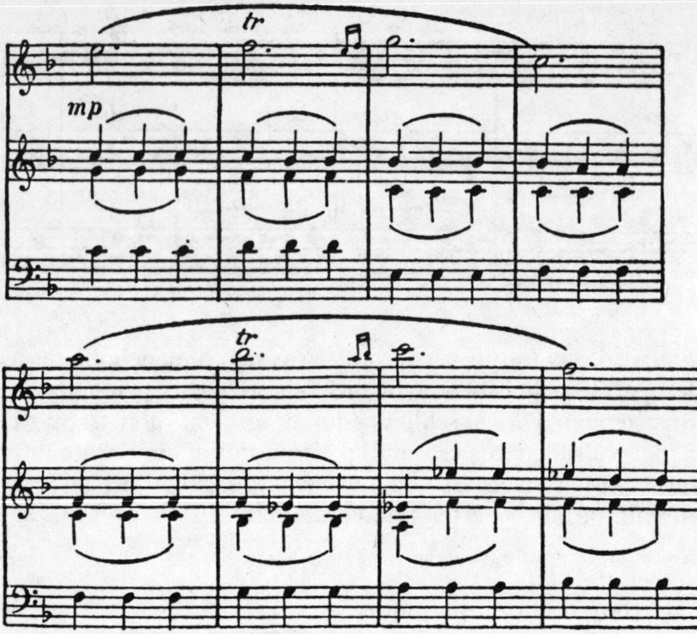

Das vierte Concerto in a-Moll ist nicht weniger verinnerlicht mit seinem Larghetto affettuoso, das mit viel Rubato, Rallentando und zögernden Pausen vorgetragen werden muß, mit seinem fugierten Allegro, das mit der Wucht seines Schrittes alles zertritt, und, nach einem Largo von etwas archaisierender Gravität, mit seinem Schluß, dem Largo im Dreivierteltakt. Das Allegro ist nun wirklich gleich dem letzten Satz einer Beethoven-Sonate: romantisch, wild, trotzig und, je mehr es sich dem Ende nähert, desto freier im Tempo zu nehmen, vom Accelerando geht es über in ein berauschtes, berauschendes Prestissimo[1].

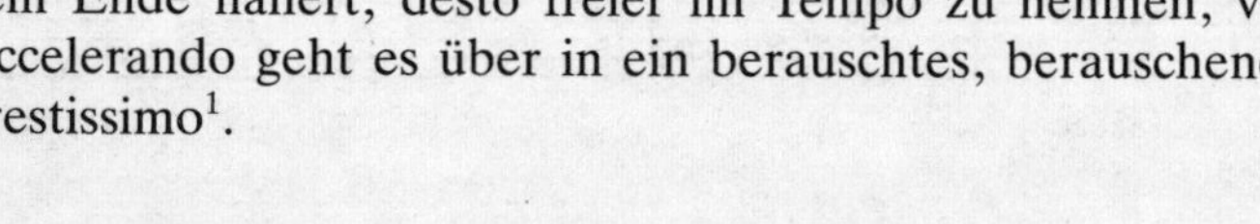

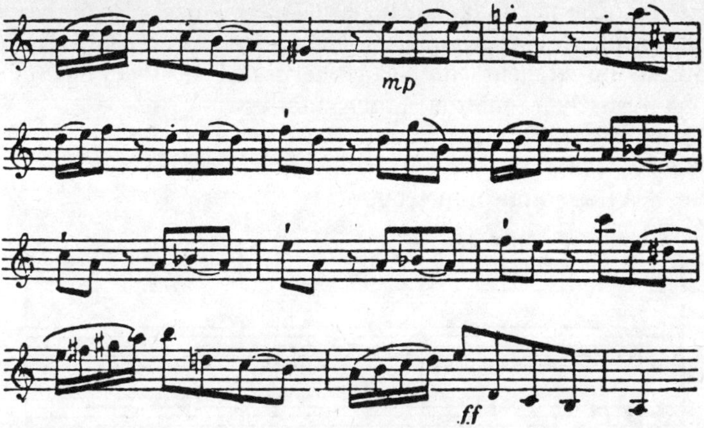

Vor allem aber muß man das sechste Concerto in g-Moll lesen, das berühmteste von allen wegen seiner wundervollen Musette. Es hebt an mit einem schönen, von Melancholie erfüllten Larghetto, der Melancholie Händels, die so selten erkannt wird. Es ist die Melancholie Beethovens, die »Melencolia« Dürers – nicht so dunkel vielleicht, aber ebenso tief. Wir sind ihr schon im zweiten, im dritten und vierten Concerto begegnet. Hier nun spricht sie aus einem elegischen Monolog, unterbro-

chen von Orgelpunkten, aus den Dialogen von Concertino und dem Tutti, die sich antworten wie die Gruppen des antiken

Chores. Das nachfolgende fugierte Allegro ma non troppo, auf ein chromatisches, gequältes Thema, ist in dieselbe düstere Stimmung getaucht. Nur daß der herrische Schritt der Fuge den phantastischen Schatten Zwang auferlegt.

Das dann folgende Larghetto in Es-Dur im Dreivierteltakt hat Händel Musette genannt; es ist ein leuchtender Traum von ländlichem Glück[1]. Ein ganzer Tageslauf mit seinen poetischen und krausen Zwischenfällen entrollt sich gemächlich auf den schönen summenden Refrain:

Bald verlangsamt sich die Bewegung, schläft beinahe ein, bald belebt sie sich, wird drängend, durch das Ganze geht der starke, freudige Rhythmus eines Marsches, der eigentlich getanzt wird, getanzt von kräftigen jungen Menschen mit schönem Körper.

Mitten in dieses Gemälde ist eine ländliche, hüpfende Episode in c-Moll eingeschoben.

Un poco più allegro
f

Dann kehrt das großzügige Motiv des Anfangs zurück mit seinem Refrain der reinen Freude, dem Lächeln der Natur[1].

Solche Werke sind wirkliche musikalische Gemälde. Um sie verstehen zu können, muß man nicht nur ein gutes Gehör, man muß auch Augen haben, um zu sehen, ein Herz, um mitfühlen zu können[2].

Die Sinfonien (Ouvertüren) zu Händels Opern und Oratorien sind untereinander ganz verschieden, obgleich die Form Lullys in ihnen vorherrscht[3]. Diese Form besteht aus einem ersten langsamen, pompösen Graveteil, dem ein schneller, gewöhnlich fugierter Teil mit kurzen Bewegungen folgt, und der Wiederholung des langsamen Teils als Schluß. Diese Form erscheint bei Händel schon 1705 in der *Almira,* dann wendet er sie, mit einigen Varianten, auf der Höhe seiner Künstlerschaft stehend, in seinen reifsten Werken, dem *Messiah* und dem *Judas Maccabaeus,* an und greift in seinem letzten Werk, dem *Triumph of Time* von 1757, darauf zurück. Die Sinfonia im *Rodrigo* (1707) fügt dieser Ouvertüre nach Lully eine eigentliche Tanzsuite, ein Balletto auf italienische Manier, hinzu, bestehend aus einer Gigue, einer Sarabande, einem »Matelot«, einem Menuett, einer Bourrée, einem Menuett und einer großen Passacaglia. Die Ouvertüre zum *Trionfo del Tempo* von 1708 ist ein brillantes Concerto, in dem das Concertino und das Grosso äußerst lebhafte und anmutige Zwiesprache pflegen. Die Ouvertüre zum *Pastor fido* (1712) besteht aus einer Suite in acht Sätzen, die des *Teseo* (1713) aus zwei Largos, auf die je ein mutwilliges Stück, das Ernste scherzhaft nachahmend, folgt. Die Ouvertüre zur *Passion* nach Brockes (1716) ist ein einziges fugiertes Allegro [1], das sich dem ersten Chor durch ein vermittelndes, von der Oboe deklamiertes Solo [2] anschließt. Die Ouvertüre zu *Acis and Galatea* (1720) ist wieder in einem Stück, die des *Giulio Cesare* (1724) ist mit dem ersten Chor verbunden, der als dritter Satz, als Menuett, figuriert. Die Ouvertüre zur *Atalanta* (1736), erfüllt von einer wundervollen Freude, gleicht einer festlichen Orchestersuite, in der Art der *Fireworks Music,* von der weiter unten zu sprechen sein wird. Die Ouvertüre zu *Saul* (1739) endlich ist ein eigentliches Konzert für Orgel und Orchester. Man sieht, Händel strebt namentlich in seiner Jugend danach, der Ouvertüre seiner Werke eine immer wieder neue Form zu geben.

Selbst wenn er zur Ouvertüre im Stil Lullys greift – und dahin scheint er sich in der Zeit seiner Reife mehr und mehr zu entscheiden –, modelt er sie durch seinen Geist um. Begnügt er sich doch nicht mit ihrer rein dekorativen Form, vielmehr erfüllt er sie mit dem Ausdruck seiner dramatischen Absicht[3]. Wenn man auch nicht zu sagen wagt, die Ouvertüre zur *Agrippina* (1709) sei schon Programmusik, so ist sie doch unerhört dramatisch. Der zweite Satz sprüht von Leben, das ist kein Divertissement gelehrter Musik mehr, kein Spiel, das mit der Handlung nichts zu tun hat, das ist sich ankündigende Tragik. Die Replik in der Fuge ist mit dem ernsten und von Unruhe gequälten Motiv des ersten Satzes verwandt. Zum Schluß leitet

ein Oboensolo wieder in das langsame Tempo hinüber. Dieses Solo erinnert in seinem großen Pathos an bestimmte Rezitative von Bach.

Man hat aus den drei Sätzen[1] der Ouvertüre zu *Esther* (1720[2]) ein ganzes Programm herauslesen wollen, das Chrysander so festlegt: 1. Hamans Tücke, 2. Israels Klagen, 3. Gefühl der Errettung. Ich begnüge mich damit zu sagen, die Sinfonia trage den Stempel des *Esther*-Dramas. Für die Ouvertüren zu *Deborah* und *Belshazzar* hat Händel allerdings dann sicher sich an ein Programm gehalten. Von den vier Sätzen der Ouvertüre zu *Deborah* wird der zweite im Lauf der Handlung als Chor der Israeliten wiederaufgenommen, der vierte als Chor der Baalspriester. So geht ganz klar, nach den ersten Anfängen, aus der Ouvertüre die Zweiheit der Völker hervor, deren Gegenüberstellung den Gegenstand des Dramas bildet[3]. Auch die Ouvertüre zum *Belshazzar* scheint die Orgie des Sesachfestes zu beschreiben mit der Erscheinung der göttlichen Hand, die feurige Worte an die Wand schreibt. Jedenfalls geht die Idee des Dramas offensichtlich daraus hervor: Dreimal wird der wilde Taumel durch im Piano hereinstechende Akkorde unterbrochen, und in die plötzliche Stille tönen drei feierliche Takte im Piano wie ein frommer Gesang[4].

Allegro
f
p
f

Es bleibt noch eine letzte Kategorie von Instrumentalwerken übrig, denen die Musikhistoriker, wie es mir scheinen will, nicht genügend Aufmerksamkeit gewidmet haben. Und doch zeigt Händel sich in ihnen als Vorläufer, als Vorbildner. Ich meine die Musik, die er zur Aufführung im Freien geschrieben hat.

Diese Musik spielte als Gepflogenheit des englischen Lebens eine große Rolle. Vor den Toren Londons war Überfluß an öffentlichen Parks, in denen sich, wie schon Pepys sagte, Konzerte von menschlichen Stimmen und Instrumenten mit denen der Vögel verschmolzen. In Vauxhall, im Süden von Lambeth Palace, auf der Themse, in Ranelagh, bei Chelsea, zwei Meilen von der Stadt entfernt, in Marybone Garden (auch Mary-le-Bone), überall wurden Konzerte gegeben, und Händel gefiel dort immer. Schon 1738 ließ der Besitzer von Vauxhall, Jonathan Tyers, im Park eine Händel-Statue aufstellen, und kaum waren die *Concerti grossi* erschienen, so gehörten sie auch sehr bald zu den beliebtesten Nummern der Konzerte von Marybone, Vauxhall und Ranelagh. Burney hat sie in zahlreichen Aufführungen von verschiedenen Orchestern gehört. Händel pflegte besondere Stücke für diese Gartenkonzerte zu schreiben, denen er übrigens keinen besonderen Wert beilegte. Es waren kleine »Sinfonie« oder sich einfach gebende Tänze, wie die *Hornpipe, composed for the concert at Vauxhall* 1740[1]. Eine Anekdote, von Pohl und Chrysander überliefert, erzählt, wie Händel über diese Musik, die ihm nicht allzuviel Mühe gekostet hatte, seine Witze macht.

Er hat aber andere Werke in dieser Art von viel größerer Tragweite geschrieben; das sind die 1715 oder 1717 entstandene berühmte *Water Music,* für eine Spazierfahrt des Königs auf der Themse geschrieben[2], und die *Fireworks Music,* die, wenn man so sagen will, das in Green Park am 27. April 1749 zu Ehren des Aachener Friedens abgebrannte Feuerwerk illustriert[3].

Die *Water Music* ist eine große Serenade in Suitenform, die mehr als zwanzig Sätze umfaßt. Sie hebt mit einer pompösen Opernouvertüre an, darauf folgen die Echogespräche der Hörner und Trompeten oder des ganzen Blechs einerseits und des übrigen Orchesters anderseits. Die beiden Instrumentgattungen sind eigentlich wie zwei sich antwortende Orchester behandelt. Nun kommen sorglose, gemütliche Melodien, Tänze, eine Bourrée, eine Hornpipe, Menuette, volkstümliche Airs, die mit freudigen, mächtigen Fanfaren abwechseln und kontrastieren. Die Orchestration ist ungefähr die gleiche wie für eine gewöhnliche Sinfonia, nur ist dem Blech viel mehr Wichtigkeit beigelegt. In diesem Werk findet man auch einige im Dacamera- oder im Theaterstil geschriebene Stücke.

In der *Fireworks Music* ist dann der Charakter dieser Art Musik ganz scharf umrissen, und zwar nicht nur durch die breite Anlage der einzelnen Sätze als vielmehr durch die Instrumentation, die nur Bläser verwendet[1]. Die Komposition zerfällt in zwei Teile, in eine Ouvertüre, die vor dem großen Feuerwerk gespielt werden sollte, und eine Suite von kleinen Stükken, die während desselben gespielt wurden und zum Teil mit allegorischen Prachtstücken des Feuerwerks korrespondierten. Die Ouvertüre ist eine Art von prunkvollem Marsch in D-Dur von einiger Ähnlichkeit mit der Ouvertüre zum *Ritterballett* von Beethoven, freudig, ritterlich, wohlklingend wie jene. Die kleinen Stücke bestehen aus einer Bourrée, einem Largo alle Siciliana[2], »La paix« überschrieben, von schöner Grazie getragen, dessen anmutiger Heroismus sich einwiegen läßt und einschlummert, einem sehr fröhlichen Allegro, »La réjouissance«[3] genannt, und als Abschluß aus zwei Menuetten. Es wäre für unsere Festordner von Volksfesten und Vorstellungen im Freien sicherlich interessant, dieses merkwürdige Werk zu studieren[4]. Wenn man bedenkt, daß Händel nach 1740 an Instrumentalmusik kaum mehr als die *Fireworks Music* und die zwei monumentalen *Concerti a due cori* geschrieben hat, kommt man zur Überzeugung, daß die letzte Entwicklung seiner musikalischen Idee und seines instrumentalen Stils ihn zur Musik hindrängte, die mit großen Orchestermassen, mit weitem Raum und großen Mengen von Zuhörern rechnet.

Händel hat immer ein starkes Gefühl für das Volkstümliche, Populäre gehabt. Ich habe schon von den musikalischen Inspirationen, den Keimen gesprochen, die aufgehäuft im Schatz seiner Erinnerungen lagen, auf die er oft zurückgriff, um unter anderem seine Oratorien zu beleben. Seine Kunst, durch den Jungbrunnen dieser Quellen immer wieder erneuert, war für jene Zeit erstaunlich populär. Gewisse Melodien aus dem *Ottone*, dem *Scipione,* der *Arianna,* der *Berenice* und andern Opern waren nicht nur in ganz England verbreitet[1] und zu Gemeinplätzen geworden, sondern auch im Ausland, sogar in dem fremde Einflüsse abwehrenden Frankreich[2].

Es ist aber gar nicht diese etwas banale Popularität, von der ich hier sprechen möchte, wenngleich auch sie nicht verachtet zu werden verdient. Nur der beschränkte Hochmut eines Engherzigen kann der Kunst, die den Anspruchslosen gefällt, jeden Kunstwert absprechen. Was ich mit »volkstümlich« in der Musik Händels bezeichnen möchte, scheint mir die ihr innewohnende Eigenschaft zu sein, die sie wirklich als für ein ganzes Volk empfunden kennzeichnet, nicht nur für eine Elite von geschulten Dilettanten, wie die französische Oper zwischen Lully und Gluck es ist. Ohne je die vollkommen schöne Form, die der Menge keinerlei Konzessionen macht, zu verlassen, vermittelt diese Musik in einer allen zugänglichen Sprache Empfindungen, die von allen gefühlt werden.

Dieser geniale Improvisator, dessen Berufung es war, während eines ganzen Lebens – es umfaßte ein halbes Jahrhundert der schöpferischen Arbeit! – von der Bühne herab zu großen, aus vielen Schichten gemischten Mengen zu sprechen, mit denen er sogleich den Kontakt des Verstehens herstellen mußte, dieser Musiker gleicht einem antiken Rhetor, der neben der Formkultur den Instinkt für die lebendige und zündende Wirkung seiner Rede besitzt. Unsere Zeit hat den Sinn für diesen Typus des Menschen, des Künstlers, verloren, für den reinen Künstler, der zum Volk für das Volk spricht, nicht für sich und einige Gleichgesinnte. Heute schließen sich die reinen Künstler ab, und die, die zum Volk sprechen, sind häufig nichts anderes als Taschenspieler. Das freie England des 18. Jahrhunderts war in gewisser Beziehung verwandt mit der römischen Republik; so hat denn auch die Beredsamkeit eines Händel Ähnlichkeit mit der jener Redner, von deren leidenschaftlichen und mit größtem Können gefügten Perioden das Forum widerhallte, wo sich eine müßige, hin und her wogende Plebs drängte. Dieser

Beredsamkeit war es sogar gegeben, in den Tagen des Einfalls durch den Stuart ganz der Sprecher der Volksseele zu werden, verkörpert doch *Judas Maccabaeus* das Vaterland, England. Unmittelbar nach den ersten Aufführungen von *Israel in Egypt* rühmten einige Zuhörer den Heroismus, die hohe Tugend dieser Musik, die ganze Völker zur mutigen Erhebung und Armeen zum Sieg führen kann.

Diese seine Macht über den Volkswillen stempelt Händel neben den andern glänzenden Eigenschaften, die von seinem Genie ausstrahlen, zu einem vom Geschlechte Cavallis und Glucks. Aber er überragt sie. Beethoven allein ist in seinen mächtigen Spuren weitergegangen auf dem Weg, den Händel sich gebahnt hatte.

Anmerkungen

zu S. 17 1 Der Stammbaum der Händel ist von Karl Eduard Förstemann aufgestellt worden (*Georg Friedrich Händels Stammbaum*, Leipzig 1844). Der Name Händel war in Halle sehr gewöhnlich. Wahrscheinlich ursprünglich »Händler«, kam er unter verschiedenen Formen vor: Hendel, Hendeler, Händeler, Hendtler. Georg Friedrich Händel schrieb sich italienisch Hendel, englisch und französisch Handel und deutsch Händel.

zu S. 18 1 Im folgenden Monat kam in Eisenach, am 21. März 1685, Johann Sebastian Bach zur Welt.

2 Von den vier Kindern zweiter Ehe starb das erste bei der Geburt. Georg Friedrich hatte zwei Schwestern, die eine zwei, die andere fünf Jahre jünger als er.

3 [Schütz wurde am 8. Oktober 1585 in Köstritz geboren und starb am 6. November 1672 in Dresden, also nicht in Weißenfels.]

4 Man findet überall die beinahe zu Legenden gewordenen Anekdoten vom kleinen Händel, der nachts aus dem Bett steigt, um heimlich auf dem Estrich auf dem Klavichord zu spielen.

zu S. 19 1 Siehe die Vorrede, die Tobias Michael, Kantor der Thomasschule in Leipzig, dem zweiten Teil seiner *Musikalischen Seelenlust* (1637) voransetzte, und in Rosenmüllers Leben die Erzählung des Skandals, der den großen Musiker im Jahr 1655 zwang, ins Ausland zu fliehen (August Horneffer: *Johann Rosenmüller*, [Diss. Berlin] 1898).

2 Dies die genaue Schreibart des Namens, den man häufig auch Zachau schreibt. Friedrich Wilhelm Zachow war 1663 in Leipzig geboren (sein Vater war Berliner) und starb früh, 1712.

3 Seit der Veröffentlichung von Zachows Werken durch Max Seiffert in den *Denkmälern deutscher Tonkunst*, Band XXI und XXII, Leipzig 1905.

4 Mattheson hat es auch klar bestätigt. Die Musikhistoriker unserer Tage wie Chrysander, Volbach, Kretzschmar, Sedley Taylor haben diese Aussagen unberücksichtigt gelassen. Sie schreiben sie entweder der Großmut Händels oder dem Übelwollen Matthesons zu. Ihrem Urteil, das für Zachow sehr streng ausfällt, fehlt die Kenntnis seiner Werke. Seit der Veröffentlichung in den *Denkmälern* ist es für jeden nicht Voreingenommenen unmöglich, in Zachow nicht den tatsächlichen Ursprung des Händelschen Stils, ja man wäre beinahe geneigt zu sagen, auch seines Genies zu erkennen.

5 *Lebensbeschreibung Händels*, [Hamburg] 1761.

zu S. 20 1 Motive von Kerll findet man in einem der *Orgelkonzerte* und in einem *Concerto grosso*. Eine *Canzone* von Kerll sowie ein *Capriccio* von Strungk sind sogar vollständig in zwei Chören in *Israel in*

Egypt aufgenommen worden (Max Seiffert: *Händels Verhältnis zu Tonwerken älterer deutscher Meister*, Jahrbuch Peters, Leipzig 1907).

2 Die beiden Teile der *Klavier-Übung* von Kuhnau erschienen 1689 und 1692, die *Frischen Klavier-Früchte* 1696, die *Biblischen Historien* 1700. Siehe die Werke für Klavier von Kuhnau, herausgegeben von Karl Päsler, in den *Denkmälern deutscher Tonkunst*, Leipzig 1901.

3 Siehe Chrysander. Wir werden später von Steffanis Werk und seinen Beziehungen zu Händel sprechen.

zu S. 21 1 Die Sammlung der erschienenen Werke schließt 12 Kantaten für Orchester, Soli und Chor, eine A-cappella-Messe, ein Kammertrio für Flöte, Fagott und Continuo, 8 Präludien, Fugen und Capricci für Cembalo oder Orgel und 44 Choralvariationen ein.

2 Vergleiche die Arie für Tenor »O du werter Freudengeist« (S. 71), Begleitung und Ritornello dei violini unisoni, in der Kantate Nr. 4 *Ruhe, Friede, Freud' und Wonne* mit der Arie des Polyphem in Händels *Acis and Galatea*. Weiter das Motiv der Baßarie in der Kantate Nr. 8 (S. 189) mit dem bekannten Stück für Instrumentalmusik, im zweiten Akt des *Hercules* als Sinfonia dienend. Weiter die Tenorarie mit Horn (S. 181) »Kommt, jauchzet« der Kantate Nr. 8 *Lobe den Herrn, meine Seele* mit einer Sopranarie des *Messiah*. Weiter wird man in der Kantate *Ruhe, Friede* (S. 83) die Skizze zu dem berühmten Chor zum Einsturz der Mauern Jerichos in *Joshua* erkennen.

3 Siehe Zachows Werke, S. 159, 260.

4 Ebd. S. 97, Baßarie mit vier Klarinetten und Trommeln, S. 269f., großer Chor und kriegerischer Marsch im Dreitakt, in dem man schon die Akzente des *Judas Maccabaeus* hört.

5 Ebd. S. 122.

6 Ebd. S. 113, 183.

7 Ebd. S. 110, 141, 254, 263.

8 Ebd. Kantate Nr. 8 *Lobe den Herrn, meine Seele*, S. 166, das deutsche Halleluja, mit den Wogen seiner jubilierenden Vokalisen, vor allem S. 192, der große Schlußchor.

9 Siehe sein hübsches *Trio* für Flöte, Fagott und Cembalo (S. 313). Es ist ein Werk in vier Sätzen (1. Affettuoso, 2. Vivace, 3. Adagio, 4. Allegro), in dem sich die klare italienische Grazie dem deutschen Gemüt ausgezeichnet zugesellt. – Das Orchester der Kantaten verwendet zeitweilig nur Saiteninstrumente mit Orgel oder Cembalo. Im allgemeinen verfügt Zachow indessen über eine ziemlich reiche Palette. Sie verwendet mit den Bratschen, kleinen Violen und Celli Harfen, Oboen, Flöten, Jagdhörner, Fagotte und Baßsonetti und bis zu vier Clarini (helle Trompeten) und Trommeln (Kantate *Vom Himmel kam der Engel Schar*). Zachow macht sich eine Freude daraus, das Timbre dieser Instrumente in den Soli mit dem der

menschlichen Stimme zu verbinden. Da erhält eine Tenorarie die Solobegleitung des Cellos, eine andere die von zwei Jagdhörnern, eine Baßarie die des konzertierenden Fagotts, eine andere von vier Clarini und Trommeln, eine Sopranarie von Fagott und zwei Baßsonetti. Gar nicht zu reden von zahlreichen und sehr sorgfältig ausgearbeiteten Arien mit Oboe und Flöte. – Händel verdankt es Zachow, daß er früh schon mit dem Orchester vertraut wurde, lernte er doch bei ihm alle Instrumente spielen, vor allem aber das Fagott, für das er Entzückendes geschrieben hat. Vom zehnten Jahr an komponierte er Trios für zwei Oboen und Baß. Ein Lord, der in Deutschland reiste, entdeckte eine kleine Sammlung von sechs Trios, aus jener Epoche datiert (*Sammlung dreistimmiger Sonaten für zwei Oboen und Baß, sechs Stück*, Band XXVIII der großen Händel-Ausgabe).

zu S. 22 1 Siehe die schöne Baßarie in der Kantate *Lobe den Herrn*, S. 164.

2 Über gewissen einfachen Stellen, wie in der Kantate für die Heimsuchung *Meine Seel' erhebt den Herrn* das Sopranrezitativ: »Denn er hat seine elende Magd angesehn« (S. 112), liegt ein Duft jungfräulicher Demut, den man bei Händel vergebens suchen würde.

zu S. 23 1 Den Violinspieler Torelli, Antonio Pistocchi, ein Meister der italienischen Gesangskunst, Attilio Ariosti den Vater, Giovanni Bononcini. Steffani schrieb für die Fürstin berühmte Duette, und Corelli widmete ihr seine letzte *Violinsonate* aus op. 5.

2 Die erste Vorstellung fand am 1. Juni 1700 statt mit einem ländlichen Ballett von Ariosti. Leibniz wohnte der Generalprobe bei.

3 Alles, was man von seiner Begegnung mit Ariosti und Bononcini erzählt hat, gehört ins Reich der Legende. A. Ebert hat nachgewiesen, daß Ariosti erst 1697 nach Berlin gekommen ist und daß Bononcini, der erst im November 1697 nach Deutschland kam, nicht vor 1702 in Berlin gewesen zu sein scheint. Damit Händel ihn dort hätte antreffen können, müßte er 1703 wieder dorthin gereist sein, als er nach Hamburg ging. Damals aber war Händel achtzehnjährig, und die Legende vom Wunderkind, das zwei italienische Meister bezwungen hätte, sinkt somit dahin (A. Ebert: *Attilio Ariosti in Berlin*, [Diss. Bonn] 1905).

4 Die einsichtige Politik des Kurfürsten von Brandenburg zog die unabhängigsten deutschen Geister, die anderswo verfolgt wurden, an die Universität Halle. So kamen die von Leipzig vertriebenen Pietisten dorthin und verbreiteten sich von dort über ganz Deutschland, die Schweiz und Holland (Fritz Volbach: *Georg Friedrich Händel*, [Berlin 1898], und Lucien Lévy-Bruhl: *L'Allemagne depuis Leibniz*, Paris 1890.)

zu S. 24 1 Siehe die schönen Studien von André Pirro über Bach.

2 Man erinnere sich, daß die Hexenprozesse eine der mörderischen Manien jener Zeit waren. Man schätzt die Opfer der Hexenverbrennungen in jenem Jahrhundert auf mehr als hunderttausend.

Friedrich II. pflegte zu sagen: »Wenn die Frauen in Deutschland friedlich leben und sterben können, verdanken sie es Thomasius.«

3 Der Kontrakt auf ein Jahr mit der Domkirche ist vom 13. März 1702 datiert, einen Monat vorher hatte er sich an der juristischen Fakultät eingeschrieben.

4 Telemann, der 1701 durch Halle kam, sagt, daß er die Bekanntschaft von Händel gemacht habe, »dem damals schon wichtigen Herrn Georg Friedrich Händel«. Ein seltsames Epitheton, auf ein Kind von sechzehn Jahren angewandt! Chrysander hat recht, Händels frühreife Natur zu betonen. »Niemand kommt ihm darin gleich, nicht einmal J. S. Bach, der sich langsamer entwickelt hat.«

zu S. 25 1 Seit einigen Jahren schon komponierte er, wie er selbst sagte, »wie ein Teufel«.

2 Man hat ihm zwei Oratorien (sehr zu bezweifeln!), eine Kantate: *Ach, Herr, mich armen Sünder*, und ein *Laudate Pueri* für Sopransolo zugeschrieben, die in die Zeit vor seiner Reise nach Hamburg fallen würden.

3 Alfred Heuß hat zuerst nachgewiesen, welche Anziehungskraft das musikalische Drama auf Zachow ausübte, das er sogar in die Kirche brachte. So ist zum Beispiel die vierte seiner Kantaten: *Ruhe, Friede, Freud' und Wonne* – die übrigens bei Chrysander sehr schlecht wegkommt –, nichts anderes als das Fragment einer phantastischen Oper, in der man David, von höllischen Geistern gequält, sieht. Die Deklamation ist ausdrucksvoll, und die Chöre sind von großem dramatischen Effekt. Händels Karriere beim Theater ist seit Halle vorbereitet gewesen, vielleicht war es sogar Zachow selbst, der ihn nach Hamburg schickte (A. Heuß: *Fr. Wilh. Zachow als dramatischer Kantaten-Komponist*, in: Publikation der Internationalen Musikgesellschaft, Mai 1909).

4 Teilweise unter englischem Einfluß und besonders unter dem von Addisons *Spectator* 1711. Seit 1713 erschien in Hamburg der *Vernünftige Mensch*. 1724 bis 1727 wurde der *Musikalische Patriot* durch eine patriotische Gesellschaft ins Leben gerufen. Man rechnete mit einer Auflage von 400 Exemplaren, aber in Obersachsen allein abonnierte man 5000.

5 Die profane Musik zählte gegen 1728 50 Lehrer und 150 Professoren. Dafür war die religiöse Musik viel spärlicher vertreten als in den meisten deutschen Städten des Nordens.

zu S. 26 1 *Die Geburt Christi*, *Michael und David*, *Esther*.

2 *Dramatologia antiqua-hodierna*, [Hamburg] 1688.

3 *Theatromauia oder Die Werke der Finsternis* von Anton Reiser, 1681.

4 *L'histoire de l'opéra en Europe avant Lully et Scarlatti*, [Paris] 1895, S. 217–222.

zu S. 27 1 Reinhard Keiser wurde 1674 zu Teuchern bei Weißenfels geboren und starb 1739 zu Hamburg. Siehe Hugo Leichtentritt: *Reinhard*

Keiser in seinen Opern, Berlin 1901; Wilhelm Kleefeld: *Das Orchester der ersten deutschen Oper*, Berlin 1898; F. A. Voigt: *Reinhard Keiser*, in: Vierteljahrsschrift für Musikwissenschaft, 1890). Die *Octavia* und der *Krösus* von Keiser sind neu herausgegeben worden.

zu S. 28 1 In den Ouvertüren in drei Sätzen mit französischen Tempoangaben: Vitement, Lentement. Ebenso in den Präludien für Instrumentalmusik und vielleicht in den Tänzen.

2 Besonders in den Duetten, die mehr Kontrapunktsatz haben.

3 »Ist denn das Orchester der Held?« fragt der Theoretiker des Lullyismus, Lecerf de la Viéville. »Nicht im mindesten, es ist der Sänger. Also hat *er* mich zu rühren und darf die Sorge dafür nicht dem Orchester überlassen, das nur zufällig und aus Gnade da ist. Si vis me flere ...« (*Comparaison de la musique italienne et de la musique françoise*, [Brüssel] 1704–06.)

4 Mattheson sagt, man könne sehr wohl mit einfachen Instrumenten Seelengröße, Liebe, Eifersucht usw. ausdrücken und die Neigungen des Herzens durch einfache Akkorde und ihre Verkettung ohne Worte wiedergeben, so daß die Hörer den Fortgang, den Sinn und die Gedanken der musikalischen Rede fassen können, als ob es gesprochene Rede wäre (*Die neueste Untersuchung der Singspiele*, 1744).

5 Vorrede zu den *Componimenti musicali* von 1706. Mattheson sagt, Keiser zum Himmel hebend, eine einzige Rede so gut zu komponieren, wie er es getan habe, die Gefühle und den Bau der Phrase gleich berücksichtigend, dazu brauche man mehr Kunst und Geschick als zum Komponieren von zehn Arien nach der gewöhnlichen Methode.

6 Man vergleiche mit den Rezitativen der ersten großen Bach-Kantate: *Aus der Tiefe, Gottes Zeit* von 1709–12/14, gewisse Rezitativstellen der *Octavia* von Keiser (1705) besonders im zweiten Akt: »Hinweg, du dornenschwangre Krone!« Melodische Veränderungen, Modulationen, Harmonien, Satzbau, Kadenzen, alles ist im Stile Bachs, noch mehr als in dem Händels.

zu S. 29 1 Siehe in *Krösus* (1711) die Arie mit Flöte der Elmira, bei der man an eine ähnliche Arie in der Gluckschen Oper *Echo et Narcisse* denkt.

2 In dieser Art, im pastoralen Stil des 18. Jahrhunderts gehalten, gibt es im *Krösus* eine Szene, die ein kleines Meisterwerk darstellt und beinahe an Beethoven erinnert.

3 So der Gesang des gefangenen Krösus, die Erinnerung an gewisse Arien des *Messiah* beschwörend.

4 Ich will nur ein Beispiel anführen, die Arie der Octavia mit zwei Flöten: »Wallet nicht zu laut«. Das ist eine von Keisers poetischsten Stellen, die Händel in seinen Werken mehrere Male aufgenommen hat, bis ins Jahr 1720 in *Acis and Galatea*.

5 Postel, der in den Prologen zu seinen Libretti sieben Sprachen an-

wandte, widersetzte sich diesem Durcheinander in poetischen Werken, denn er pflegte zu sagen, was den Schmuck eines Gelehrten ausmache, verunstalte die Poesie.

6 Gewisse deutsche Opern vermengten Hochdeutsch, Plattdeutsch, Italienisch und Französisch.

zu S. 30 1 Mattheson.

2 Er war in Hamburg 1681 geboren und starb dort 1764. Siehe L. Meinardus: *J. Mattheson und seine Verdienste um die deutsche Tonkunst*, [Leipzig] 1879, und Heinrich Schmidt: *J. Mattheson, ein Förderer der deutschen Tonkunst*, Leipzig 1897.

3 Im *Vollkommenen Kapellmeister* (1739) griff er die »Pythagoräer« (deren Haupt Christoph Mizler aus Leipzig war) aufs heftigste an. Diese versuchten die Musik der Mathematik und dem Verstand zu unterwerfen. Zusammen mit den »Aristoxeniern« (die Harmoniker) wollte er die Musik dem eisernen Schraubstock, der Knochenhand der toten Wissenschaft und der Scholastik entreißen. Sein Gesetz war das Ohr. »Laß deine schwerfällige Kunst zu Hause, eher als daß das Ohr auf irgendeine Weise leide. Was dich die Natur als gut lehrt, tue es, spiele es, sing es – das Schlechte meide, tilge« *(Das Forschende Orchestre)*. Der Scholastik stellte er die fruchtbare und lebendige harmonische Wissenschaft entgegen. Er verlangte, daß diese an den Universitäten gelehrt werde, und anerbot sich, eine Summe für einen Lehrstuhl der Musik am Gymnasium seiner Vaterstadt zu stiften.

4 Besonders im *Neu-Eröffneten Orchestre* (1713), im *Beschützten Orchestre* (1717), im *Forschenden Orchestre* (1721). Man dürfte von seiner gehaltvollsten theoretischen Schrift *Der vollkommene Kapellmeister* (1739), sagen, daß sie heute noch als Basis für eine Ästhetik der Musik dienen könne und daß aus diesem Werk ein gut Teil unserer Musikwissenschaft hervorgegangen ist.

5 Er rät den Deutschen von einer Reise nach Italien ab, da von dort »so viel mit Pfauenfedern geschmückte Gänse zurückkämen, das heißt mit großen, verborgenen Schwächen und unerträglichem Dünkel«. Er warf den Deutschen vor, daß sie den Künstlern des eigenen Landes nicht halfen, die, erdrückt, langsam dahinsterben müßten (*Der vollkommene Kapellmeister* und *Critica musica*).

6 Vierundzwanzig monatliche Lieferungen, die mit Unterbrechungen von Mai 1722 bis 1725 in Hamburg erschienen. Man findet darin musikalische Leitartikel, Korrespondenzen und Interviews von Musikern, Analysen von Büchern und Werken, eine Menge Auskünfte über die letzte Oper, das letzte Konzert, über das Leben eines Musikers, über ein neues Klavier, über eine Sängerin usw. Man findet vor allem solide Musikkritiken darin, vielleicht die ältesten, die existieren. Seine peinlich eingehende Analyse von Händels *Johannespassion* war noch berühmt, als die Händelsche Passion selbst schon vergessen war. Marpurg sagte 1760, es sei viel-

leicht die erste gute Kritik gewesen, die über Chormusik geschrieben worden sei, seitdem Chormusik existiere.

7 *Critica musica*.

8 Er sagte, »wenn er an einen Tondichter denke, denke er an etwas Höheres, als selbst ein großer Sittenlehrer, ein großer Denker sei ... Früher seien die Musiker Dichter und Propheten gewesen.« Anderswo, »es sei die Eigenschaft der Musik, vor allen Wissenschaften eine Zuchtlehre zu sein« *(Der vollkommene Kapellmeister)*.

zu S. 31 1 *Grundlage einer Ehren-Pforte, woran der Tüchtigsten Capellmeister, Componisten, Musikgelehrten, Tonkünstler etc. Leben, Wercke, Verdienste etc. erscheinen sollen*, [Hamburg] 1740.

2 *Der vollkommene Kapellmeister*, 1739. Er widmet in dieser Arbeit dem, was er »Hypokritik« nennt, eine wichtige Studie.

3 Ebd.

4 Wenn nicht in der Praxis, so doch in der Theorie. Seine Opern sind nämlich mittelmäßig. Übrigens verging ihm die Lust am Theater schnell, da ihm religiöse Skrupel kamen. Zuerst wollte er die Oper veredeln, er wollte etwas »Ernsthaftes und Heiliges« daraus machen, das die Massen belehrend und moralisierend beeinflussen sollte (*Der Musikalische Patriot*, 1728). Als er sah, daß seine Idee von einer moralischen und erbaulichen Oper keine Chance hatte, sich zu verwirklichen, verlor sich sein Interesse, und er freute sich sogar, als 1750 der endgültige Ruin über die Hamburger Oper hereinbrach.

zu S. 32 1 Mattheson, der perfekt Englisch sprach und bald darauf Sekretär der englischen Legation wurde, zeitweilig bei der Gesandtschaft attachiert war, stellte Händel dem englischen Gesandten, John Wyche, vor, der beiden die Erziehung seines Sohnes anvertraute.

2 *Ehren-Pforte*. Telemann, Händels Mitschüler, bestätigt, »in melodischen Sätzen aber haben Händel und ich bei öftereren Besuchen auf beiden Seiten wie auch schriftlich stete Beschäftigung«.

zu S. 33 1 Mit einer beschützerischen Note von seiten Matthesons. Während der ersten Monate dachte Händel nicht daran, sich dadurch verletzt zu fühlen. Noch im Jahre 1704 schrieb er ihm durchaus ehrerbietige Briefe. Mattheson war zu jener Zeit auch weiter als Händel und ihm überlegen, was gesellschaftliche Stellung betraf.

2 Siehe in der *Ehren-Pforte* die Erzählung dieser Reise und die Tollheiten der beiden lustigen Reisegefährten. – Buxtehude war ein Däne, 1637 zu Helsingör geboren [vermutlich in Bad Oldesloe, Holstein, geboren]. Er hatte sich in Lübeck niedergelassen, wo er vom dreißigsten Jahr an bis zu seinem Tode, 1707, Organist an der Marienkirche war.

3 Es war das Gewöhnliche, daß die Orgel einer Kirche mit der Tochter oder der Witwe des Organisten zusammen weggegeben wurde. Buxtehude selbst hatte, als er die Nachfolge Tunders antrat, dessen Tochter geheiratet.

4 Bach kam im Oktober 1705 nach Lübeck. Statt der vier Wochen, die er bleiben sollte, brachte er vier Monate dort zu. Beinahe hätte er dadurch seine Anstellung in Arnstadt verloren.

5 Die Orgelwerke von Buxtehude sind von Spitta und Max Seiffert herausgegeben, in zwei Bänden bei Breitkopf neu erschienen. (Siehe die kurze, aber gehaltvolle Studie von A. Pirro in seinem kleinen Buch *L'Orgue de J.-S. Bach*, Paris 1895, und Max Seiffert: *Buxtehude, Händel, Bach*, im Jahrbuch Peters 1902.) Eine nur zu gedrängte Auswahl der Kantaten Buxtehudes ist in einem Band der *Denkmäler deutscher Tonkunst* erschienen. Pirro bereitet eine große Arbeit über Buxtehude vor.

6 Besonders seit 1693.

7 Die Rolle der Freien Städte Hamburg und Lübeck – die Städte der intelligenten und abenteuerlustigen Kaufmannschaft – ist eine ähnliche wie die von Venedig und Florenz für Malerei, zum Teil auch für Musik.

8 Die Bibliotheken von Lübeck, Uppsala, Berlin, Wolfenbüttel, Brüssel weisen zusammen 150 Manuskripte auf.

9 Seine Orgelmusik bezeugt seine Meisterschaft auf diesem Gebiet.

zu S. 34 1 Siehe die eindringliche Innigkeit, die melodiöse Anmut der Kantate *Alles was ihr tut mit Worten oder Werken* und die mit so einfachen Mitteln erreichte tragische Größe der wundervollen Kantate *Gott hilf mir*.

2 S. 167 in den *Denkmälern* findet sich ein *Halleluja* von Buxtehude (für zwei Clarini, zwei Violinen, zwei Violen, Violone, Orgel und fünf Vokalpartien), das reiner und schönster Händel sein könnte.

3 Mattheson fügt bei: »Ich weiß gewiß, wenn er dieses lieset, er wird im Hertzen lachen: denn äuserlich lacht er wenig.«

4 Unter anderem das Menuettmotiv einer Arie, das er aus der Erinnerung im Menuett der Ouvertüre zu seinem *Samson* wiedergegeben hat.

5 In derselben Woche führten Keiser und der Dichter Hunold eine andere Passion: *Der blutige und sterbende Jesus*, auf, die einen Skandal verursachte. Sie hatten den Gegenstand als Oper behandelt, die Choräle, religiösen Gesänge, den Evangelisten und seine Erzählung ausgelassen. Händel und Postel gingen vorsichtiger vor, indem sie nur die geistlichen Gesänge ausließen, aber den Text des Evangelisten beibehielten.

6 Diese Kritik, sicher 1704 geschrieben, wurde von Mattheson in seine musikalische Zeitung, die *Critica musica*, 1725 aufgenommen und zwanzig Jahre später wieder in seinem *Vollkommenen Kapellmeister*, 1739.

zu S. 35 1 Die beiden jungen Leute waren mit der Erziehung des Sohnes des englischen Gesandten betraut worden, Mattheson in der Eigenschaft des Hofmeisters, Händel als Musiklehrer. Mattheson nutzte den Vorteil der Situation aus, um Händel einen erniedrigenden

Verweis zu erteilen. Händel rächte sich, indem er ihn lächerlich machte. Man gab in der Oper Matthesons *Kleopatra*. Mattheson dirigierte am Cembalo und hatte überdies die Rolle des Antonius inne. Während er auftrat, überließ er Händel seinen Platz am Cembalo, da aber Antonius eine halbe Stunde vor Ende des Stückes starb, beeilte sich Mattheson, in Kostüm und Maske wieder an seinen Platz zu kommen, um keine der Ovationen am Schluß zu verlieren. Händel, der während der ersten beiden Vorstellungen die Mätzchen ruhig mitangesehen hatte, wollte beim drittenmal seinen Platz am Cembalo nicht an Mattheson abtreten. Am Ausgang gerieten sie sich in die Haare. Diese Geschichte ist ziemlich unklar in der *Ehren-Pforte* von Mattheson erzählt worden. Mainwaring, der sie von Händel hatte, erzählt sie auch.

2 *Der in Kronen erlangte Glückswechsel oder Almira, Königin von Kastilien*. Das Libretto war von einem gewissen Feustking nach einer Komödie des Lope de Vega geschrieben worden. Chrysander erzählt von dessen skandalösem Leben und von dem schmutzigen Pamphletkrieg, den er wegen dieses Stückes gegen Barthold Feind führte. Keiser hätte die Musik zur *Almira* schreiben sollen, gab aber das Textbuch an Händel weiter, da er von Geschäften und Vergnügen zu sehr in Anspruch genommen war. – Ein für allemal muß ich hier daran erinnern, daß die Gedrängtheit dieses kleinen Buches mir durchaus die Analyse der Händelschen Opern verbietet. Eine solche verspare ich auf ein anderes Buch über *Händel und seine Zeit* (Musiciens d'autrefois, 2me série).

3 *Die durch Blut und Mord erlangte Liebe oder Nero*, Gedicht von Feustking, mit Mattheson als Nero. Die Partitur ist verlorengegangen.

4 1703 schickte Händel die kleine Pension, die seine Mutter ihm ausgesetzt hatte, ihr zurück und fügte einige Weihnachtsgeschenke bei. 1704, 1705 und 1706 hatte er sich 200 Dukaten für seine Reise nach Italien zusammengespart.

5 Der neue *Nero* wird unter dem Titel *Die Römische Unruhe oder Die edelmütige Octavia* gespielt. Die Partitur ist neu erschienen in dem Supplement zur großen Händel-Edition bei Breitkopf, herausgegeben von Max Seiffert. *Almira* bekam den Titel: *Der durchlauchtige Secretarius oder Almira, Königin von Kastilien*. – Außer diesen beiden Werken schrieb Keiser in zwei Jahren sieben Opern, darunter seine schönsten. Darin legt er Proben seines Genies ab, dem leider nur der gleichwertige Charakter fehlte.

6 Unter dem Titel *Componimenti musicali oder Teutsche und italiänische Arien, nebst unterschiedlichen Recitativen aus Almira und Octavia*, Hamburg 1706.

7 Während zwei Jahren wußte man nicht, was aus Keiser geworden war, so gut hatte er sich vor der Treibjagd, die seine Gläubiger auf ihn veranstalteten, zu schützen gewußt. Anfang 1709 erschien er

seelenruhig in Hamburg, setzte sich wieder in Stellung, Achtung und Ruhm, ohne daß jemand daran dachte, ihm etwas vorzuwerfen. Damals war aber Händel schon lange nicht mehr in Hamburg.

zu S. 36 1 Außer seinen Opern und der *Passion* hat Händel in Hamburg eine große Zahl Kantaten, Lieder und Klavierwerke geschrieben. Mainwaring versichert, er habe zwei Truhen damit angefüllt gehabt. Mattheson hat an der Richtigkeit des Sachverhalts gezweifelt. Die Unkenntnis, die er an den Tag legt, beweist aber nichts mehr, als daß Händel ihn über sein Schaffen nicht auf dem laufenden hielt. Hat man doch seither, sowohl im *Klavierbuch aus der Jugendzeit* (Band XLVIII der Gesamtausgabe) als in den *Sonatas* (Band XXVII), eine ganze Anzahl von Kompositionen gefunden, die sicherlich aus der Hamburger Zeit, 1705 oder 1706, herrühren.

2 Es war der letzte Medici [ein Sohn, nicht der Bruder des Großherzogs Cosimo III.]. Er gelangte 1723 zur Macht, zog sich aber, nach einigen glanzvollen Jahren, krank an Leib und Seele, bald in die Einsamkeit zurück (siehe Reumont: *Geschichte Toscana's* [Gotha 1876/77] und Robiony: *Gli ultimi dei Medici* [Florenz 1905]).

3 Händel pflegte später noch zu sagen, ehe er nach Italien gekommen sei, habe er nie verstehen können, daß italienische Musik, die geschrieben so mittelmäßig und leer erschien, auf dem Theater einen so großen Eindruck hervorbringen könne.

zu S. 37 1 R. A. Streatfeild glaubt sogar, er sei schon seit Oktober 1706 in Florenz gewesen, denn der Fürst Gaston de' Medici, der Händel dem Großherzog vorstellen sollte, verließ Florenz im November 1706. Er setzt auch die Aufführung des Händelschen *Rodrigo* in diesen ersten Aufenthalt in Florenz. Darüber fehlen aber alle Aufzeichnungen in den Archiven der Medici und in den Akten jener Tage. Ich neige viel eher zu der allgemeinen Ansicht, die den *Rodrigo* in die Zeit des zweiten Aufenthalts in Florenz verlegt, als Händel mit der Sprache und dem italienischen Stil anfing vertraut zu werden.

2 Bartolomeo Cristofori, der Erfinder des Klaviers, führte für ihn interessante Instrumente aus.

zu S. 38 1 2. April 1706.

2 23. April 1707, siehe Edward Dent: *Alessandro Scarlatti* [London 1905].

3 Band LI der Gesamtausgabe. Man hat wissen wollen, daß diese *Lucrezia* für Lucrezia, eine Sängerin des toskanischen Hofes, geschrieben worden sei, die zum erstenmal Händel die Schönheit des italienischen Gesangs – und der Italienerinnen geoffenbart hätte.

4 Über ganz Europa ist im 18. Jahrhundert diese Welle des Pietismus hinweggeflutet. Die Historiker haben im allgemeinen nur die lokalen Erscheinungen beobachtet. So hat man dem Einfluß des alternden Ludwig XIV. und seiner Umgebung das Wiedererwachen des religiösen Gefühls in Frankreich zugeschrieben. Aber analoge

Erscheinungen zeigten sich im Italien, Deutschland und England jener Zeit. Es gibt solch große moralische Strömungen, die plötzlich durch die ganze zivilisierte Welt laufen wie ein Fieberschauer, ohne daß man genau ihren Ursprung nachweisen könnte.

5 Ein *Dixit Dominus* ist vom 4. April 1707 datiert, ein *Laudate pueri* vom 8. Juli 1707.

6 Ein Brief von Annibale Merlini an Ferdinando de' Medici, kürzlich durch Streatfeild veröffentlicht, zeigt, daß der berühmte Sachse (»il Sassone famoso«), wie man Händel schon nannte, am 24. September 1707 sich noch in den musikalischen Soiréen von Rom hören ließ.

zu S. 39 1 Ademollo – in seinem Artikel der *Nuova Antologia*, 16. Juli 1889 – und R. A. Streatfeild haben den wirklichen Namen dieser Sängerin festgestellt. Damit ist ein für allemal die romantische Legende zerstört worden, die seit Chrysander Glauben gefunden hatte, Händel habe die berühmte Vittoria Tesi geliebt. Diese zählte 1707 sieben Jahre und debütierte erst 1716.

2 In San Marco waren bisweilen sechs Orchester aufgestellt: zwei große in den Galerien bei den beiden großen Orgeln, vier kleinere, zu zwei und zwei auf die Seitenschiffe verteilt, jedes mit zwei kleinen Orgeln.

3 Mainwaring erzählt, Händel sei inkognito nach Venedig gekommen, man habe ihn aber auf einer Maskerade erkannt, wo er Cembalo gespielt habe. Domenico Scarlatti habe gerufen, »der am Klavier müsse der berühmte Sachse sein, oder der Teufel«. Diese Anekdote, die übrigens zeigt, wie groß Händels Berühmtheit als Virtuose schon war, stimmt ziemlich mit Händels Geschmack an Mystifikationen überein.

zu S. 40 1 Diese Tatsache, die durch kürzliche Forschungen festgestellt zu sein scheint, widerspricht der These Chrysanders, Händels *Agrippina* sei Anfang 1708 in Venedig aufgeführt worden. Alle Dokumente jener Zeit stimmen überein, es sei die erste Aufführung der *Agrippina* auf Ende 1709 oder Anfang 1710 zu setzen.

2 Eine handschriftliche Kantate Händels, in London, ist datiert: »Rom, 3. März 1708«.

3 Diese »Akademie« war 1690 in Rom gegründet worden als Verteidigung und Sinnbild der volkstümlichen Poesie und Beredsamkeit.

4 Unter den »arkadischen Hirten« figurieren vier Päpste: Klemens XI., Innozenz XIII., Klemens XII., Benedikt XIII., beinahe das ganze »heilige Kollegium«, die Fürsten von Bayern, Polen, Portugal, die Königin von Polen, die Großherzogin von Toskana und eine Menge von großen Damen und Herren.

5 Scarlatti unter dem Namen Terpandro, Corelli unter Arcimelo, Pasquini unter Protico, Marcello unter Driante. Händel wurde nicht eingeschrieben als Arkadier, da er das vorgeschriebene Alter, vierundzwanzig Jahre, noch nicht erreicht hatte.

6 Der Kardinal Ottoboni war ein Venezianer, ein Neffe des Papstes Alexander VIII. Ein guter Priester, großer Wohltäter, prunkliebender Mäzen, dessen Ruf als Verschwender bis nach England gedrungen war, wo Dryden ihn 1691 im Prolog zu *King Arthur* von Purcell feierte, war er ein Dilettant von musikalischer Bedeutung und schrieb selbst eine Oper: *Colombo ossia L'India scoperta* (1690). Alessandro Scarlatti setzte Ottobonis *Statira* in Musik, ebenso seine *Rosaura* und sein *Weihnachtsoratorium*. Besonders intim war der Kardinal mit Corelli, der bei ihm wohnte.

7 Corelli führte die erste Violine, Francischello das Cello.

8 Bei einer Versammlung der Arkadier im April 1706 setzte sich Alessandro Scarlatti ans Cembalo, während der Dichter Zappi ein Gedicht improvisierte. Kaum hatte Zappi den letzten Vers rezitiert, als Scarlatti schon die Musik zu dessen Versen von sich gab. Desgleichen improvisierte Händel bei Ottoboni verschiedene profane Kantaten auf die von Kardinal Pamphili dazu improvisierten Verse. Man erzählt sich, eines dieser Gedichte sei ein Dithyrambos auf Händel gewesen, der ihn unentwegt, sich selbst und die andern amüsierend, in Musik gesetzt und zweifellos auch gesungen habe.

9 Das Manuskript der *Resurrezione* trägt die Unterschrift: »1. April 1708, la festa di Pasque dal March. Ruspoli.«

10 Sie füllen vier Bände der großen Breitkopf-Ausgabe, zwei Bände Solokantaten mit einfachem Cembalobaß und zwei Bände Kantaten »con stromenti«, von denen einige »Serenate« (a due e a tre) sind.

11 *Armida abbandonata*. Die sehr sorgfältige Abschrift von der Hand Bachs erschien bei Breitkopf.

zu S. 41

1 Man erzählt, an einer Gesellschaft bei Ottoboni hätten Händel und Domenico Scarlatti auf dem Cembalo und der Orgel miteinander konkurriert. Auf dem Cembalo sei der Kampf unentschieden geblieben, aber Scarlatti sei der erste gewesen, der Händel als Sieger auf der Orgel erklärt habe. Wenn er später von Händel gesprochen habe, sei es geschehen, daß er sich bekreuzigt habe.

2 Scarlatti wurde der königlichen Kapelle in Neapel im Dezember 1708 als erster Organist aufs neue verpflichtet, dann wurde er im Januar 1709 als Leiter der königlichen Kapelle wieder eingesetzt, um im Laufe desselben Jahres zum Leiter des Konservatoriums der Poveri di Gesù Cristo ernannt zu werden.

3 Während seines ganzen Lebens war und blieb es eine seiner liebsten Zerstreuungen – darin einem Corelli, einem Hasse gleich –, Gemäldeausstellungen zu besuchen. Man muß sich diese Intelligenz des Gesichts bei deutschen und italienischen Musikern jener Epoche merken. Man wird sie bei den Späteren, gegen Ende des 18. Jahrhunderts, vergeblich suchen.

4 Es sind von Händel eine *Cantata spagnuola a voce sola a chitarra* bewahrt geblieben (im zweiten Band der italienischen Kantaten con stromenti veröffentlicht) und sieben französische Chansons im

Stil Lullys mit Begleitung des Cembalobasses. Eine Kopie der Chansons liegt in der Bibliothèque du Conservatoire in Paris (Schoelcher-Fonds).

5 Eine von ihnen hat Händel die Inspiration zur Sinfonia pastorale des *Messiah* geliefert. Von Italien brachte Händel auch seine Vorliebe für die Siciliana mit, die damals in Neapel Furore machte und die er seit der *Agrippina* beinahe in allen seinen Opern, ja selbst in den Oratorien anbrachte.

6 *Aci, Galatea e Polifemo* von 1708 steht in keinerlei Beziehung zu *Acis and Galatea* von 1720. Aber bei der Wiederaufnahme des letzten Werkes, 1732, bearbeitete Händel auch seine italienische Serenade und führte sie in London auf, indem er englische Gesänge aus *Acis and Galatea* hineinnahm.

zu S. 42 1 Siehe Streatfeild: *Händel* [London 1909], S. 43.

2 Über Steffani siehe ab S. 44. Sehr wahrscheinlich bezieht sich die Erzählung Händels über ein Konzert bei Ottoboni auf das Zusammentreffen mit Steffani in Rom im Jahr 1709. Steffani habe, vom Blatt singend, mit unvergleichlicher Kunst einen der Hauptsänger ersetzt. Chrysander hat diese Erzählung in die Zeit von Händels zweiter Reise nach Italien, 1729, verlegt. Das kann nicht richtig sein, da Steffani im Februar 1728 starb.

3 Das heißt seit dem 26. Dezember 1709. Das ist das Datum, das Ademollo und Streatfeild auf ihre letzten Nachforschungen hin festsetzten, das mit den Angaben von den Händels Geschichte schreibenden Zeitgenossen – Mattheson, Marpurg, Burney – und überdies mit dem im Textbuch selbst angegebenen Datum übereinstimmt. Es steht im Gegensatz zur These Chrysanders (die in der Folge von den meisten Musikgelehrten unserer Zeit aufgenommen wurde), nach der die *Agrippina* in Venedig seit dem Karneval 1708 gespielt worden wäre.

4 Das wäre der Grund gewesen, warum er sich des französischen Stils zu bemächtigen suchte, indem er seine sieben französischen Chansons schrieb. Das Manuskript ist sorgfältig von ihm durchgesehen worden und weist Bleistiftkorrekturen auf.

zu S. 43 1 Es war die Sprache, in der er, selbst mit der eigenen Familie, korrespondierte. Sein sehr korrekter Stil hat die große Höflichkeit des Stils Ludwigs XIV.

2 *Esther, Athalie, Théodore vierge et martyre.*

3 Noch im Jahre 1734 schreibt Serré de Rieux von Händel: »Seine Komposition ist von solchem Verstand und Anmut, daß sie mehr als jede andere unserem Geschmack naheliegt.« (S. 299 von *Les Dons des enfans de Latone*, dem König gewidmete Gedichte.) Händel gefiel den Franzosen ganz besonders, weil das Italienische in ihm vom Verstand beherrscht war und die französischen Musiker den Verstand für ausschließlich französisch hielten.

»Son caractère fort, nouveau, brillant, égal

Du sens judicieux suit la constante trace,
Et ne s'arme jamais d'une insolente audace.«
(*Les Dons des enfans de Latone*, S. 102f.)
(»Stets sich erneuernd, doch er selbst sich immer bleibend,
aufrecht und glänzend folgt er des Verstandes Licht,
ein starker Streiter, der mit edler Waffe ficht.«)

4 Siehe das an romantischen Belegen reiche Buch von Georg Fischer, *Musik in Hannover*, [Hannover] [2]1903.

zu S. 44 1 1676, Leibniz stand damals im dreißigsten Lebensjahr. Er erhielt den Titel eines Rats und Präsidenten der Schloßbibliothek.

2 Obgleich durch den bizarren Vertrag von Westfalen an diese protestantischen Fürsten das katholische Bistum Osnabrück mit der Bischofswürde gefallen war.

3 Arvède Barine hat ein amüsantes, aber etwas strenges Porträt von ihr gezeichnet in der reizenden Studie über *Madame, mère du Régent* (Paris 1909). Siehe aber besonders die *Mémoires* der Herzogin Sophie, von ihr auf französisch geschrieben.

4 So drückt sich ein Franzose, der auf seiner Reise 1702 nach Hannover kam, der Abbé Tolland, aus.

5 1680 Herzog geworden, reist er im gleichen Jahr nach Venedig. Ende 1684 geht er wieder hin, um erst im August 1685 zurückzukommen. Drei Monate später, im Dezember, verreist er wieder und bleibt bis September 1686. Er wohnte im Palazzo Foscarini mit seinem ganzen zahlreichen Gefolge, mit seinen Ministern, Dichtern und der Hofkapelle. Er gab ungeheure Summen aus, gab Venedig Feste, nahm fürs ganze Jahr Logen in fünf Theatern. Dafür verkaufte er seine Untertanen als Soldaten an Venedig, und sein Sohn Maximilian wurde General der Republik. Als der Oberhofmarschall dem Fürsten von Hannover aus die Unzufriedenheit seines Volkes beschrieb, antwortete Ernst August: »Ich möchte den Herrn Oberhofmarschall gerne hierher kommen lassen, damit er mir nicht mehr so häufig schreibe, ich solle nach Hause kommen. Der Herr Oberhofmarschall hat keine Ahnung, wie lustig es hier ist; wenn er nur erst hier wäre, möchte er nicht mehr nach Deutschland zurück.«

6 Barthold Feind sagte 1708: »Von deutschen Theatern ist das Leipziger wohl das pauvreste, das Hamburgische das weitläufigste, das Braunschweigische das vollkommenste und das Hannoversche das schöneste.« Die Oper von Hannover, mit vier Logenrängen, faßte 1300 Personen.

7 Das Orchester war zur Hauptsache aus Franzosen gebildet und wurde von einem Franzosen, Jean-Baptiste Farinel, dem Schwiegersohn Camberts, geleitet.

8 A. Einstein und Ad. Sandberger gaben in den *Denkmälern der Tonkunst in Bayern* eine Auswahl von Steffanis Werken heraus. Arthur Neißer hat Steffani eine kleine Broschüre gewidmet, die

sich auf eine seiner Opern, *Servio Tullio*, bezieht (Leipzig 1902). Siehe auch die Studien Rob. Eitners in der *Allgemeinen deutschen Biographie*, Chrysanders im I. Band seines *Händel* und Georg Fischers in seinem oben angeführten Buch.

zu S. 45 1 München war eine Stätte für italienische Kunstpflege geworden, nachdem der Kurfürst Ferdinand 1652 eine italienische Prinzessin Adelheid von Savoyen geheiratet hatte. Siehe Ludwig Schiedermair: *Die Anfänge der Münchner Oper* (Sammelband der Internationalen Musikgesellschaft, 1904).

2 1680.

3 Ein Verzeichnis der Opern Steffanis und die Analyse vom *Servio Tullio* findet sich in Arthur Neißers Broschüre.

4 Diese Oper wurde zur fünften Jahrhundertfeier der Belagerung von Bardowick 1189 durch Heinrich den Löwen aufgeführt. Der Kurfürst von Brandenburg wohnte der ersten Aufführung bei. Steffani behandelte weitere germanische Stoffe wie *Tassilone* von 1709.

5 Die Manuskripte der meisten dieser Opern liegen in den Bibliotheken von Berlin, München, London, Wien und Schwerin. Chrysander hat einige Proben der Textbücher angeführt. Außer A. Neißer hat niemand sich eingehend mit der Musik beschäftigt. Dieser kennt die Werke von Steffanis Zeitgenossen zuwenig und irrt sich deshalb hie und da in seinem Urteil. Hugo Riemann bereitet die Veröffentlichung von zwei Bänden Steffanischer Opern in den *Denkmälern der Tonkunst in Bayern* vor.

6 Ebensowenig wie Leibniz, obgleich dieser ein scharfes Gefühl dafür besaß, was die Oper hätte bedeuten können, da sie, wie er in einem Brief 1681 sagt, die Schönheit des Wortes, der Verse, der Musik, der Malerei, der harmonischen Gebärden verbinde. Im allgemeinen nahm er der Musik gegenüber die Stellung der französischen Enzyklopädisten zu Rameaus Zeit ein. Sein musikalisches Ideal war die vollkommen einfache Melodie. »J'ai remarqué souvent que ce que les gens de métier estimoient le plus n'avoit rien qui touchât. La simplicité fait souvent plus d'effet que les ornemens empruntés.« (Brief an Henfling.)

7 Seine Zeitgenossen stimmen in ihrer Schilderung überein: ein angenehmes Äußere, klein, von schwacher Konstitution, angegriffen vom Übermaß seiner Studien, ernsten Geistes, immer liebenswürdig im Umgang, geistvoll, doch voll Milde, klar und ruhig im Ausdruck, ein Mann von feinstem Taktgefühl und einer Höflichkeit, die ihn nie im Stich ließ, ein vollendeter Hofmann. Daneben, was viel mehr ist, von großer Bildung, voll von leidenschaftlichem Interesse für Philosophie und Mathematik. Leibniz führte ihn in das deutsche Staatsrecht ein. In dem Buch von Fischer: *Musik in Hannover*, findet man die Reproduktion eines ganz seltenen Porträts von Steffani im Bischofsornat.

zu S. 46 1 Bischof in partibus infidelius. Spiga ist ein Ort in Spanisch-Westindien.

2 Schließlich legte er sein Vikariat nieder, das ihm mehr Unannehmlichkeiten als Angenehmes schaffte. 1722 ging er von neuem nach Italien. 1724 wurde er auf Lebensdauer zum Präsidenten der »Academy of antient Musick« ernannt, deren Gründer sein Schüler Galliard in London war. Er widmete ihr mehrere seiner Kompositionen, die er indessen, seit seiner Ernennung zum Bischof, nicht mehr zeichnete. Sie erschienen unter dem Namen seines Sekretärs, Gregorio Piva. 1725 kam er nach Hannover zurück. Nach einem Leben großen Stils, das von seinen Renten nicht bestritten werden konnte, geriet er in Schwierigkeiten, so daß er sich gezwungen sah, seine schönen Sammlungen von Gemälden und Statuen zu verkaufen. Es sollen sich Werke von Michelangelo darunter befunden haben. Der König von England brachte seine Schulden teilweise in Ordnung. Im Verlauf einer Reise nach Frankfurt starb Steffani am 12. Februar 1728 am Schlag. Seine umfangreiche politische Korrespondenz wurde nach Rom geschickt, wo sie sich heute noch im Archivio della Sacra Congregazione de Propaganda Fide befindet. Siehe A. Einstein: *Notiz über den Nachlaß Agostino Steffanis im Propaganda-Archiv zu Rom* (Sammelbände der Internationalen Musikgesellschaft, März 1909).

3 Man kennt von ihm eine kleine Schrift in Briefform mit dem Titel: *Quanta certezza habbia da suoi Principii la Musica et in qual pregio fosse perciò presso gli Antichi*, die 1695 in Amsterdam erschienen ist und 1700 ins Deutsche übersetzt wurde. Er verteidigt darin die Musik nicht allein als Kunst, sondern auch als Wissenschaft.

4 Sein Gesang war berühmt. Wenn seine Stimme auch schwach war, so müssen dafür, nach Händel, Reinheit und Feinheit seines Stils, sein zarter, keuscher Ausdruck unvergleichlich gewesen sein.

5 Siehe Hawkins. Es war besonders 1711, als Händel und Steffani sich in Hannover befanden, daß aus dem Zusammensein für Händel größter Vorteil erwuchs.

6 H. Goldschmidt: *Die Lehre von der vokalen Ornamentik*, Band I, Charlottenburg 1907.

7 Die jüngsten Arbeiten von Hugo Riemann haben indessen gezeigt, daß man einen Unterschied zu machen hat zwischen den von Steffani für Hannover geschriebenen Opern, wo das Virtuose ihn fortreißt, und den Opern, die, ursprünglich für München geschrieben, von großer Schönheit sind und in denen sich Schulbeispiele für Dakapoarien finden.

zu S. 47 1 Dafür sind die symphonischen Stücke, besonders die Ouvertüren, im Stil Lullys geschrieben und könnten Händel als Vorbilder dienen. Telemann sagte, in Hannover sei das Herz der französischen Wissenschaft gewesen.

2 Steffani scheint diese Duette als Lehrer der Hofdamen geschrieben

zu haben, einige waren für die Kurprinzessin Sophie Dorothea gemacht worden. Seinerzeit wurden diese als Meisterwerke angesehen und vielfach kopiert. Man lernt sie am besten kennen im I. Band der *Ausgewählten Werke* Steffanis, bei Breitkopf erschienen, herausgegeben von A. Einstein und A. Sandberger. Das Conservatoire in Paris besitzt allein sechs Bände von Steffanis Duetten im Manuskript.

3 Siehe die Stücke: *Lunghi dall'idol*, *Occhi perchè piangete*, besonders aber *Forma un mare*, die eine schlagende Ähnlichkeit mit einem der schönsten Lieder Philipp Heinrich Erlebachs, *Meine Seufzer* (von Max Friedlaender in seiner *Geschichte des Liedes im 18. Jahrhundert* herausgegeben), aufweisen. Man hat allen Grund, anzunehmen, Steffani sei eins der Vorbilder Erlebachs gewesen. – Nicht zu übersehen ist die Vorliebe Steffanis (wie die der großen Italiener seinerzeit überhaupt) für das Chromatische und das Gefallen, das er am Kontrapunkt findet. Steffani stand von allen Künstlern seiner Zeit dem Geist der alten Musik am nächsten, zugleich aber war er Bahnbrecher für die neue. Es ist bezeichnend, daß man ihn zum Präsidenten der »Academy of antient Musick« in London machte, die Palestrinas und die Kunst der Meister des Madrigals vom Ausgang des 16. Jahrhunderts zum Vorbild erhob. Ich zweifle nicht daran, daß Händel auch nach dieser Seite von Steffani vieles gelernt hat.

zu S. 49 1 Siehe das Präludium oder die »Dance« im *Dioclesian* und die Ouvertüre zu *Bonduca*.

2 Die englische Kunst hat nichts hervorgebracht, was würdiger wäre, den italienischen Meisterwerken an die Seite gestellt zu werden, als die Todesszene der Dido.

zu S. 50 1 *King Arthur*: »Grand Dance« oder die Chaconne am Schluß; *Dioclesian*: Trio und Schlußchor.

2 Besonders die berühmte Arie des heiligen Georg in *King Arthur*.

3 Nicht etwa die Franzosen, die zur Zeit der Stuarts wohl sehr einflußreich, seit der Revolution von 1688 aber so ziemlich verschwunden waren. Dafür aber die Italiener.

4 Das berühmte Pamphlet des Priesters Jeremy Collier, 1688 erschienen: *A short view of the immorality and profaneness of the English stage, [together] with the sense of antiquity [upon this argument]*, hatte Aufsehen erregt, weil es mit glühender Überzeugung das heimlich gehegte Gefühl der Nation aussprach. Als erster tat Dryden demütige Buße.

5 Siehe die Vorrede zu seinem *Amphion Britannicus*, 1700. Blow starb 1708.

6 Unter der Restauration 1660 und 1674 hatten mehrere italienische Operngesellschaften ihr Glück in London versucht, ohne daß eine von ihnen Erfolg gehabt hätte. Vereinzelte Italiener aber hatten sich in London niedergelassen und gelangten so zu Erfolgen: so

gegen 1667 Giovanni Battista Draghi aus Ferrara, gegen 1677 der Violinspieler Nicola Matteis, der in England die Instrumentalwerke Vitalis und Bassanis hören ließ; dann endlich die Sänger Pietro Reggio aus Genua, der berühmte Siface (Francesco Grossi), der 1687 den ersteren ohne Zweifel dazu aufforderte, in London Scarlatti zu singen, und Margherita de L'Epine, die seit 1692 italienische Konzerte veranstaltete. Aber erst 1702 begann die wirkliche Vorliebe für italienische Kunst.

7 Es handelt sich hier um einen Bruder des berühmten Giovanni Bononcini.

8 Es war das *Rosamond*, 1707 aufgeführt, die es nur auf drei Vorstellungen brachte. Der ziemlich unmusikalische Addison hatte sich zum Mitarbeiter den albernen Clayton auserwählt. Addisons Satiren gegen die italienische Oper erschienen März/April 1710 im *Spectator*.

zu S. 51 1 Diese Niederlage trat 1708 zutage. Drei Jahre vorher war das Haymarket Theatre unter dem Protektorat der Königin vom Dichter Congreve gegründet worden, um dort das alte englische Drama zu pflegen. 1708 mußte das englische Drama der italienischen Oper das Feld räumen.

2 Nur zwei in England lebende naturalisierte Deutsche, Dr. Christoph Pepusch und Nicola Francesco Haym, schmuggeln einige von ihnen komponierte Stücke in die italienischen Opern. Wir werden ihnen später wieder begegnen. Pepusch, der Gründer der »Academy of antient Musick«, 1710, war Händel ziemlich übel gesinnt. Er persiflierte seine Opern in der berühmten *Beggar's Opera*, 1728. Haym, der 1730 eine große Musikgeschichte veröffentlichen wollte, war einer der Textdichter Händels. – Die Bibliothèque du Conservatoire in Paris besitzt eine Ariensammlung der hauptsächlichsten italienischen Opern, die in London zwischen 1706 und 1710 aufgeführt worden sind (London, Walsh).

3 Siehe Mainwaring und Chrysander.

4 [Libretto von Giacomo Rossi nach dem Entwurf von Aaron Hill.]

5 Als der Schriftsteller Barthold Feind 1715 für Hamburg eine Übersetzung des *Rinaldo* lieferte, unterließ er es nicht, daran zu erinnern, daß der allgemein berühmte Herr Händel von den Italienern »l'Orfeo del nostro secolo« und »un ingegno sublime« genannt worden sei: »Der italiänische Verfasser nennt ihn deshalb auch l'Orfeo del nostro secolo und ein Ingegno sublime (nella Musica zu verstehen), dergleichen Ehre sonst noch wenig oder wohl gar keinen Teutschen von einem Italiäner oder Frantzosen erfahren, welche Herren sich sonst nur über die teutsche Lieder zu moquiren pflegen.«

zu S. 52 1 Er beeilte sich nicht. Er hielt sich in Düsseldorf beim Kurfürsten von der Pfalz auf (A. Einstein: *Ein Beitrag zur Lebensbeschreibung Händels*, in: Bulletin der internationalen Musikgesellschaft,

April 1907). Dann besuchte er in den letzten Monaten des Jahres seine Familie in Halle.

2 In Wirklichkeit sind es aber eher kleine Kantaten als Lieder. Die Sammlung Schölcher in der Bibliothèque du Conservatoire in Paris besitzt Kopien davon.

3 Band XXVII und XLVIII der großen Händel-Ausgabe.

4 Man sieht aus den Briefen von 1711, daß Händel in Deutschland fleißig sich im Englischen zu vervollkommnen suchte.

5 Das Haus Hannover war, wie man weiß, Prätendentin in der Nachfolge des englischen Throns. So mußte die zu beerbende Verwandte, die Königin Anna, der Händel gefallen hatte, warmgehalten werden.

6 In einer zweiten Version des Werkes von 1734. Er fügte Chöre hinzu.

7 Die einzige Oper Händels in fünf Akten, Text von Haym.

zu S. 53 1 Purcell hatte 1694 ein *Te Deum and Jubilate* geschrieben.

zu S. 54 1 Man sagt, er habe für Burlingtons kleines Liebhabertheater die Oper *Silla* (1714) geschrieben, von der er das Beste in *Amadigi* wiederaufgenommen habe. In jene Zeit kann man auch eine Anzahl von Klavierstücken setzen, deren Sammlung 1720 erschien.

zu S. 55 1 Die Legende erzählt, Händel habe im August 1715 die berühmte *Water Music* komponiert, um den König zu versöhnen. Er habe sein Werk mit einem Orchester, das mit ihm in einem Boot saß, während einer Wasserfahrt des Königs auf der Themse aufgeführt. Darauf habe ihm Georg I., gerührt, seine Freundschaft wieder geschenkt. Es scheint aber, daß die *Water Music* zwei Jahre, nachdem Händel wieder in Gnaden aufgenommen worden war, entstanden ist. Die Szene, die Chrysander in seinem ersten Band auf den 22. August 1715 legt (Fischer in seiner *Musik in Hannover* auf den Oktober 1715), ist von Chrysander in einem dritten Band dann auf den 17. Juli 1717 verlegt worden, gestützt auf die Meldung einer Zeitung jener Tage, die übrigens nicht entscheidend genug zu sein scheint. Wie dem auch sei, das Werk gehört jedenfalls in diese spätere Epoche, und der erste Druck erschien gegen 1720.

2 Keiser als erster 1712: *Der für die Sünde der Welt gemarterte und sterbende Jesus*, dann Telemann 1716 wenige Monate vor der Ankunft Händels und kurz nachher Mattheson. Händels *Passion* wurde zum erstenmal 1717 während der Fastenzeit in Hamburg aufgeführt, als Händel schon wieder nach England zurückgekehrt war. Die vier Passionen von Keiser, Telemann, Mattheson, Händel wurden 1719 im Dom zu Hamburg aufgeführt, als Mattheson Kantor war.

3 Händel und Mattheson wechselten damals einige Briefe. Mattheson hatte sich in eine musikalische Polemik mit dem Organisten und Theoretiker Buttstedt eingelassen, nun empfand er das Be-

dürfnis, sich auf die Autoritäten der deutschen Musik zu stützen. Er schickte ihnen einen Fragebogen mit Erhebungen über griechische Gebräuche, die Solmisation usw. Händel, bedrängt von Matthesons Fragen, gab endlich 1719 verspätete Antwort. Als ausgesprochen »moderner Mensch« gab er Mattheson recht gegen die Parteigänger der alten Art. Mattheson bat Händel auch um Einzelheiten seines Lebens, da er sie in einem biographischen Diktionär, den er zu veröffentlichen beabsichtigte, verwenden wollte. Händel schlug es ihm ab, da er nicht genügend Sammlung dafür habe. Er versprach nur Unbestimmtes: »... je repasserai plus tard les époques principales que j'ai enues dans le cours de ma profession.« Mehr hat Mattheson nie aus ihm herausgebracht.

zu S. 56 1 Ende 1716. Im Lauf dieser Reise nach Deutschland, während der er der in Elend geratenen Witwe seines Lehrers Zachow beigesprungen war, nahm er aus Ansbach einen alten Universitätsfreund, Johann Christoph Schmidt, mit. Dieser ließ Wollhandel, Vermögen, Frau und Kind zurück und folgte Händel nach England. Schmidt blieb ihm während seines ganzen Lebens verbunden, er besorgte die Geschäfte des Meisters, kopierte seine Manuskripte, hatte seine Musik in Verwahrung. Nach ihm versah sein Sohn Schmidt jun. (oder Smith) die gleiche Stelle mit der gleichen Ergebenheit. Ein schlagendes Beispiel für die Anziehungskraft, die Händel auszuüben imstande war.

2 Der Herzog von Chandos war ein Krösus, der in seiner Stellung als Zahlmeister der Armeen unter der Königin Anna und durch Spekulationen der Südsee-Gesellschaft reich geworden war. Er hatte sich ein herrliches Schloß zu Cannons, einige Meilen von London, bauen lassen, auf dem er wie ein kleiner Fürst lebte mit einer Leibwache von hundert Schweizern. Das Gespreizte seines Prunks grenzte ans Lächerliche, wie denn auch Pope sich kein Gewissen daraus machte, ihn zu verspotten.

3 Die *Anthems* nehmen drei Bände der großen Händel-Ausgabe ein. Im dritten Band sind Werke einer späteren Epoche enthalten. Die ersten beiden enthalten elf *Chandos Anthems*, zwei in zwei und eine in drei Versionen. Zu gleicher Zeit schrieb Händel drei *Te Deum*.

4 Die »Masques« waren profane Kompositionen, zur Zeit der Stuarts in England die große Mode. Teilweise wurden sie als Theaterstück behandelt, in dem gespielt und getanzt wird, teilweise als Konzertstück, in dem konzertmäßig gesungen wird (siehe Paul Reyher: *Les Masques anglais*, Paris 1909). – Händel nahm seine *Esther* 1732 wieder auf, um sie zu überarbeiten. Die erste *Esther* ist in einem Teil geschrieben, der sechs Szenen enthält. Die zweite *Esther* hat drei Akte, von denen jeder von großen Chören nach der Art der Antike eingeleitet und beschlossen wird. Zuweilen ist behauptet worden, Pope habe das Gedicht verfaßt.

[5] Bei der Wiederaufnahme des Werkes 1753 nannte man es sogar: English opera.

[6] Das hübsche Gedicht ist von Gay.

zu S. 57 [1] Eine Gesellschaft mit einem Stammkapital von 50 000 £, in Aktien von 100 £, auf vierzehn Jahre gezeichnet. Jede Aktie berechtigte zu einem Platz im Theater. Als erster Vorsitzender stand der Hofmarschall, der Herzog von Newcastle, an der Spitze der Verwaltung (bis 1723, wo er ins Ministerium eintrat und durch den Herzog von Grafton ersetzt wurde). Der zweite Vorsitzende (wirklicher Leiter) war Lord Bingley. Ihm zur Seite stand ein Verwaltungsrat von 24 Direktoren, die jedes Jahr neu gewählt wurden. Das Unternehmen stand unter dem Protektorat des Königs, der jährlich 1000 £ für seine Loge zahlte. Die Dividende betrug 1724 sieben Prozent für die Aktionäre. Das Unternehmen wurde aber durch Spekulationen gefährdet und dem Ruin ausgeliefert. Bis 1728 hatte Händel ausschließlich die musikalische Leitung inne, von da an ging die Gesamtleitung des Opernunternehmens auf seine Rechnung.

zu S. 58 [1] Diese Reise wickelte sich Februar 1719 bis zum Ende desselben Jahres ab. Als Händel sich in Halle aufhielt, wurde Bach, der in Köthen war, sieben Kilometer von Halle entfernt, davon benachrichtigt. Er kam nach Halle, um Händel zu sehen. Er kam am Tage an, da jener gerade abgereist war. So sagt wenigstens Forkel.

[2] Gedicht von Haym. Seit 1722 wurde das Werk in einer Übersetzung von Mattheson in Hamburg gegeben.

[3] Vor ihm war schon Domenico Scarlatti nach London gekommen. Man gab von ihm, freilich ohne Erfolg, die Oper *Narciso* (1720).

[4] Er war 1670 geboren. In seinem Opus 1, 1684 oder 1685 erschienen, sagt er, er zähle etwas mehr als dreizehn Jahre. G. Bononcini ist nichts weniger als bekannt. Es gibt keinen berühmten Musiker, auf Rechnung dessen mehr Ungenauigkeiten begangen worden wären. Bononcini ist der Name einer ganzen Musikerdynastie, ständig hat man ihre Glieder untereinander verwechselt. Diese Verwechslungen haben sich sogar in die kritische Bibliographie Eitners eingeschlichen (wo sie auf einem groben Lesefehler beruhen) und in die letzten Arbeiten des italienischen Musikschriftstellers Luigi Torchi, der in seiner *Musica strumentale in Italia* ([Turin] 1901) alle Bononcini in einen einzigen verschmilzt. Genauer, wenn auch noch recht unvollständig, ist die Monographie von Luigi Francesco Valdrighi: *I Bononcini da Modena,* [Modena] 1882.

[5] G. Bononcini war Kapellmeister an der Kathedrale von Modena und stand im Dienst des Herzogs Franz II. Er war ein guter Violinspieler, schrieb Instrumentalsuiten und -sonaten, denen L. Torchi und H. Parry großen historischen Wert beilegen. Er war ein nachdenklicher Geist und widmete 1673 Kaiser Leopold I. ein

Handbuch der Harmonie und des Kontrapunkts, *Musico prattico* betitelt, das immer wieder gedruckt wurde. Er starb 1678, nicht vierzigjährig.

6 Mehrere seiner Erstlingswerke sind Franz II. von Modena gewidmet; op. 8, *Duetto da camera* (1691), ist Kaiser Leopold I. gewidmet, der ihn sofort für die Hofkapelle engagieren ließ.

7 Er war berühmt als Cellospieler.

8 Alfred Ebert: *Attilio Ariosti in Berlin*, [Diss. Berlin] 1905.

9 Siehe Lecerf de la Viéville: *Eclaircissement sur Bononcini*, veröffentlicht im dritten Teil der *Comparaison de la musique italienne et de la musique françoise* (1706).

zu S. 59 1 »Wie Corelli«, sagt Lecerf, »hat er wenig Fugen, Doppelfugen und obligaten Baß, sonst so häufig in den übrigen italienischen Werken. Seine gewöhnlichsten Freuden sind die ungewöhnlichsten, die falschesten, die bizarrsten Intervalle ... Dissonanzen zum Erschrekken.«

2 Man höre die Kette von sanft aneinandergereihten Noten in der Kantate *Dori e Aminta*: »Non amo e amar desio« (Manuskript in der Bibliothèque du Conservatoire, Paris), oder die Kantate *Care luci* (ebd.).

3 »Was wir in der Musik brauchen«, sagt das *London Journal* vom 24. Februar 1722, »ist das, was Langeweile vertreibt und die vornehme Welt von der Last des Denkens befreien kann.«

4 Es ist der ewige Kampf zwischen der gelehrten und der sogenannten volkstümlichen Kunst. Er flammte um wenig später mit Rousseau wieder auf. Der springende Punkt im Kampf der Zeit, die uns beschäftigt, ist, daß der Kämpe der antigelehrten Richtung ein sehr gebildeter Musiker war, der seine Sache nicht aus Unwissenheit, sondern aus Bequemlichkeit und Gerissenheit vertrat.

5 Hugo Goldschmidt sagt in seiner *Lehre von der vokalen Ornamentik* (Band I, 1907), genau besehen seien die Gesänge Bononcinis Lieder, auf die schlecht und recht die alte Form der Dakapoarie oder der Kavatine angewandt sei. Der Geschmack an kleinen Arien in Liedform hatte sich in Deutschland und Italien seit Ende des 17. Jahrhunderts stark entwickelt. Bononcini, der natürlicherweise durch den herrschenden Geschmack und seine gefällige Leichtigkeit mit hineingezogen wurde, überließ sich dieser Richtung in England um so mehr, als sie so ganz dem englischen Geschmack entsprach.

zu S. 60 1 Das Werk war schon gegen 1714 in Italien aufgeführt worden. Als Burlington es damals gehört hatte, wurde er Anhänger Bononcinis, und überredete ihn, nach England zu gehen.

2 Händel schrieb den dritten Akt, Bononcini den zweiten. Der erste war einem gewissen »Signor Pippo« (Filippo Mattei?) [= Filippo Amadei] gegeben worden. [Uraufführung 15. April 1721.]

3 Eine ziemliche Rolle bei Händels Sieg spielte das Gefallen an sei-

ner neuen Interpretin von Sopranpartien, Francesca Cuzzoni aus Parma, eine große, ungebändigte Künstlerin, voll heftiger Leidenschaft, deren Sopran im pathetischen Kantabile unvergleichlich war. Als sie im *Ottone* debütierte, war sie, die Zweiundzwanzigjährige, eben nach London gekommen. Man kennt ihre Kämpfe mit Händel und weiß, wie er sie kirre machte – indem er ihr drohte, sie aus dem Fenster zu werfen. – Händel gab im Mai 1723 noch eine zweite Oper: *Flavio*, die aber belanglos ist. Seinerseits führte Bononcini eine *Erminia* auf und Attilio Ariosti einen *Coriolano*, in dessen Kerkerszene die Tränen der Damen reichlich flossen und die Händel in seinen nächsten Opern zu ähnlichen Szenen inspirierte.

zu S. 61 1 Bononcini führte *Calfurnia*, sein letztes Stück, am 18. April 1724 auf. Ariosti gab den Kampf 1725 auf. Dafür fing man im gleichen Jahr an, in London die Werke Leonardo Vincis und Porporas zu spielen, die Händel selbst begünstigte.

2 Faustina Bordoni war 1700 in Venedig geboren. Sie wurde in der Gesellschaft der Marcello erzogen und heiratete 1730 Hasse. Ihre Stimme war von unglaublicher Beweglichkeit, niemand außer ihr konnte denselben Ton mit solcher Schnelligkeit wiederholen. Sie konnte den Ton auch unendlich lange aushalten. Weniger gehaltvoll und tief als die Cuzzoni, war sie vibrierender und schillernder.

3 Zwei Monate vorher hatte Händel seine Oper *Scipione* aufgeführt (12. März 1726).

4 Der Direktor des Drury Lane Theatre, Colley Cibber, führte im nächsten Monat eine Farce auf, betitelt: *The contretemps, or The Rival Queens*. Darin kamen die beiden Sängerinnen vor, die sich in den Haaren lagen, und Händel, der denen, die sie trennen wollten, mit gelassenem Phlegma sagte: »Ich halt' dafür, man läßt sie ruhig fechten; ihr gießt nur Öl zur Flamme, wollt ihr schlichten. Wenn müde, legt ihr Rasen sich von selbst.« Damit der Kampf schneller beendigt sei, belebt er ihn anfeuernd mit Paukenschlägen. Händels Freund Doktor Arbuthnot veröffentlichte bei dieser Gelegenheit eins seiner besten Pamphlete: *Der Teufel ist los in St. James* (siehe Chrysander, II. Band).

zu S. 62 1 Die letzte Aufführung der Opernakademie fand am 1. Juni 1728 mit *Admeto* statt.

2 Es gab darin Parodien auf das Recitativo accompagnato, auf die Dakapoarie, die großen Opernduette, die Abschieds- und Kerkerszenen, das blödsinnige Ballett. Pepusch nimmt sogar eine Arie von Händel auf, um sie zu veralbern. Im zweiten Akt defiliert eine Diebsbande, die in einer Schenke versammelt ist, feierlich vor ihren Führern, unter den Klängen des Kreuzrittermarsches aus dem *Rinaldo*. Die *Beggar's Opera*, am 28. Januar 1728 zuerst gegeben, wurde in ganz England aufgeführt und gab Anlaß zu heftiger Polemik. Swift begeisterte sich für sie. Nach diesem Erfolg erschien in den nächsten Jahren eine ganze Anzahl von Ballad Operas.

Georgy Calmus hat der *Beggar's Opera* einen ausführlichen Artikel in den Sammelbänden der Internationalen Musikgesellschaft gewidmet (Januar–März 1907).

3 Die ersten drei Bücher von Popes *Dunciade* erschienen 1728, Swifts *Gullivers Reisen* 1726. Swift läßt die musikalische Verrücktheit in seiner Satire vom Königreich Laputa zu Worte kommen.

4 *Riccardo Primo*, im November desselben Jahres aufgeführt, war auch nichts anderes als eine nationale Oper. Sie war König Georg II. gewidmet und feierte, mit Bezug auf Richard Löwenherz, die Geschichte des alten England.

5 Die *Coronation Anthems* schließen vier Hymnen ein, deren chronologische Folge man nicht genau kennt. Händel standen zu ihrer Ausführung in Westminister 47 Sänger und ein ziemlich beträchtliches Orchester zu Gebote.

6 Siehe die in Anm. 3 zu S. 43 angeführten Urteile von Séré de Rieux.

zu S. 63 1 »Flavius, Tamerlan, Otton, Renaud, César,
Admete, Siroé, Rodelinde, et Richard,
Eternels monuments dressés à sa mémoire,
Des Opera romains surpassèrent la gloire.
Veniselui, peut-elle opposer un rival?«
Serré de Rieux, *Les Dons des enfans de Latone; La Musique et la Chasse du cerf*, Gedichte, dem König gewidmet. Paris 1734, S. 102f.

2 Während dieser Reise, bei deren Gelegenheit er sich längere Zeit in Venedig aufhielt, wurde ihm gemeldet, daß seine Mutter vom Schlag gerührt worden sei. Er eilte nach Halle, wo er sie noch sah. Sie aber vermochte nicht mehr, ihren Sohn zu sehen, war sie doch schon seit einigen Jahren blind. Sie starb im folgenden Jahr, am 27. Dezember 1730. Während Händel am Krankenbett seiner Mutter in Halle weilte, erhielt er den Besuch von Wilhelm Friedemann Bach, der ihn im Auftrag seines Vaters einlud, nach Leipzig zu kommen. Man versteht, daß Händel unter den gegebenen Verhältnissen die Einladung ausschlagen mußte.

3 1690 in Strongoli, Kalabrien, geboren, 1730 gestorben. Er war königlicher Kapellmeister in Neapel und der Vorläufer von Pergolesi und Hasse. Es wird von Vinci in einem späteren Buch zu sprechen sein.

4 *Acis and Galatea* wurde 1731 wiederaufgenommen, dann 1732 im Haymarket Theatre gegeben mit szenischem Aufwand an Dekorationen und Maschinen unter dem Nebentitel: »English pastoral Opera«. Die Vorstellung fand ohne Händels Zustimmung statt, der, als Antwort auf die Konkurrenz, sein Werk einen Monat später selbst aufführen ließ. *Esther* wurde am 23. Februar 1723 im Gasthaus Krone und Anker von einem Mitglied der Gesellschaft für alte Musik, Bernard Gates, der in dem Oratorium bei dem Herzog von Chandos mitgesungen hatte und eine Kopie davon besaß, auf-

geführt. Händel dirigierte das Werk am 2. Mai 1732 bei einer Aufführung im Haymarket Theatre, wo es als englisches Oratorium aufgeführt wurde. Sechs Aufführungen genügten nicht, um die Neugierde des Publikums zu befriedigen.

zu S. 64 1 »In der Premiere«, sagt ein Pamphlet, »waren im ganzen 260 Personen, von denen nicht eine einzige die Hälfte des Preises bezahlt hat, einige haben sogar noch Geld erhalten dafür, daß sie gekommen sind.« Händel versuchte das Werk noch einmal zu Preisen, die er um die Hälfte herabgesetzt hatte, zu geben, das Publikum kam nicht. Die englischen Patrioten erzählten sich schon frohlockend, der Sachse wolle nach Deutschland zurückkehren.

2 *Athalia* war zu den Festlichkeiten der Oxforder Universität, zu denen Händel eingeladen worden war, geschrieben worden. Es sollte ihm der Doktortitel der Universität verliehen werden. Man weiß nicht genau, was vorgefallen ist, da Händel sich darüber nie aussprechen wollte. Sicher ist, daß Händel den Titel nicht bekam.

3 Bononcini war in die »Gesellschaft für alte Musik« in London aufgenommen worden. Um seine Aufnahme zu bezahlen, hatte er der Gesellschaft 1728 ein fünfstimmiges Madrigal angeboten. Fünf Jahre später fand ein Mitglied der Gesellschaft dieses selbe Madrigal in einem Buch von Antonio Lotti, enthaltend Duette, Terzette und Madrigale, 1705 in Venedig erschienen. Bononcini bestand darauf, sich für den Autor des Werks auszugeben. In einer langen Unterredung wurden Lotti und eine große Zahl anderer Zeugen vernommen. Das Resultat war niederschmetternd für Bononcini, der von allen verlassen wurde und 1732 aus London verschwand. Die ganze Korrespondenz, die sich auf diesen Handel bezieht, wurde von der Gesellschaft auf lateinisch, italienisch, französisch und englisch veröffentlicht unter dem Titel: *Letters from the Academy of Antient Musick at London to Sigr. Antonio Lotti of Venice, with Answers and Testimonies*, London 1732.

zu S. 65 1 Porpora war der berühmteste Gesangslehrer im 18. Jahrhundert. Hasse war selbst ein großer Sänger und mit der Faustina, einer der berühmtesten Sängerinnen, die jemals existiert haben, verheiratet.

2 Man vergleiche den kurzen und abgeschnürten Atem Benedetto Marcellos in dessen *Arianna* mit der Größe des Stils eines Porpora bei der Behandlung desselben Stoffes.

3 Chrysander, der ihn schlecht kannte, spricht von ihm mit ganz unberechtigter Mißachtung.

4 Händels *Arianna* am 26. Januar 1734, die *Arianna in Nasso* von Porpora kurz darauf [kurz zuvor am 29. Dezember 1733].

5 So die Anrufung Neptuns durch Theseus: »Nume, che reggi'l mare«, und die Arie: »Spettro d'orrore«.

6 Johann Adolf Hasse war am 23. März 1699 in Bergedorf bei Hamburg geboren und starb am 16. Dezember 1783 in Venedig. Er kam

im Oktober 1734 nach London und führte dort seinen *Artaserse* auf, der bis 1737 gespielt wurde. Man führte außerdem in England 1736 seinen *Siroe* und zwei komische Intermezzi auf. Ich gehe nicht weiter auf ihn ein, denn sein Leben und seine Kunst würden etwas aus dem Rahmen dieser Studie fallen. Trotz der Anstrengungen der Feinde Händels vermied Hasse es stets, seinem großen Landsmann als Nebenbuhler entgegenzutreten, so daß ihre Kunst von Parteigängerschaft unabhängig blieb. Das Werk dieses großen Künstlers soll an anderer Stelle in einer eingehenden Studie gewürdigt werden. Die Nachwelt verhält sich gegen ihn noch ungerechter als gegen Porpora, hat doch niemand außer ihm die Schönheit der Melodie in so hohem Maße kultiviert. In seinen besten Stellen ist er den ganz Großen an die Seite zu stellen.

zu S. 66 1 Sie war die Schülerin und Freundin Händels. Ausübend musikalisch, dirigierte sie selbst das Orchester in den öffentlichen Konzerten, die sie jeden Abend in Holland veranstaltete.

2 Für die Hochzeit – 14. März 1734 – der Prinzessin Anna komponierte Händel das *Wedding Anthem*, das ein Pasticcio aus älteren Werken, besonders der *Athalia*, ist. Er führte auch zu den Hochzeitsfeierlichkeiten die Serenata *Parnasso in festa* und eine Wiederaufnahme des *Pastor fido* mit Chören auf.

3 Es war John Rich gewesen, der auf seiner Bühne 1728 die *Beggar's Opera* von Gay und Pepusch in Szene gesetzt hatte, die Parodie auf die Händelschen Opern.

4 Sie war die Schülerin von Mlle. Prévost und hatte 1725 bei Rich debütiert. Siehe die Studie von Emile Dacier: *Une danseuse française à Londres au début du XVIIIe siècle* (Mai und Juli 1907, Bericht in den Blättern der Internationalen Musikgesellschaft).

5 Es ist bemerkenswert, daß mit den gleichen Vorwürfen *Pygmalion* und *Ariadne* Jean-Jacques Rousseau und Georg Benda 1770 bis 1775 das Melodrama oder die »Oper ohne Sänger« einführten.

6 Man beschuldigte ihn sogar, sie zu gut zu kennen. Genau um jene Zeit schrieb der Abbé Prévost 1733 in *Le Pour et contre*: »Einige Kritiker beschuldigen ihn, die Quelle von einer Unmenge schöner Dinge bei Lully und besonders in unseren französischen Kantaten gefunden zu haben, die er, wie sie sagen, geschickt auf italienische Weise einkleidet.«

7 Die Sallé ging nach Paris zurück, wo sie im August 1735 in der Académie de Musique in den *Indes galantes* von Rameau wieder auftrat. Es ist ziemlich merkwürdig, daß eine Stelle des Werkes wie die Chaconne am Ende ganz Händelschen Charakter trägt.

zu S. 67 1 *Atalanta* 12. Mai 1736, *Arminio* 12. Januar 1737, *Giustino* 16. Februar 1737, *Berenice* 18. Mai 1737, *Faramondo* 3. Januar 1738, *Serse* 15. April 1738, *Imeneo* 22. November 1740, *Deidamia* 10. Januar 1741.

2 Besonders in *Serse* und *Deidamia*.

3 Dryden hatte 1697 dieses hervorragende Gedicht in einer Nacht der Begeisterung geschrieben. 1711 hatte es Clayton in Musik gesetzt. Dann, gegen 1720, schrieb Benedetto Marcello, nachdem ihm der Abbate Conti die englische Ode ins Italienische umgedichtet hatte, eine Musik darauf. Ein Freund Händels, Newburgh Hamilton, machte Drydens Gedicht mit viel Takt für Händel als Oratorientext zurecht. – Händel hatte schon mehr als einmal zu Ehren der heiligen Cäcilie geschrieben. Man findet im Band LII der großen Breitkopf-Ausgabe (Cantate italiane con stromenti) die Fragmente von vier Cäcilienkantaten, alle in London geschrieben, die erste aus dem Jahre 1713.

zu S. 68 1 *Alexander's Feast* (Januar 1736), *Atalanta* (April), *Wedding Anthem* (April), *Giustino* (August), *Arminio* (September), *Berenice* (Dezember).

2 Am 1. Juni 1737. Am 11. Juni aber mußte auch das Theater der Konkurrenz geschlossen werden, weil es ruiniert war. So zog Händel den Feind im Fallen mit, den er zu töten sich vorgenommen hatte.

3 Am 15. November 1737 beginnt Händel den *Faramondo*, vom 7. bis 17. Dezember schreibt er das *Funeral Anthem*, am 24. Dezember vollendet er *Faramondo*, am 25. beginnt er *Serse*.

4 Er sagte, diese Art Konzerte seien ein verkapptes Almosen.

5 Vauxhall, ein schöner Garten, an der Themse gelegen, in dem sich die Gesellschaft von London traf. Man hörte dort von Ende April bis Anfang August jeden Abend Orchester-, Gesangs- und Orgelkonzerte. Der Unternehmer dieser Unterhaltungen, Tyers, ließ die Statue Händels, in weißem Marmor, in einer Nische der großen Grotte aufstellen. Der Bildhauer ist Roubiliac, derselbe, der später das Denkmal Händels in Westminster auszuführen hatte.

zu S. 69 1 Im ersten Teil von *Israel* findet sich nur eine Arie, die in dem Meer von Chören beinahe untergeht. Im ganzen Werk stehen 19 Chöre gegen 4 Soloarien und 3 Duette. Der Text vom *Saul*, den Chrysander erst Jennens zugeschrieben hatte, scheint doch, wie er selbst später als richtig erkannt hat, von Newburgh Hamilton zu sein. [Der Text ist von Jennens.] Was *Israel* betrifft, so hat Händel dabei den Textdichter ganz umgangen und sich auf die unverfälschte Bibel gestützt.

2 Vom 29. September bis 30. Oktober 1739. – Händel ließ überdies im November 1740 die zweite Sammlung der Orgelkonzerte (sechs) herauskommen. Im gleichen Monat eröffnete er seine letzte Opernsaison, gab am 22. November *Imeneo*, der nur zweimal aufgeführt wurde, und am 10. Januar 1741 *Deidamia*, die es nur auf drei Aufführungen brachte.

3 Besonders im *Allegro* und dann in einigen seiner *Concerti grossi*.

4 Der Brief eines Anonymus, in der *London Daily Post* vom

4. April 1741 veröffentlicht, spielt auf eine bestimmte Tatsache an, »wegen eines Mißfallens, wegen eines gemachten, aber nicht gemeinten einzelnen Fehltrittes«.

5 Mitten in seinem Elend dachte er an die, die elender als er selbst waren. Im April 1738 hatte er mit andern namhaften englischen Musikern, wie Arne, Greene, Pepusch, Carey usw., die »Society of Musicians« gegründet, die arme und alte Musiker unterstützen sollte. In der Bedrängnis, in der er sich befand, war er freigebiger und aufopfernder als irgendein anderer. Am 20. März 1739 dirigierte er zum Benefiz der Gesellschaft *Alexander's Feast* und brachte ein neues *Orgelkonzert* heraus. Am 28. März 1740 dirigierte er *Acis and Galatea* und die kleine *Ode for St. Cecilia's Day*, am 14. März 1741, in seinen dunkelsten Tagen, gab er den *Parnasso in festa* als Galavorstellung – eine große Last für ihn – und fünf Solokonzerte der berühmtesten Virtuosen verschiedener Instrumente. Später vermachte er der Gesellschaft £ 1000.

6 Ein ungeschickter Freund versuchte, in einem anonymen Brief in der *London Daily Post* (siehe oben) die öffentliche Mildtätigkeit für Händel zu interessieren und ihn zu entschuldigen. Das war die schlimmste Beleidigung, die ihm widerfahren konnte – eine Hilfe, mit der täppischen Grazie eines Bären in Szene gesetzt. Man findet diesen Brief im dritten Band Chrysanders.

zu S. 70 1 Am 4. November 1741. Vor seiner Abreise hatte er noch Gelegenheit, die Wiedereröffnung der italienischen Oper unter Galuppi, einem Schützling des englischen Adels, zu sehen.

2 Händel schrieb den *Messiah* vom 22. August bis zum 14. September 1741. Gewisse Geschichtsschreiber wollten ihm auch die Urheberschaft für das Gedicht zuschreiben, es liegt aber kein Grund vor, Jennens der Ehre zu berauben. Ein Dichter von Intelligenz, war er der Autor des ausgezeichneten *Belshazzar* und hätte es übrigens nie zugelassen, daß Händel an dem ihm einmal überlassenen Text etwas geändert hätte. Ein Brief vom 31. März 1745 an einen Freund (von Schoelcher angeführt) zeigt, daß er die Musik des *Messiah* kaum seines Gedichtes für würdig hielt.

3 Die große musikalische Gesellschaft in Dublin, die »Philharmonic Society«, gab nur Wohltätigkeitskonzerte. Mit Händel wurde ein besonderes Übereinkommen getroffen, indem man sich darauf einigte, daß er nur ein Konzert der Wohltätigkeit zu widmen hätte. Händel ging bereitwillig darauf ein und versprach dafür etwas von seiner besten Musik. Dieses »etwas« war der *Messiah*. Siehe über die Musik in Dublin von 1730 bis 1754 einen Artikel von W. H. Grattan Flood (Internationale Musikgesellschaft, April–Juni 1910).

4 Nicht aber in London, wo Händel den *Messiah* 1743 nur drei-, 1745 nur zweimal und dann bis 1749 nicht mehr aufführte. Die Machinationen der Frömmler versuchten, das Werk zu unterdrücken, so

daß zum Beispiel der Titel des Oratoriums nicht auf dem Anschlagzettel erscheinen durfte. Man nannte es »A sacred Oratorio«. Erst von 1750 an war der Sieg des *Messiah* entschieden. Händel hielt zeit seines Lebens die Sitte aufrecht, es für Werke der Mildtätigkeit aufzuführen. Einmal im Jahr dirigierte er es zugunsten des Foundling Hospital und behielt diesen edlen Brauch bei, selbst als er blind geworden war. Um dem Hospital die Ausschließlichkeit des Ertrags zu sichern, verbot er eine ganze oder teilweise Veröffentlichung des *Messiah* vor seinem Tode. Man weiß, wie viele Ausgaben das Werk inzwischen erlebt hat. Die Sammlung Schoelcher im Pariser Conservatoire umfaßt allein sechsundsechzig, zwischen 1763 und 1869 erschienen.

5 Dalila ist einer der komplexesten Charaktere, die Händel gestaltet hat, und die Partien von Samson und Harapha verlangen außergewöhnliche Stimmen.

6 Miltons Dichtung war von Newburgh Hamilton für Händel zurechtgemacht worden.

zu S. 71 1 Die Schlacht von Dettingen fand am 27. Juni 1743 statt. Händel war schon am 17. Juli mit seinem *Te Deum* fertig, das am 27. November desselben Jahres feierlich in Westminster aufgeführt wurde.

2 Zu langsam für einen Händel, der das Drama vorweg komponierte, so wie ihm die Akte eingeliefert wurden. Es existieren fünf Briefe von ihm an Jennens vom 9. Juni, 19. Juli, 21. August, 13. September und 2. Oktober 1744 datiert, in denen er inständig in ihn dringt, ihm die Fortsetzung der Dichtung zu schicken, und ihm seine Bewunderung für den zweiten Akt ausdrückt, der ihm neue Ausdrucksmittel und Gelegenheit, einige besondere Ideen auszudrücken, geliefert habe. Endlich bittet er ihn noch, die Dichtung etwas zu kürzen, da sie zu lang sei (siehe Schoelcher).

3 Händel schrieb es während der ihm aufgedrungenen Pausen in der Komposition des *Belshazzar* und ließ es Anfang 1745 aufführen.

4 Kürzlich veröffentlichte Briefe lassen diese Periode von Gestörtheit in Händels Leben erkennen (William Barclay Squire: *Händel in 1745*, in: Hugo-Riemann-Festschrift, Leipzig 1909).

zu S. 72 1 Zwei Exemplare dieses Hymnus sind in der Sammlung Schoelcher im Conservatoire, Paris. Händel schrieb auch für die Rückkehr des Herzogs von Cumberland im Juli 1746 einen *Song on the Victory over the Rebels by His Royal Highness the Duke of Cumberland*, der in Vauxhall aufgeführt wurde. Auch ein Exemplar dieser Hymne befindet sich in der Sammlung Schoelcher.

2 In den ersten Tagen des Dezember 1745 beendigt und im Februar 1746 aufgeführt. Der Text ist zum Teil den Psalmen Miltons, zum Teil der Bibel entlehnt. Im dritten Teil hat Händel mehrere seiner schönsten Stellen aus *Israel in Egypt* aufgenommen. Man findet an einer Stelle das Hauptthema vom *Rule Britannia*, das Arne damals gerade komponiert hatte.

3 Sehr mittelmäßige Dichtung des Reverend Dr. Thomas Morell, der in den letzten Oratorien Händels Textdichter wurde.

4 In keinem anderen Oratorium wird Händels Stil so volkstümlich, findet man mehr große Ensemblepartien und Soli, die mit Chören so vollkommen eins bilden. – Gluck hielt sich vorübergehend (seit Ende 1745) in London auf. Der damals Einunddreißigjährige führte in London zwei Opern auf, *La caduta de' giganti* und *Artemene*. (Man findet einige Arien daraus in der zu den Seltenheiten gehörenden Sammlung *Delizie dell'opere*, II. Band, London, Walsh, im Besitz der Bibliothèque du Conservatoire, Paris.) Dieser Aufenthalt Glucks in England beeinflußte in keiner Weise Händel, der sich Glucks Musik gegenüber ziemlich abweisend verhielt. Nicht so Gluck, der zeit seines Lebens immer die größte Achtung vor Händel bezeugte. Er sah ihn als seinen Meister an, bildete sich sogar ein, er ahme ihn nach (siehe Michael Kelly: *Reminiscences,* Band I, [New York 1826], S. 255). In der Tat ist man erstaunt über gewisse Ähnlichkeiten in den 1745 bis 1747 aufgeführten Oratorien Händels (besonders *Hercules* und *Judas Maccabaeus*) und den großen Opern Glucks. In den großen Todesszenen des ersten und zweiten Aktes von *Judas Maccabaeus* findet man die pathetische Note und die Harmonien des *Orphée*.

5 Seit 1747 kehrt Händel seiner adeligen Kundschaft, die ihn so unwürdig behandelt hatte, den Rücken. Er gibt das Subskriptionslisten-System auf und öffnet sein Theater allen. Nun hatte er Erfolg, die Bourgeoisie Londons hörte seinen Ruf, von 1748 ab füllte sie beinahe in jedem Konzert seinen Saal.

6 Dichtung von Thomas Morell, dem Buch der Makkabäer entlehnt. Uraufführung am 23. Mai 1748.

7 Dichtung von Thomas Morell. Uraufführung am 9. März 1748.

8 Die Dichtung scheint von Morell zu sein, obgleich dieser in seinen Notizen nicht davon spricht. Uraufführung am 17. März 1749.

zu S. 73 1 Die *Fireworks Music* ist im Band XLVII der großen Händel-Ausgabe veröffentlicht worden. Für die Aufführung vom 27. April 1749 zählte das Orchester hundert Musiker. Schoelcher hat die Korrespondenz veröffentlicht, die zwischen dem Lord Montagu, dem Oberfeldherrn der Artillerie, und Charles Frederick, dem Kontrolleur des königlichen Feuerwerks, in bezug auf dieses Werk gewechselt wurde. Man ersieht daraus, daß zwischen Händel und Lord Montague sich ziemlich ernste Meinungsverschiedenheiten erhoben hatten.

2 Das Foundling Hospital wurde 1739 von einem alten Seemann, Thomas Coram, zum Unterhalt und zur Erziehung von verlassenen Kindern gegründet. Händel nahm sich dieses Werkes an, zu dessen Gunsten er jährlich *Messiah*-Aufführungen veranstaltete. 1750 wurde er zum »Governor« (Administrator) des Hauses ernannt, nachdem er ihm eine Orgel geschenkt hatte.

[3] Band XXXVI der großen Edition. Das *Anthem*, von dem mehr als eine Stelle im *Funeral Anthem* wiederaufgenommen wird, endet mit dem Halleluja aus dem *Messiah* in seiner ursprünglichen Form.

[4] Die Idee des Textbuchs entstammt Corneilles *Théodore vierge et martyre*.

[5] Vom 28. Juni bis zum 5. Juli 1750 entstanden, am 1. März 1751 aufgeführt, als Folge von *Alexander's Feast*, wie ein neu hinzugekommener Akt.

[6] Eine Notiz im *General Advertiser* vom 21. August 1750 berichtet, daß Händel auf seiner Reise zwischen Den Haag und Amsterdam sehr schwer verwundet worden sei, daß er aber schon wieder außer Gefahr sich befinde.

[7] Das Faksimile des autographen Manuskripts ist von Chrysander zur zweiten Jahrhundertfeier für Händel, 1885, veröffentlicht worden.

zu S. 74 [1] Seite 182 des Manuskripts.

[2] Um sich zu beschäftigen, dirigierte er zwei Aufführungen des *Messiah* zugunsten hilfsbedürftiger Kinder, am 18. April und am 16. Mai, und ließ sich dabei in einer Improvisation auf der Orgel hören. Er versuchte auch eine Kur in Cheltenham.

[3] Seite 244 im Manuskript.

[4] Er machte drei Staroperationen durch, die letzte am 3. November 1752. Eine Zeitungsnotiz sagt im Januar 1753: »Händel ist ganz blind.«

zu S. 75 [1] 1708 in Rom entstanden.

[2] Händel hatte schon 1737 das italienische Werk mit Umänderungen und Neuhinzugekommenem aufgeführt. Thomas Morell hatte das Gedicht ins Englische übertragen und aus zwei Akten drei gemacht.

[3] Dieses Testament war schon 1750 geschrieben. Händel fügte ihm August 1756, März und August 1757 und April 1759 Bestimmungen bei. Er ernannte seine Nichte Johanna Friderica Flörke geb. Michaelsen aus Gotha zur Universalerbin. Seinen Freunden vermachte er viel, so Christoph Smith, John Rich, Jennens, Newburgh Hamilton, Thomas Morell. Er vergaß keinen seiner zahlreichen Dienstboten. Er hinterließ bei seinem Tode ein Vermögen von ungefähr 500000 Francs, das in seinen letzten zehn Jahren sich wieder neu angesammelt hatte. Er besaß auch eine Sammlung von schönen Instrumenten und eine Gemäldegalerie, darunter zwei Rembrandts.

[4] Ein ziemlich mittelmäßiges Denkmal wurde ihm errichtet. Es war das Werk Roubiliacs, der schon für Vauxhall die Händel-Statue geliefert hatte.

[5] Tatsächlich sind sie ein Jahr zu früh gefeiert worden. Burney widmete der Beschreibung dieser Feiern ein Buch.

[6] Die Zahl der Mitwirkenden stieg von 1784 an, wo man 530 oder 540

gezählt hatte, immer höher bis zu den Zahlen der berühmten »Festivals« des Kristallpalastes von Sydenham, wo es 1854 1635, 1857 2500 und 1859 4000 Mitwirkende gewesen waren. Erinnern wir uns, daß zu Lebzeiten Händels das Orchester für den *Messiah* 33, der Chor 23 Mitwirkende gezählt hatte. Für die Riesenaufführungen wurden Monsterinstrumente gebaut, so ein doppeltes Fagott (1727 schon konstruiert), ein besonderer Kontrabaß, Baßtrompeten, Pauken, die eine Oktave tiefer als gewöhnlich gestimmt waren, usw.

zu S. 76 1 Diese Arrangements, für den Baron van Swieten ausgeführt, sind nichts weniger als einwandfrei und legen dafür Zeugnis ab, daß Mozart, der Behauptung Rochlitz' zum Trotz, sich in Händels Stil nicht eingefühlt hat. Er hat gleichwohl eine Ouvertüre »im Händelschen Stil« geschrieben und sicherlich bei seinem *Requiem* Händels gedacht.

2 Die erste war die Berliner Singakademie, im Jahr 1790 durch Fasch gegründet.

3 Im *Harmonicon* vom Januar 1824 sagt Beethoven (von Percy Robinson zitiert), Händel sei der größte Komponist, der je gelebt habe, er möchte auf seinem Grabe niederknien. In einem Brief an eine englische Dame (im *Harmonicon* vom Dezember 1825 veröffentlicht) sagt er, er bewundere Händel. Nach der *Symphonie* Nr. 9 trug er sich mit der Absicht, große Oratorien, wie die Händels, zu schreiben.

4 Schumann schrieb 1855 an Pohl, *Israel* sei ihm das Ideal eines Chorwerks. Da er einen *Luther* schreiben wollte, definierte er die Musik dazu, deren realisiertes Ideal er in der Händels sah, folgendermaßen: »Das Oratorium müßte ein durchaus volkstümliches werden, eines das Bauer und Bürger verstände ... Also am allerwenigsten künstlich, sondern einfach, eindringlich, durch Rhythmus und Melodie vorzugsweise wirkend.« – Liszt geriet beim Psalm *Zadok the Priest* in Entzücken über das weltweite Genie Händels, und er hat fein beobachtet, als er Händel, den Komponisten des *Allegro*, des *Israel*, den Vorläufer der beschreibenden Musik nannte.

5 Siehe über Chrysanders Werk einen Artikel von Emil Krause in den *Monatsheften für Musikwissenschaft*, 1904.

zu S. 77 1 [Rollands *Händel* ist 1910 erschienen.]

zu S. 79 1 Lessing gibt in der Vorrede zu seinen *Beiträgen zur Historie und Aufnahme des Theaters* (1750) als Charakteristikum für den Deutschen den Satz: »Der sicherste Charakter, den man von dem Deutschen wird bestimmen können, ist, daß er überall das Gute, wo er es findet, billigt und es sich zunutze macht.«

2 Siehe *Italienische Reise*, Brief an Herder, 17. Mai 1787.

3 Französische Chansons (Manuskripte im Fitzwilliam Museum von Cambridge, Kopien in der Sammlung Schoelcher, in der Bibliothek des Pariser Conservatoire).

zu S. 80 1 Siehe von Abbé Prévost: *Le Pour et contre*, 1733.

2 Das sind übrigens nicht Züge, die Händel allein eigentümlich sind. Diese wissenschaftlich-enzyklopädistische Strömung einerseits und volkstümliche oder volkstümelnde andererseits findet sich in noch viel höherem Grade als bei Händel selbst bei seinen Musiker-Zeitgenossen, die in London gelebt haben. In dem Kreis der »Academy of antient musick« war es geradezu zur Manie geworden, einem archaisierenden Eklektizismus zu huldigen. Ein Beispiel dafür ist der Komponist Roseingrave, der von einem eigentlichen Palestrina-Wahn befallen war: Alle Möbel und Wände seines Schlafzimmers waren mit Notensystemen bedeckt, in die er Stellen aus Palestrinas Werken eingetragen hatte. – Gleichzeitig machte sich durch ganz Europa die Reaktion des volkstümlichen gegen den wissenschaftlichen Geschmack geltend, es kam die Mode der kleinen Lieder auf, wie Bononcini oder Keiser sie schrieben. Händel verfiel weder in die eine noch in die andere Übertreibung, er entnahm den beiden Strömungen, was sie Belebendes hatten.

3 Brief der Lady Luxborough an den Dichter Shenstone im Jahr 1748, angeführt von Chrysander.

zu S. 81 1 Die Leidenschaft des Sammlers nahm mit dem Alter und dem Wachsen seines Vermögens zu. Ein Brief von 1750 zeigt ihn uns als Käufer von schönen Gemälden, darunter ein großer Rembrandt. Es war ein Jahr, ehe ihn Blindheit schlug.

2 Von der *Almira* bis zum Chor der Nacht im *Solomon*.

3 Das Studium des Manuskripts von *Jephtha* (im Faksimile von Chrysander veröffentlicht) ermöglicht ein lebendiges Bild von der Art, wie Händel arbeitete. Auf derselben Seite liest man in der Hand Händels oft verschiedene Angaben. So am Ende des ersten Akts zum Beispiel notiert er »geendigt am 2. Februar«, dann liest man auf derselben Seite »völlig, am 13. August 1751«. Er muß also zwei verschiedene Arbeiten gemeint haben: die der Erfindung und die der Ausführung. Hier kann man sie leicht unterscheiden, weil durch die Krankheit die Handschrift Händels vom 13. Februar 1751 ab verändert wird. So beobachten wir, daß er am Anfang die Themen für die Chöre zuerst in allen Stimmen durchschrieb, dann ließ er allmählich eine Stimme fallen, dann die andere, und in seiner vorwärtsdrängenden Eile behält er schließlich nur mehr eine Stimme, oder endigt sogar nur mit dem Baß allein.

zu S. 82 1 Man sehe etwa, wie die Melodie im *Rodrigo* »Dolce amor che mi consola« sich wandelt zur Melodie »Ingannata una sola volta« in der *Agrippina* oder wie die Melodie aus der *Agrippina* »L'alma mia« wiederaufgenommen wird in der *Resurrezione*, dem *Rinaldo*, dem *Joshua*.

2 So wird der asiatische Tanz in der *Almira* zu dem berühmten »Lascia ch'io pianga« im *Rinaldo*, oder eine fröhliche und gewöhnliche

Melodie des *Pastor fido* verwandelt sich in das rührende »Wessen Ohr sie hörte« der Trauerode.

zu S. 83 1 Man sollte hier genau untersuchen können, wieso zwei sehr wenig charakteristische Zwischenspiele für Instrumente aus der *Serenata a tre con stromenti* von Stradella zu den gewaltigen Chören des Hagels und des Mückenschwarms im *Israel* werden konnten. Ich habe diese Ableitung zu geben versucht in der Studie, die Mai und Juli 1910 in dem Organ der Internationalen Musikgesellschaft unter dem Titel *Les Plagiats de Händel* erschienen ist.

zu S. 84 1 Man hat allen Grund, anzunehmen, es sei dies nicht aus ganz freien Stücken geschehen. Als die Prinzessin Anna im Jahr 1732 *Esther* in der Oper aufgeführt zu sehen wünschte, stellte sich der Erzbischof Dr. Gibson diesem Wunsch entgegen. Die Aufführung in Konzertform fand dann nur faute de mieux statt.

zu S. 85 1 Ein anonymer Brief im April 1739, in der *London Daily Post* erschienen, verteidigt Händel bei Gelegenheit von *Israel in Egypt* gegen damalige heftige bigotte Angriffe. Der Schreiber protestiert dagegen, »weil die Vorstellung, zu welcher man geht, wahrlich in sich selbst die edelste Verehrung, der feierlichste Dienst der Gottheit ist ... Denn die Art der Tätigkeit heiligt den Ort und nicht der Ort die Tätigkeit.«

2 Hat er nicht den *Joseph* selbst »a sacred Drama« und den *Hercules* »a musical Drama« genannt?

3 Ende des II. Bandes vom *Leben Händels*.

zu S. 86 1 Hier einige Beispiele, wie die Stimmen in diesen in London entstandenen Opern verteilt waren: *Radamisto* 1720: 4 Soprane (3 Männerrollen), 1 Alt, 1 Tenor, 1 Baß. – *Floridante* 1721: 2 Soprane, 2 Kontraalte, 2 Bässe. – *Giulio Cesare* 1724: 2 Soprane, 2 Alte, 1 Kontraalt (Rolle von Cäsar), 2 Bässe. – *Tamerlano* 1724: 2 Soprane, 1 Kontraalt (Männerrolle), 1 Alt (Tamerlan), 1 Tenor, 1 Baß. – *Admeto* 1727: 2 Soprane, 2 Alte, 1 Kontraalt (Admeto), 2 Bässe. – *Orlando* 1733: 2 Soprane, 1 Alt (Medor), 1 Kontraalt (Orlando), 1 Baß. – *Deidamia* 1741: 3 Soprane (1 davon Achill), 1 Kontraalt (Odysseus), 2 Bässe. – Selbst unter den Oratorien findet man ein Werk wie *Joseph* (1744), das für 2 Soprane, 2 Alte, 1 Kontraalt (Joseph), 2 Tenöre und 2 Bässe geschrieben ist. – So drohte das Gleichgewicht der Stimmen, gar nicht zu reden von der beleidigenden Unwahrscheinlichkeit der »Hosenrollen«, immer entweder nach der zu scharfen oder nach der zu pastosen Seite umzufallen.

2 1729 holte er sich aus Italien einen Heldentenor, Pio Fabri, den er aber leider nur zwei Jahre halten konnte. – *Acis and Galatea* (1720) ist für 2 Tenöre, 1 Sopran und 1 Baß geschrieben. Die tragische Rolle im *Tamerlano* (1724), Bajasid, ist für den Tenor Borosini geschrieben, ebenso enthalten *Rodelinda, Scipione* und *Alessandro* Tenorpartien. – Händel gab sich nicht damit zufrieden, an seinem Theater Namen der berühmtesten Bassisten des Jahrhunderts nur

zu haben, wie die der bekannten Boschi und Montagnana, für die er so wundervolle Partien wie den Zoroastra im *Orlando* und den Polyphem in *Acis and Galatea* schuf. Er versuchte, in einer und derselben Oper die wichtigsten Rollen durch sie zu besetzen. In der ersten Version seiner *Athalia* (1733) hatte er ein Baßduett für Joad und Mathan geschrieben. Der Abfall von Montagnana zwang ihn, auf seinen Plan zu verzichten, den er erst in *Israel in Egypt* ausführen konnte.

3 Siehe auch *Giulio Cesare, Atalanta* oder *Orlando*.

4 Besonders in einigen Konzertopern wie *Alcina* (1735) und dann im letzten Werk, dem *Triumph of Time,* in dem man schon eine gewisse Erstarrung fühlt.

zu S. 87 1 Sogar in seinen Oratorien, wo er sich nicht scheut, nach Bedarf kleine Volkslieder einzustreuen, wie das von der Dienerin in *Susanna* (1749).

2 So die Arie der Medea zu Beginn des zweiten Aktes im *Teseo*: »Dolce riposa«. – Siehe auch *Ariodante* und *Hercules*.

3 So die Auftrittsarie von *Radamisto*: »Sommi dei«. – Ich erwähne auch die Arien mit obstinatem Baß ohne Dakapo, deren schönstes Beispiel das »Spirto amato« des Cleofide im *Poro* ist.

4 Zum Beispiel die Arie »Per dar pregio« im *Rodrigo*. Die Oboe spielt eine große Rolle in diesen musikalischen Wettkämpfen. Eine gewisse Arie im *Teseo* mutet wie ein kleines Konzert für Oboe an.

5 Sie sind außerordentlich kurz, einige sind eigentliche Volkslieder. In der *Agrippina* bestehen einige aus einem einzigen Thema. Mehrere dieser Arietten im *Teseo,* im *Ottone* erinnern an die in Glucks *Iphigénie en Aulide*.

6 Im *Rinaldo* die Arie »Ah crudel il pianto mio«. Der erste Teil ist ein schmerzliches Largo, der zweite ein wildes Presto. – Das herrlichste Beispiel für diese freie Handhabung ist die Arie des Timotheus im Anfang des zweiten Aktes von *Alexander's Feast*. Die beiden Teile der Arie unterscheiden sich nicht nur durch ihre Tempi, sondern auch durch die Instrumentationsfarbe, durch ihren harmonischen Charakter, durch den zugrundeliegenden Gedanken selbst; es sind zwei verschiedene Gebilde, die sich hier ineinanderschlingen, von denen aber jedes ein in sich abgeschlossenes Ganzes darstellt.

7 Beispiel: *Teseo,* Arie der Medea: »Morirò, ma vendicata«; *Amadigi*: »T'amai quant' il mio cor«.

8 *Riccardo Primo*, Arie: »Morte, vieni«.

9 In den Dakapoarien von *Ariodante* ist der zweite Teil auf fünf, ja selbst auf drei Takte zusammengedrängt.

10 *L'Allegro,* erste Arie des dritten Teils: »Come with native«; auf den ersten Teil der Arie folgt ein Rezitativ, dann singt der Chor den Dakapoteil. – In *Alexander's Feast* die Arie »He sung Darius«, nach dem zweiten Teil ein Rezitativ, dann Dakapoteil mit Chor,

aber vollkommen frei behandelt, strenggenommen besteht das Dakapo nur in der Begleitung der Instrumente.

zu S. 88 1 Händel suchte nach einem musikalischen Ausdruck, der unmerklich vom Recitativo secco, dem beinahe gesprochenen Rezitativ, zum Recitativo accompagnato und dann zur Arie hinüberleitete. Im *Scipione* (1726) rahmen Accompagnatosätze, gleich Reimen, Seccofragmente ein. (Siehe S. 23 der großen Händel-Edition die Arie »Oh sventurati«.) Die Arie im Finale des ersten Akts ist ein Kompromiß zwischen gesprochenem Wort und Gesang. Das Recitativo accompagnato muß notwendig bei der Arie anlangen.

2 In der Reihe von Rezitativen und Arien, die sich folgen oder ineinanderschlingen und mit erstaunlicher Freiheit aneinandergereiht sind, die bald einen, bald mehrere zugleich der widersprechendsten Gedanken aussprechen, die in Orlandos Gehirn aufeinanderplatzen, scheut sich Händel nicht, ungewohnte Rhythmen, wie etwa den 5/8-Takt, anzuwenden, der den Eindruck vom Wahnsinn des Helden gibt.

3 Man müßte die Buffoarie bei ihm noch besonders studieren. Man hat Händel die Begabung fürs Komische abgesprochen, das heißt ihn schlecht kennen. Er war voll Humor und hat das in seinen Werken oft genug ausgedrückt. In *Almira*, seiner ersten Oper, ist die Rolle des Tabarco im komischen Stil von Keiser und Telemann gehalten. Derselben Manier entspringen auch einige etwas karikierte Züge der Partie des Sankt Petrus in der *Passion* nach Brockes. Der Polyphem in *Acis and Galatea* ist eine wundervoll abgerundete Figur von wilder Lustigkeit. Von der *Agrippina* an aber holt sich Händel die feine Ironie in Italien. Der leichte Stil der Vinci und Pergolesi – vor dessen kompromittierendem Brief! – mit den kleinen, kurzen Bewegungen, den gehackten Rhythmen, erscheint bei ihm seit dem *Teseo* (1713), und später weisen *Radamisto, Rodelinda, Alessandro, Tolomeo, Partenope, Orlando, Atalanta* zahlreiche Beispiele dafür auf. Die Szene zwischen Alexander und der eingeschlafenen Roxane, oder der eingeschlafen sich stellenden, ist eine kleine Szene, die der musikalischen Komödie gehört. *Serse* und *Deidamia* sind Tragikomödien, die nach Handlung und Stil gegen die komische Oper weisen. Sein komisches Genie hat aber noch weit mehr Spielraum in seinen Oratorien, wo Händel nicht allein die umfassenden Kolossaltypen wie Dalila und Harapha im *Samson* schafft oder wie die der beiden Greise in der *Susanna,* sondern wo sein olympisches Lachen auch in den Chören des *Allegro* dröhnt und mit seiner unwiderstehlichen Freude den ganzen Saal mitreißt.

zu S. 89 1 Siehe vor allem Hugo Goldschmidt: *Die Lehre von der vokalen Ornamentik,* Band I, 1907. – Max Seiffert: *Die Verzierung der Sologesänge in Händels »Messias«* (Sammelbände der Internationalen

Musikgesellschaft Juli–September 1907, und Monatsheft derselben, Februar 1908); Rudolf Wustmann: *Zwei Messiasprobleme* (Januar/Februar 1908).

2 M. Seiffert hat eine ganze Reihe von Händelschen Opern und Oratorien angeführt, die in der Kopie der Sammlung Lennard im Fitzwilliam Museum zu Cambridge angehören. Man findet darin die Ornamente und Vokalisen, wie sie von den Sängern ausgeführt wurden, mit Bleistift eingetragen. Nach M. Seiffert rührten diese Eintragungen von Christoph Schmidt her, dem Freund und Faktotum Händels, nach H. Goldschmidt wären sie vom Ende des 18. Jahrhunderts. Auf alle Fälle zeugen sie für eine Überlieferung der vokalen Ausführung, und damit steigt die Chance für uns, das Bild von der zu Händels Zeiten üblichen Ausführung wiederherstellen zu können.

3 Das trifft besonders für die Oratorien zu. In den Opern war die Ornamentik viel krauser und weniger ausschlaggebend für den Ausdruck.

4 Die erste von M. Seiffert, die zweite von H. Goldschmidt.

zu S. 90 1 *Teseo,* Duett: »Addio, mio caro bene«; *Esther,* Duett von Esther und Ahasver: »Wer ruft zum Leben«.

2 *Arminio* (1737), Duett des dritten Aktes. – Es ist zu bemerken, daß *Arminio* mit einem Duett anhebt, was ungewöhnlich ist. – Andere sind als Siciliana geschrieben, wie das im *Giulio Cesare*, oder im englischen volkstümlichen Stil à la Hornpipe, wie das von Teofane und Ottone im *Ottone*: »A teneri affetti«.

3 Man findet auch schöne Terzette von männlich gefaßtem Geist in der *Passion* nach Brockes (Terzett der gläubigen Seelen: »O Donnerwort«) und in den *Chandos Anthems*.

4 Siehe auch das Quartett im ersten Akt der *Semele*.

zu S. 91 1 Mit Ausnahme der in Wien gespielten italienischen Opern, in denen sich, dank Fux, die Überlieferung der polyphonen Vokalmusik erhielt, von der Hasse und besonders Jommelli später so schönen Gebrauch zu machen wußten.

zu S. 92 1 Der ⅝-Takt im *Orlando,* 9/8-Takt in *Berenice*.

2 Die Einleitung zu *Riccardo Primo* stellt ein strandendes Schiff auf stürmischen Wellen dar.

3 *Giulio Cesare:* die Parnaßszene.

4 *Ariodante, Alcina.*

zu S. 94 1 Siehe *Israel,* hie und da.

2 *Belshazzar, Susanna, L'Allegro, Samson.*

3 *Saul, Theodora, Athalia.*

4 *Passion* nach Brockes, *Chandos Anthems, Funeral Anthem, Foundling Anthem.*

5 *Anthems, Jubilate, Israel.*

zu S. 95 1 *Israel, Messiah, Belshazzar, Chandos Anthems.*

2 *Samson, Saul, Israel.*

3 *L'Allegro, Susanna, Belshazzar, Alexander Balus.*

4 *Solomon, L'Allegro.*

5 *Hercules, Saul, Semele, Alexander Balus, Solomon.*

6 Ich habe weiter oben die mit Tanz verbundenen Chöre im *Giulio Cesare, Orlando, Ariodante, Alcina* genannt. Nun gibt es noch wirkliche gesungene Tänze in *Hercules, Belshazzar, Solomon, Saul* (Carillon-Szene), *Joshua* (feierlicher Tanz im zweiten Akt auf ein Thema mit Basso ostinato).

7 Ebenda und in *Athalia, Alexander's Feast, L'Allegro* und *Samson* (Partie des Micha).

8 *Jubilate, Funeral Anthem.*

zu S. 96 1 Angeführt von C. Bellaigue in *Les epoques de la musique,* Band I, [Paris] 1909.

zu S. 97 1 Zur Zeit Lullys und seiner Schule waren die Franzosen die Meister der Tonmalerei, besonders wenn es galt, den Sturm zu beschreiben. Addison freute sich darüber, und in Parodien wurden häufig karikierte Opernstürme aufgeführt.

2 [»Tonmalerei«: im Original deutsch.]

zu S. 98 1 Auszug aus einer Broschüre, 1751 in London erschienen, über »die Kunst, Musik zu komponieren nach einer gänzlich neuen, selbst für die allergeringsten Fähigkeiten geeigneten Methode«. – Schon Pope verglich 1742 Händel dem Briareus. Seit der Zeit des *Rinaldo* (1711) warf Addison Händel seine Freude am Lärm vor.

2 »Sie weigern sich, diesen Regeln untertan zu sein oder Ihren Genius dadurch einzwängen zu lassen. O du Gote und Vandale aller richtigen Klangverbindung! Wir könnten ebensowohl Nachtigallen und Kanarienvögel hinter die Szene bringen und die wilden Naturopern von ihnen aufführen lassen als zugeben, daß Sie ein Komponist sind. Ein geschickter Zimmermann mit Regel und Zollstock wird im Komponieren ja weiter kommen, du vollendete Unregelmäßigkeit.« Harmonie in Aufruhr: Brief an Friedrich Händel esq. von Hurlosthrumbo-Johnson, Februar 1734. Dr. Arbuthnot parodiert in diesem großartigen Pamphlet die Feinde und Ankläger Händels.

3 Manchmal war Händel gezwungen, seine Werke zu veröffentlichen, weil hinter seinem Rücken fehlerhafte Ausgaben erschienen waren. So die unter dem Titel erschienenen *Suites de pièces pour le clavecin*, 1720, und 1738 die erste Sammlung der *Orgelkonzerte.* – Manchmal kamen diese Veröffentlichungen unter Umgehung Händels durch den Verleger zustande, ganz klar und einfach, indem er die Werke stahl. So die zweite Sammlung der *Suites de pièces pour le clavecin,* die Walsh stibitzte und 1733 veröffentlichte, ohne daß Händel die Fehler korrigieren konnte. – Es ist immerhin merkwürdig, daß Händel trotz des großen Erfolges, den diese erste Sammlung in ganz Europa hatte, nicht versucht hat, eine weitere zu veröffentlichen.

zu S. 99 1 Alle Zeitgenossen rühmen einstimmig Händels geniale Anpassungsfähigkeit an das Empfinden seiner Zuhörer. Wie die ganz großen Virtuosen setzte er sich sofort in Kontakt mit seinem Auditorium und hielt eigentlich Zwiesprache mit ihm.

2 Vorrede Geminianis zu seiner Violinschule oder *The Art of Playing on the Violon. Containing all the Rules necessary to obtain to a Perfection on that Instrument, with great variety of Compositions, which will also be very useful to those who study the violoncello, harpsichord etc.* Composed by F. Geminiani, Opera IX, London MDCCLI.

3 Geminiani selbst hatte es unternommen, Bilder von Raffael und Gedichte Tassos in der Musik darzustellen.

4 So das Allegro im ersten *Orgelkonzert* (zweite Sammlung, 1740 erschienen) mit dem reizenden Zwiegespräch von Nachtigall und Kuckuck oder das erste Stück des zweiten *Orgelkonzerts* (gleiche Sammlung) oder mehrere *Concerti grossi* (siehe weiter unten).

5 Band XLVII der großen Ausgabe.

zu S. 100 1 Es ist dies ein Manuskript von 21 Seiten, die Schrift scheint ungefähr auf 1710 zu deuten, ist aber sicher eine Kopie von noch älteren Werken. Chrysander hat es im Band XLVIII seiner großen Edition veröffentlicht. Es ist möglich, daß Händel einem englischen Freund eine Auswahl aus diesen ersten Jugendwerken gegeben hat, daß sie dann von Hand zu Hand gingen und sogar hinter seinem Rücken veröffentlicht wurden. So sagt Händel selbst in seiner Vorrede zu der Ausgabe von 1720: »Ich bin veranlaßt worden, einige der folgenden Stücke herauszugeben, weil von denselben im Ausland hinterrücks fehlerhafte Exemplare in Umlauf gesetzt sind.« – Zu diesen gehören zum Beispiel die dritte Suite, die Sarabande der siebenten Suite usw.

zu S. 101 1 Es hieß, Händel habe diese für die Prinzessin Anna komponiert, deren Klavierlehrer er war, aber Chrysander wirft ein, die Prinzessin sei damals nur elf Jahre alt gewesen. Es ist wahrscheinlich, daß sie für den Herzog von Chandos oder für Burlington geschrieben worden sind. Man findet eher in der zweiten Sammlung der Klavierstücke leichte Sachen, die für die Prinzessin bestimmt gewesen sein können.

2 In ihrer Neuausgabe 1899 der *Geschichte des Klavierspiels und der Klavierliteratur* von Weitzmann [1863]. Das Händel gewidmete Kapitel sagt das bis jetzt Ausschlaggebendste über seine Klaviermusik.

3 Kriegers und Kuhnaus Einfluß, besonders in der Zeit in Halle (siehe Band XLVIII, S. 146, 149). Französischer Einfluß, Hamburger Zeit, S. 166, 170; Einfluß von Pasquini, S. 162, und Scarlatti, S. 148, 152, zur Zeit der italienischen Reise. Kuhnaus Einfluß macht sich sehr spürbar. Die Erinnerung an jene Musik hat sich Händel fürs ganze Leben eingeprägt, besonders an die *Klavier-Übungen* von 1689–92 und an die *Frischen Klavier-Früchte* von 1696, die damals sehr berühmt und durch vielfältige Ausgaben ver-

breitet waren. Sie haben die Durchsichtigkeit des Stils, die Klarheit der Linien wie die Händelschen Werke. Ganz besonders die Sarabanden von Kuhnau sind schon ganz Händelscher Art, ebenso gewisse Präludien, Giguen und einige etwas volkstümliche Airs.

4 Für den deutschen Einfluß siehe die Suiten 1, 4, 5, 8 (vier Tanzsuiten mit vorausgehender Einleitung). Für den italienischen siehe Suiten 2, 3, 6, 7 (deren Form sich der Sonata da camera nähert).

5 M. Seiffert fügt hinzu, daß keines dieser Elemente vorherrsche. Ich neige da zur Ansicht Chrysanders, der in dieser Stilmischung von drei Nationen eine Neigung zum Italienischen vorherrschend findet, wie bei Bach zum Französischen.

6 Es finden sich Variationszyklen darin über Menuette, Gavotten, besonders über Chaconnen und über viele italienische Formen. Die Gigue der sechsten Suite in g-Moll stammt aus einer Arie der *Almira* (1705). Es ist auch die achte Suite zu nennen, in G-Dur, in französischem Stil (besonders die Gavotte in Rondoform mit fünf Variationen). – Mit dieser zweiten muß sogleich die dritte Sammlung genannt werden, die Werke aus ganz verschiedenen Zeiten enthält: 1. *Fantasia, Capriccio, Preludio e Allegro, Sonata,* 1732 in Amsterdam erschienen und in seine Jugend zurückreichend (die zweite Suite verdankt einer Allemande Matthesons ihre Inspiration), 2. *Lessons composed for the Princess Louisa* (damals zwölf bis dreizehn Jahre alt), ungefähr aus dem Jahr 1736, 3. *Capriccio* in g-Moll aus derselben Zeit und 4. Sonate in C-Dur, ungefähr von 1750. – Diesen verschiedenen Sammlungen sind noch weitere Klavierwerke hinzuzufügen, die im Band XLVIII der großen Edition unter dem Titel *Klaviermusik und Cembalo-Bearbeitungen* erschienen sind. Man findet darunter eine Auswahl der besten Arrangements Händelscher Opernsinfonie und -arien durch Babell (um 1713 oder 1714).

zu S. 102 1 Mattheson führt 1722 die Fuge IV in e-Moll als kürzlich entstanden an.

2 Händel sagt es seinem Freund Bernard Granville selbst, indem er ihm die Arbeit Kriegers: *Anmutige Klavier-Übung,* 1699 erschienen, gibt.

3 Die Fuge in g-Moll ist zu dem Chor »Er schlug alle Erstgeburt Ägyptens« geworden und die in a-Moll zu dem Chor »Mit Ekel erfüllte der Trank«. Eine andere, die vierte, diente als Motiv zur Ouvertüre der *Passion* nach Brockes.

4 Die Bemerkung »ad libitum« oder »Cembalo«, die man von Zeit zu Zeit in seinen Partituren findet, bezeichnet die Stellen, an denen er sich seinen Improvisationen überließ. – Trotz seiner großen körperlichen Kraft war Händels Spiel sehr zart und ausgeglichen. Burney sagt: »Sein Anschlag war so sanft und der Ton des Instrumentes so gemäßigt, daß seine Finger an die Tasten angewachsen schienen. Sie waren so gebogen und dicht aneinander, wenn er spielte, daß

man keine Bewegung und kaum die Finger selbst wahrnehmen konnte.« Seiffert glaubt, daß seine Technik, die Rameaus Desiderata verwirklichte, sicherlich im modernen Sinn den systematischen Gebrauch des Daumens nötig gemacht habe und daß Beziehungen beständen zwischen Händels Ankunft in England und dem italienischen Fingersatz, der bald nachher sich überall eingebürgert habe.

zu S. 103 1 Eine vierte wurde von Arnold 1797 veröffentlicht, ein Teil der Werke, die sie enthält, sind aber keine Originalwerke. – Händel hatte mit der Veröffentlichung der zweiten Sammlung nichts zu tun. – Band XXVIII der großen Edition schließt die sechs Konzerte der ersten Sammlung op. 4 (1738) und die sechs der dritten Sammlung op. 7 (1761) ein. – Band XLVIII umfaßt die Konzerte der zweiten Sammlung (1740), den Versuch eines Konzertes für zwei Orgeln mit Orchester und zwei Konzerte der vierten Sammlung (1797). Viele der Konzerte sind datiert. Die meisten sind zwischen 1735 und 1751 geschrieben, verschiedene von ihnen für besondere Gelegenheiten, so das sechste der ersten Sammlung für einen Zwischenakt von *Alexander's Feast.* Das vierte der ersten Sammlung erschien wenig vor der *Alcina,* das dritte der dritten Sammlung war für das Foundling Hospital geschrieben. Das *Konzert* in B-Dur (Nr. 3) war in der Vorstellung des Publikums mit der *Esther* verknüpft: Das Menuett darin wurde das Esther-Menuett genannt.

2 Am 8. Mai 1735. Im gleichen Jahr, in dem Händel die ersten Konzerte der ersten Sammlung schrieb und aufführte.

zu S. 104 1 Hawkins sagt wieder: »Zu den Zeiten, wo die Musik noch weniger allgemein verbreitet war, als sie es jetzt ist, waren manche, sowohl Männer als Frauen, naiv genug, zu gestehen, daß ihnen der Sinn dafür fehle, indem sie sagten: Ich habe kein Ohr für Musik: und eben solche Personen, welche, wären sie sich selbst überlassen geblieben, die Aufmerksamkeit anderer durch Geschwätz unterbrochen hatten, wurden durch Händels Spiel nicht nur in Stille und Entzücken versetzt, sondern waren auch gewöhnlich die lautesten im Beifallklatschen.«

2 Im zehnten *Konzert* sind zwei Celli und zwei Fagotte, ebenso in dem *Konzert* für zwei Orgeln; in dem langen *Konzert* in F-Dur, Band XLVIII, findet man zwei Hörner.

3 Zuweilen findet sich die Benennung dazugeschrieben, so im achten *Konzert* des XXVIII. und im *Konzert* in F-Dur des XLVIII. Bandes.

zu S. 105 1 Band XLVIII, S. 51.

2 Ich glaube, es kommt Streatfeild zu, zuerst auf ein eigenhändiges Manuskript Händels vom vierten *Orgelkonzert* aufmerksam gemacht zu haben, dem ein Halleluja-Chor auf ein Thema des *Konzertes* angegliedert ist. Dieses Manuskript – im British Museum – ist von 1735 datiert und scheint 1737 für die Wiederaufnahme des

Trionfo del Tempo verwendet worden zu sein, dessen Schluß das Konzert bildete.

3 Band XXVII.

4 Band XLVIII, S. 112.

5 Band XLVIII, S. 130.

zu S. 106 1 Band XXVII.

2 *VII Sonates à 2 violons, 2 hautbois ou 2 flûtes traversières et basse continue*, composées par G. F. Händel. Second ouvrage.

3 Später ließ Walsh die beliebtesten Opern- und Oratoriengesänge Händels zu Sonaten für Flöte, Violine und Cembalo (6 Bände) arrangieren.

4 Von 16 Sonaten in 11. Eine Sonate, die dritte, besteht aus drei Sätzen. Drei, 1., 5. und 7., sind in fünf, eine, die 9., in sieben Sätze eingeteilt.

5 In der Sonate I a nimmt das Presto am Schluß im Viertakt das Andantethema im ¾-Takt des zweiten Satzes auf. In der Sonate II ist das Schlußpresto im Viertakt auf dem etwas abgeänderten Andantethema im ¾-Takt aufgebaut.

zu S. 107 1 Die fünfte Sonate, die fünf Sätze hat: Larghetto, Allegro ⅜-Takt, Adagio, Allegro C, Allegro 12/8-Takt.

2 Fünf bis sieben Sätze.

3 Das erste, zweite und dritte Trio schließt mit einer Gavotte, das vierte, sechste und siebente mit einem Menuett, das fünfte mit einer Bourrée. Weiter findet man im zweiten Trio zwei Musetten und einen Marsch, im dritten eine Sarabande, eine Allemande und ein Rondo, im vierten eine Passacaille und eine Gigue.

zu S. 108 1 Es war das Kunstempfinden jener Zeit. So sagt Mennicke, die Neutralität des Orchesterkolorits charakterisiere die Zeit Bach-Händels. Der Instrumentation entspreche die Handhabung der Orgelregister. Das symphonische Orchester ist im wesentlichen aus Streichern zusammengesetzt, die Bläser kommen besonders zum Ausfüllen zur Anwendung. Obligate Holzbläser verwendet man während der Dauer eines ganzen Stückes und nicht, um da und dort Farbe aufzusetzen.

2 Mitten im *Trionfo del Tempo* findet sich eine Instrumentalsonate für 2 Oboen, 2 Violinen, Viola, Cello, Kontrabaß und Orgel. In der Arie der Magdalena in der *Resurrezione* verwendet Händel 2 Flöten, 2 Violinen mit Sordine, Viola da gamba und Cello. Das Cello hat im Anfang einen Orgelpunkt von 39 Takten, dann vereint es sich mit dem Cembalo; mitten in der Arie konzertiert die Viola da gamba allein mit den Flöten.

3 Im *Radamisto* (1720), Arie des Tiridates: »Alzo al volo«, und Schlußchor. Im *Giulio Cesare* 4 Hörner. – Man hat behauptet, Händel habe als einer der ersten im Orchester Klarinetten gebraucht, das scheint mir sehr zweifelhaft. Die Behauptung stützt sich auf eine Kopie des *Tamerlano* durch Schmidt, in der man »clar. e clarini«

liest, statt wie in Händels Urschrift »cornetti«. Man muß aber annehmen, daß es sich hier wie in Rameaus *Acanthe et Céphise* bei den »clarinettes« um helle Trompeten handelte. Streatfeild führt auch ein *Concerto* für 2 Klarinetten und Corno di caccia an, zu dem sich das Manuskript im Fitzwilliam Museum von Cambridge befindet.

4 *Alcina, Semele, L'Allegro, Alexander's Feast, Ode for St. Cecilia's Day* usw. Er gibt überhaupt dem Cello den Charakter der liebenden Sehnsucht oder der tröstenden Wehmut.

5 So in dem berühmten Auftritt im Anfang des zweiten Aktes von *Alexander's Feast*, der zweite Teil der Arie in g-Moll, in der Beschwörung der Toten, die nachts unbegraben umherirren. Weder Violinen noch Blech: 3 Fagotte, 2 Bratschen, Cello, Kontrabässe und Orgel.

6 Im *Saul*, Auftritt bei der Hexe, Erscheinen von Samuels Schatten.

7 Die »Violette marine« – kleine, sehr sanft klingende Violen – im *Orlando* (1733).

8 Die Monsterinstrumente, die zu den kolossalen Aufführungen in Westminster gebraucht wurden. Das Doppelfagott von Stanesby 1727 für die Krönungsfeierlichkeiten gebaut. – Händel leiht sich für den *Saul* und das *Dettingen Te Deum* beim Großstückmeister der Artillerie die größten Heerpauken, die im Tower of London aufbewahrt werden. – Ja noch mehr: Wie Berlioz schreckt er nicht davor zurück, im Orchester Feuerwaffen zu verwenden. Elizabeth Carter schreibt: »Händel hat im *Judas Maccabaeus* buchstäblich Feuerwaffen angewandt, und sie wirken gut« (Carter: *Correspondence*, S. 134). Sheridan läßt in einer komischen Skizze *(Jupiter)* einen Schauspieler auftreten, der den Befehl gibt, daß hinter der Bühne ein Pistolenschuß abgegeben werde, und dazu sagt: »Das habe ich mir von Händel geliehen.«

9 Für die Szene des Erscheinens der Kleopatra auf dem Parnaß, im Anfang des zweiten Aktes von *Giulio Cesare,* stellt Händel zwei Orchester auf, das eine auf der Bühne besteht aus Oboe, 2 Violinen, Viola, Harfe, Viola da gamba, Theorbe, Fagotten, Celli. Das andere ist im Saal aufgestellt. – Die erste Arie der Kleopatra im *Alexander Balus* ist von 2 Flöten, 2 Violinen, Viola, 2 Celli, Harfe, Mandoline, Kontrabässen, Fagotten und Orgel begleitet.

zu S. 109 1 Fritz Volbach: *Die Praxis der Händel-Aufführung,* [Bonn] 1899.

2 Dazu kommen zwei Gruppen von Flöten, zwei von Oboen, zwei der Fagotte, Violen, Celli, Kontrabaß, Cembalo, Theorbe, Harfe und Orgel, im ganzen ist das Orchester in 15 Gruppen geteilt, um die Solostimme der Esther zu begleiten.

3 Für den Gesang des Engels.

4 Im *Saul* »Viola II per duoi violoncelli ripieni«. – Siehe Volbach.

5 Man studiere in dieser Hinsicht die Steigerung der so überaus einfachen instrumentalen Hilfsmittel in *Alexander's Feast,* in dem zuerst 2 Oboen mit den Streichern verwendet werden, dann kommen suk-

zessive 2 Fagotte (Arie Nr. 6), 2 Hörner (Arie Nr. 9), 2 Trompeten und Pauken (2. Teil) und am Schluß mit der unirdischen Erscheinung der heiligen Cäcilie 2 Flöten hinzu.

6 Dr. Hermann Abert hat die erste Bezeichnung »crescendo il forte« im *Artaserse* von Jommelli, 1749 in Rom aufgeführt, gefunden. – Im 18. Jahrhundert hatten der Abbé Vogler und Schubart die Erfindung des Crescendo schon Jommelli zugeschrieben.

7 Siehe Łucjan Kamieński: *Mannheim und Italien,* Sammelbände der Internationalen Musikgesellschaft, Januar–März 1909.

zu S. 110 1 Volbach verzeichnet in der Ouvertüre zur *Choice of Hercules* im zweiten Teil »piano, mezzo forte, un poco più forte, forte, mezzo piano, piano«, über 14 Takte verteilt. – Im Chor von *Acis and Galatea* »Klag' und Wehgeschrei« liest man: forte, piano, pp. – Die Einleitung zu *Zadok the Priest* stellt ein einziges großes Crescendo dar, die zum Schlußchor der *Deborah* ein großes Diminuendo.

2 H. Riemann: *Zur Herkunft der dynamischen Schwellzeichen,* Internationale Musikgesellschaft, Februar 1909.

3 Carl Mennicke bemerkt ziemlich dasselbe Zeichen des Decrescendo (>) auf einer langen Note in der Ouvertüre zu *Acanthe et Céphise* von Rameau, 1751.

zu S. 111 1 Geminiani sagt vom Forte und Piano: »Sie sind absolut notwendig, um eine Melodie zum Ausdruck zu bringen. Da ja jede gute Musik die Nachahmung der schönen Rede sein soll, bezwecken die beiden Ornamente, die Wirkung der Stimme hervorzubringen, die im Sprechen auf- und abschwillt.« – Telemann schreibt, der Gesang sei das Fundament der Musik. Wer ein Instrument spiele, müsse auch im Gesang auf dem laufenden sein. Und Fr. Volbach weist nach, daß dieser Grundsatz damals in Deutschland bei Musikern aller Gattungen herrschte, unter anderem auch bei dem Trompeter Altenburg, dessen Trompetenschule sich auf dem zugrundegelegten Prinzip aufbaute, das Instrument müsse wie die Stimme, die Trägerin des gesprochenen Wortes, gehandhabt werden.

2 Max Seiffert: *Die Verzierung der Sologesänge in Händels »Messias«.* Sammelbände der Internationalen Musikgesellschaft, Juli–September 1907.

3 Fritz Volbach zählt für das Concerto grosso 8 erste Violinen, 8 zweite, 6 Bratschen, 4–6 Celli, 4 Kontrabässe und für die Ripienisten 6 erste Violinen, 6 zweite, 4 Bratschen, 3–4 Celli, 3 Kontrabässe. – Diese Zahlen sind ziemlich höher als die der gewöhnlichen Händel-Aufführungen. Eine Aufführung des *Messiah* im Foundling Hospital am 3. Mai 1759 kurz nach dem Tode Händels zählte nur 56 Ausführende, davon 33 im Orchester und 23 im Chor. Das Orchester zählt 12 Violinen, 3 Bratschen, 3 Celli, 2 Kontrabässe, 4 Oboen, 4 Fagotte, 2 Trompeten, 2 Hörner und Pauken (siehe *Musical Times,* Mai 1902).

4 Dieses Gemälde ist in dem schon erwähnten Artikel M. Seifferts

reproduziert (Sammelbände der Internationalen Musikgesellschaft, Juli–September 1907, S. 688).

5 Leichtigkeit der Bewegung und Beweglichkeit des Ausdrucks, wie Fr. Volbach sagt, sind zwei Hauptbedingungen, die Händelsche Aufführungen verlangen.

zu S. 112 1 Zwölf große Concerti für Streichinstrumente und Cembalo (Band XXX der großen Edition), zwischen dem 29. September und dem 20. Oktober 1739, der *Ode for St. Cecilia's Day* und dem *Allegro, il Penseroso*, geschrieben. Sie erschienen im April 1740. Eine andere Sammlung, von der wir weiter unten sprechen, ist unter dem Namen *Oboenkonzerte* bekannt und umfaßt sechs *Concerti grossi* (Band XXI der großen Edition). Max Seiffert hat bei Breitkopf & Härtel eine gute praktische Ausgabe der *Concerti* erscheinen lassen.

2 Das Concertino besteht aus einem Trio von 2 Soloviolinen und Baß und einem obligaten Cembalo. Die Deutschen führten in das Concertino Holzbläser ein, indem sie die Violine mit einer Oboe oder einem Fagott paarten. Die Italiener blieben im allgemeinen ihrer Gewohnheit der Ausschließlichkeit der Saiteninstrumente treu.

3 Die *Concerti grossi* op. 6 von Corelli, 1714 erschienen, repräsentieren die Erfahrung seines ganzen Lebens. Schon 1682 lernte Georg Muffat, als er durch Rom kam, die Gattung der Concerti grossi durch Corelli kennen, der damals schon für einen ziemlich großen Orchesterkörper Konzerte schrieb. Burney spricht von einem Konzert, in dem 150 Streicher mitwirkten, die Corelli bei Christine von Schweden 1680 dirigierte (siehe das ausgezeichnete kleine Buch von Arnold Schering: *Geschichte des Instrumentalkonzerts,* Leipzig 1905).

4 Geminiani brachte drei *Concerti*-Sammlungen heraus: op. 2, 1732; op. 3, 1732; op. 7, 1746.

5 A. Schering hat die Verwandtschaft nachgewiesen, die zwischen einem Thema Geminianis und dem *Concerto grosso* Nr. 4 Händels besteht.

6 Band XXI der großen Edition.

7 Muffat veröffentlicht schon 1682 seinen *Armonico tributo* in Salzburg, Kammersonaten, in denen er die Art des Lullyschen Trio mit der des italienischen Concertinos vermengt. 1701 veröffentlicht er, nach dem Muster Corellis, in Passau *Concerti grossi* ganz italienischer Art.

8 *Concerti grossi,* Amsterdam 1721.

9 Antonio Vivaldi, aus Venedig, 1678–1741, 1714 Dirigent der Kapelle von Ospedale della Pietà in Venedig [1703 wird er dort Violinlehrer, 1714 Impresario am Teatro Sant'Angelo, Venedig], in Deutschland bekannt zwischen 1710 und 1720. Die Arrangements, die Bach von seinen Concerti grossi machte, stammen aus der Zeit, wo er in Weimar war, zwischen 1708 und 1714.

10 Locatelli und Vivaldi konnten sich dem Einfluß der italienischen Oper nicht entziehen. Vivaldi hat selbst 38 Opern geschrieben. [Die wirkliche Zahl ist nicht bekannt; vermutlich sind es rund fünfzig.] Eins der *Concerti* Locatellis, op. 7, 1741, heißt *Il pianto d'Arianna*. In dem *Cimento dell'Armonia* Vivaldis beschreiben vier *Concerti* die vier Jahreszeiten, das fünfte »La tempestà«, ein sechstes »Il piacere«. Im op. 10 Vivaldis stellt ein *Concerto* »La notte«, ein anderes »Il cardellino« (Distelfink) dar. A. Schering weist Vivaldis Einfluß in Deutschland auf Graupner aus Darmstadt und in Böhmen auf Gregorius Jos. Werner nach.

zu S. 113 1 Hier einige Daten: 29. September 1739 *Concerto* I in G-Dur, 4. Oktober *Concerto* II in F-Dur, 6. Oktober *Concerto* III in e-Moll, 8. Oktober *Concerto* IV in a-Moll, 12. Oktober *Concerto* VII in B-Dur, 15. Oktober *Concerto* VI in g-Moll, 18. Oktober *Concerto* VIII in c-Moll, 20. Oktober *Concerto* XII in h-Moll, 22. Oktober *Concerto* X in d-Moll, 30. Oktober *Concerto* XI in A-Dur (Band XXX der großen Edition).

2 Man fühlt französischen Einfluß durch, besonders im zehnten *Concerto* in d-Moll, das eine Ouvertüre hat (Grave im Viertakt und fugiert im 6/8-Takt) und das als Ganzes abstrakt und zerhackt wirkt. Der letzte der sechs Sätze, ein Allegro moderato (mit Variationen), ganz hübsch, scheint eine Melodie für eine Spieluhr zu sein.

zu S. 118 1 Siehe noch das dritte *Concerto* in e-Moll, so lebendig auch heute noch, mit seinem melancholischen, reinen Larghetto im 3/2-Takt, seinem Andante im 12/8-Takt auf ein kompliziertes fugiertes Thema, das den Eindruck vom Labyrinth einer düster gestimmten, trotzigen Seele weckt, mit seinem Allegro im Viertakt, von etwas derbem Humor, seiner malerischen Polonäse mit dem nachklingenden Pedal und endlich mit dem Allegro ma non troppo am Ende im 6/8-Takt, das im Rhythmus und in den unerwarteten Modulationen an gewisse Tänze der Quartette Beethovens erinnert. – Das fünfte *Concerto* in D-Dur kann das Konzert der heiligen Cäcilie genannt werden. Vier der sechs Sätze – die ersten beiden und das schöne Menuett am Ende – findet man in der Ouvertüre zur *Ode for St. Cecilia's Day* wieder.

zu S. 121 1 Arnold Schering glaubt, die Idee zu dieser Musette sei Händel nach einem Ritornell an die S. Elena al Calvario von Leonardo Leo gekommen.

zu S. 124 1 Die letzten beiden Allegri geben dem Werk einen etwas plötzlichen Abschluß. Die Anordnung der Sätze erstaunt bei Händel häufig. Der Grund liegt in der Art von Händels Arbeiten: Er gab in diesen Werken der Eingebung des Augenblicks Ausdruck.

2 Ich kann hier nicht auf die Analyse der übrigen gesammelten Orchesterkonzerte eingehen, ich begnüge mich, sie aufzuzählen: die sechs *Concerti grossi con due violini e violoncello di concertino obligati e due altri violini, viola e basso di concerto grosso* op. 3, unter

dem Namen der *Oboenkonzerte* bekannt, obgleich die Oboe darin keinen hervorragenden Platz einnimmt, 1734 erschienen, scheinen 1733 zuerst zur Hochzeitsfeier des Prinzen von Oranien mit der Prinzessin Anna aufgeführt worden zu sein. Ihre Entstehung liegt aber, wie schon oben gesagt wurde, weiter zurück, findet man doch im dritten und fünften Fugenrepliken aus den Klavierstücken, und das vierte diente 1715 im *Amadigi* als zweite Ouvertüre. Der erste Satz wurde 1723 in der Oper *Ottone* gespielt. Die Form dieser Concerti, noch weniger festgelegt als die der vorhergehenden *Concerti grossi,* ist zwei- bis fünfsätzig. Das Orchester umfaßt neben den Streichern 2 Oboen, zu denen sich manchmal 2 Flöten, 2 Fagotte, Orgel und Cembalo gesellen. Es ist eine Ausnahme, daß die Oboe eine Solopartie hat, meistens hat sie nur die Violine zu verstärken. – Zu dieser Sammlung muß eine gewisse Anzahl anderer Orchesterkonzerte gezählt werden, zu verschiedenen Zeiten erschienen, alle im selben Band der sämtlichen Werke vereinigt (Band XXI), vor allen das berühmte Concerto aus *Alexander's Feast,* im Januar 1736 geschrieben, dessen Stil die Breite des Oratoriums aufweist, und vier kleine Concerti, von denen zwei als Jugendwerke interessant sind, nach Chrysander 1703 bis 1710 entstanden.

3 Diese Händelschen Ouvertüren waren so beliebt, daß der Verleger Walsh davon eine Sammlung für Klavier erscheinen ließ (von 65 Ouvertüren). – Man findet ein schönes Musterbeispiel dieser Übertragungen im Band XLVIII der großen Edition.

zu S. 125 1 Die beiden anderen Sätze sind rudimentär geblieben.

2 Dieses Mittel wendet Händel häufig an, um die Verbindung von Orchester und Gesang herzustellen.

3 Scheibe, der mit Mattheson der größte musikalische Ästhetiker zu Händels Zeit war, sagt, die Ouvertüre müsse in ihren ersten Sätzen den Hauptcharakter des Stückes zeichnen, im dritten Satz die erste Szene des Stückes vorbereiten (*Der kritische Musikus,* [Leipzig, 2. Auflage] 1745). – Scheibe selbst komponierte seit 1738 »Sinfonie«, die gewissermaßen den Inhalt des Stückes ausdrückten *(Polyeuctes, Mithridates)*.

zu S. 126 1 Andante, Larghetto, fugiertes Allegro.

2 [1720 wurde die erste Fassung von *Esther* unter dem Titel *Haman and Mordecai* uraufgeführt; die Neufassung ist von 1732.]

3 Ein moderner Komponist würde freilich sein Programm in einer festgelegten Form herausstellen, indem er nacheinander die feindlichen Themen vorführte, dann sich bekämpfen und zum Schluß das Thema Israels triumphieren ließe. Händel begnügt sich damit, seine Themen herauszustellen, ohne sie weiter zu steigern. Wenn er die Ouvertüre mit dem Baalsthema schließen läßt, so tut er es, weil es ihm das Tempo einer Gigue gibt und die Gigue am Schluß gut steht. Das Thema Israels aber ist ein Adagio und steht am besten im zweiten Satz. Es sind mehr architektonische als dramatische

Gründe, die bei ihm den Ausschlag geben. Beinahe alle Symphoniker des 18. Jahrhunderts handeln wie er. So läßt Beethoven noch in seiner *Eroica* den Helden im zweiten Satz sterben, um dann im dritten und vierten Satz seine Spiele und seinen Triumph zu besingen.

4 Von anderen Ouvertüren, die ebenfalls den Charakter der Einführung in das Werk tragen, möchte ich vor allem die zur *Athalia* nennen, die mit der Tragödie ganz eins ist, dann die zu *Acis and Galathea,* eine Pastorale, das Leben der Natur im heidnischen Sinn verherrlichend, die kriegerische Ouvertüre zum *Occasional Oratorio,* mit ihren beiden Märschen, dem Ruf der Trompeten, dem Gebet aus der tiefen Not. – Auch in der Ouvertüre zu *Judas Maccabaeus* findet sich der Anfang eines Programms, der erste Satz bezieht sich auf die düstere Anfangsszene des ersten Aktes, der zweite, fugierte Satz ist mit einem der kriegerischen Chöre des ersten Aktes verwandt. – In der Ouvertüre in zwei Sätzen zu *Riccardo Primo* (1727) wird in der Musik ein Sturm entfesselt, den Händel mit starker Hand und romantischem Wurf malt. Er setzt sich in den ersten Akt hinein fort, wie der Sturm der *Iphigénie en Tauride,* und noch während seines ferner klingenden Grollens erhebt sich die Zwiesprache der Helden. – Man findet auch mitten in den Werken selbst »Sinfonie« von dramatischem Charakter eingeschoben. Das eigentümlichste Beispiel dafür ist die den dritten Akt des *Hercules* einleitende. Sie beschreibt Herkules' Wut und die traurige Größe des Schicksals, das seine Seele bedrückt.

zu S. 128 1 Band XLVIII der Gesamtausgabe.

2 Siehe Anmerkung 1 zu S. 55. Schon früh machte sich dieses Werk berühmt. Ein erster, sehr unkorrekter und unvollständiger Druck erschien bei Walsh in London um 1720. Es wurden auch Arrangements für Cembalo mit Variationen von Geminiani davon gemacht. *Water Music* und *Fireworks Music* sind im Band XLVII der großen Ausgabe zu finden.

3 Man kann zu diesen monumentalen Stücken die »Sinfonie diverse« (S. 140–143 des Bandes XLVIII) und das *Concerto* in F-Dur in Form einer Ouvertüre und Suite (S. 68–100 desselben Bandes) zählen, besonders aber die drei Concerti für großes Orchester und die zwei *Concerti a due cori* des Bandes XLVII (Instrumentalmusik für großes Orchester). – Die Concerti für großes Orchester sind die eigentlichen Skizzenbücher für die *Water Music* und *Fireworks Music*. Das erste Concerto stammt etwa aus dem Jahr 1715 und hat der *Water Music* zwei Sätze geliefert. Es ist für 2 Hörner, 2 Oboen, Fagott, 2 Violinen, Bratschen und Kontrabässe. Das zweite Concerto in F-Dur (für 4 Hörner, 2 Oboen, Fagotte, 2 Violinen, Bratsche, Cello, Kontrabaß und Orgel) und das dritte in D-Dur (für 2 Trompeten, 4 Hörner, Pauken, 2 Oboen, Fagotte, 2 Violinen, Bratschen, Cello und Orgel) enthalten beinahe die ganze *Fireworks*

Music, allerdings mit weniger großem Orchester, dafür aber mit dem Plus der Orgel. – Die beiden *Concerti a due cori* bestehen aus großen Oratorienchören, die einem Doppelorchester übertragen worden sind, und zwar fallen zehn Stimmen auf Orchestergruppe I und zwölf auf Gruppe II, 4 Hörner, 8 Oboen, Fagotte usw. So finden sich hier aus der *Esther* die Erscheinung Jehovas: »Jehova crown'd«, und der anschließende Chor: »He comes«. Die beiden Orchester führen einen gewaltigen Dialog auf.

zu S. 129 1 Das Manuskript von Händels Hand, im Band XLVII der großen Edition, enthält 2 Trompetengruppen, die Gruppe zu je 3–6 Trompeten, 3 Principali (tief gestimmte Trompeten), 3 Pauken, 3 Gruppen Hörner, 3 Instrumente pro Gruppe = 9 Hörner, 3 Gruppen Oboen, 12 in der ersten, 8 in der zweiten, 4 in der dritten = 24 Oboen, 2 Gruppen Fagotte, 8 in der ersten, 4 in der zweiten = 12 Fagotte. Bei der Aufführung vom 27. April 1749 wirkten 100 Bläser mit. – Später gab Händel dem Werk, zur Aufführung bei Konzerten, ein Streichorchester bei.

2 Für 9 Hörner in 2 Gruppen, 24 Oboen in 2 Gruppen und 12 Fagotte geschrieben.

3 [»La paix« = Friede, »La réjouissance« = Freude.]

4 Es wäre leicht, diesem noch andere, ähnliche Werke Händels und Beethovens hinzuzufügen. Es hat sich ein recht schönes Repertoire von klassischer populärer Musik für Feste im Freien angesammelt. Bis dahin hat aber niemand davon Notiz genommen.

zu S. 130 1 Die Melodie der Gavotte aus der Ouvertüre zum *Ottone* wurde in ganz England auf allen Instrumenten gespielt von der Orgel bis zum Instrument des Taschenspielers und Zauberkünstlers. Ende des 18. Jahrhunderts findet man sie noch in einem französischen Vaudeville-Chanson (siehe *Anthologie françoise ou Chansons choisies,* von Monnet herausgegeben, [Paris] 1765, Band I, S. 286). Die Märsche aus *Scipione* und *Rinaldo* wurden während eines halben Jahrhunderts bei der Parade der königlichen Garde gespielt. Die Menuette der Ouvertüren zu *Arianna* und *Berenice* behielten ihre Popularität lange Zeit. Aus den zeitgenössischen englischen Romanen, besonders aus Fieldings *Tom Jones*, geht hervor, bis zu welchem Grad Händels Musik auf den englischen Landgütern bekannt war, herunter bis zu einem Krautjunker von der Gattung des legendären Western, der jedem künstlerischen Verständnis vollkommen verschlossen war.

2 Paul-Marie Masson hat mir in einem *Recueil d'airs sérieux et à boire* (Bibl. Nat. Vm. 7) unter der Jahreszahl 1716 eine »Aria del Signor Inden« (sic!) bezeichnet, als Air, das dem *Ballet de l'Europe galante* beigegeben war. – *Les Meslanges de musique latine, françoise et italienne* von Ballard, 1728, enthalten zwischen italienischen Arien »2 Arie del Signor Endel« (S. 61). – Alle Melodien der *Chasse du cerf* von Serré de Rieux, 1734, rühren von Händel her und wurden

dem französischen Text angepaßt. Ein Artikel von Michel Brenet: *La Librairie musicale en France de 1653 à 1790, d'après les registres de privilèges* (Sammelbände der Internationalen Musikgesellschaft 1907), nennt eine ganze Reihe französischer Händel-Publikationen von 1736, 1739, 1749, 1751, 1765. 1736 und 1743 brachte man im Concert spirituel einige seiner Arien und *Concerti grossi* heraus (Brenet: *Les concerts en France sous l'ancien régime,* [Paris] 1900). Eine Anzahl seiner Arien wurden von Blavet für Flöte arrangiert (in seinen 3 *Recueils de pièces, petits airs, brunettes, menuets etc., accomodés pour les flûtes traversières, violons etc.*, zwischen 1740 und 1750 erschienen). – Händel war in Paris immerhin so bekannt, daß man 1739 sein Bild verkaufte (siehe eine Annonce im *Mercure de France* vom Juni 1739, Band II, S. 1384).

[Ergänzungen und Korrekturen zu den Anmerkungen von Romain Rolland stehen in eckigen Klammern.]

Literatur

Abraham, Gerald: »Handel's Clavier Music«, in: *Music and Letters* 41 (1935), S. 278

Braun, Werner: »B. H. Brockes' ›Irdisches Vergnügen in Gott‹ in den Vertonungen G. Ph. Telemanns und G. Fr. Händels«, in: *Händel-Jahrbuch, 1. (VII.) Jg. 1955, S. 42*

Burney, Charles: An Account of the Musical Performances in Westminster Abbey and the Pantheon May 26th, 27th, 29th; and June the 3rd and 5th, 1784, in: *Commemoration of Handel.* London 1785, Reprint 1965

Chrysander, Friedrich: *G. F. Händel.* Leipzig 1858–67, Reprint 1966

Clausen, Hans Dieter: *Händels Direktionspartituren (›Handexemplare‹).* Hamburg 1972

Dean, Wintow: »The Dramatic Element in Handel's Oratorios«, in: *Proceedings of the Royal Musical Association* 79 (1952/53), S. 33

Dean, Wintow: *Handel and the Opera Seria.* Berkeley/Los Angeles 1969

Dean, Wintow: *Handel's Dramatic Oratorios and Masques.* London 1959

Dean, Wintow: »How Should Handel's Oratorios be Staged?«, in: *Musical Newsletter* I/4 (1971), S. 11

Dent, Edward Joseph: *Handel.* London 1934

Dent, Edward Joseph: »Handel on the Stage«, in: *Music and Letters* 16 (1935), S. 174

Deutsch, Otto Erich: *Handel: A Documentary Biography.* London/New York 1955, ^{2}1974

Eisenschmidt, Joachim: *Die szenische Darstellung der Opern Händels auf der Londoner Bühne seiner Zeit.* Wolfenbüttel 1940/41

Flesch, Siegfried: »Georg Friedrich Händels Triosonaten«, in: *Händel-Jahrbuch*, 18./19. Jg. 1972/73, S. 139–211

Frederichs, Henning: *Das Verhältnis von Text und Musik in den Brockespassionen Keisers, Händels, Telemanns und Matthesons.* München/Salzburg 1975

Gervinus, Georg Gottfried: *Händel und Shakespeare. Zur Ästhetik der Tonkunst.* Leipzig 1868

Gülke, Peter: »Zur Einrichtung Händelscher Opernpartituren«, in: *Händel-Jahrbuch*, 15./16. Jg. 1969/70, S. 87–122

Händel, Georg Friedrich: *Briefe und Schriften.* Herausgegeben von Hedwig und Erich H. Mueller von Asow. Lindau 1949

(Händel, Georg Friedrich:) *The Letters and Writings of George Frideric Handel.* Herausgegeben von Erich H. Mueller. London 1935

Handel: a Symposium. Herausgegeben von Gerald Abraham. London 1954

Georg Friedrich Händel: Beiträge zu seiner Biographie aus dem 18. Jahrhundert. Herausgegeben von Walther Siegmund-Schultze. Leipzig 1977

Kimbell, D. R. B.: *A Critical Study of Handel's Early Operas*. Diss. University of Oxford 1968

Kirkendale, Ursula: »The Ruspoli Documents on Handel«, in: *Journal of the American Musicological Society* 20 (1967), S. 222–273, 518

Lang, Paul Henry: *George Frideric Handel*. New York 1966, ^{2}1977; deutsch: *Georg Friedrich Händel*. Basel 1979

Larsen, Jens Peter: *Handel's Messiah: Origins, Composition, Sources*. London 1957, ^{2}1972

Leichtentritt, Hugo: *Händel*. Stuttgart/Berlin 1924

(Mainwaring, John:) *Memoirs of the Life of the Late George Frederic Handel*. London 1760, Reprint 1964, 1967

Mann, Alfred, und Knapp, John Merrill: »The Present State of Handel Research«, in: *Acta musicologica* 41 (1969), S. 4

Mattheson, Johann: *Georg Friedrich Händels Lebensbeschreibung*. Hamburg 1761, Reprint 1976

Müller-Blattau, Joseph: *Georg Friedrich Händel*. Potsdam 1933

Rackwitz, Werner, und Steffens, Helmut: *George Frideric Handel. A Biography in pictures*. Leipzig 1962

Sadie, Stanley: *Handel*. London 1962

Sadie, Stanley: *Handel Concertos*. London 1972

Sasse, Konrad: *Händel-Bibliographie*. Leipzig 1963, Ergänzungsband 1967

Schrade, Leo: »Studien zu Händels ›Alexanderfest‹«, in: *Händel-Jahrbuch*, V. Jg. 1932, S. 38–114

Serauky, Walter: »Das Ballett in G. F. Händels Opern«, in: *Händel-Jahrbuch*, 2. (VIII.) Jg. 1956, S. 91–112

Serauky, Walter: *Georg Friedrich Händel*. Sein Leben – sein Werk. Kassel/Basel/London/New York 1956 (Bd. 3), 1958 (Bd. 4 und 5)

Serauky, Walter: »Händel und die Oper seiner Zeit«, in: *Händel-Jahrbuch*, 5. Jg. 1959, S. 27–44

Smither, Howard: *A History of the Oratorio*. Chapel Hill 1977

Steglich, Rudolf: »Die neue Händel-Opern-Bewegung«, in: *Händel-Jahrbuch*, I. Jg. 1928, S. 71–158

Strohm, Reinhard: »Händels Pasticci«, in: *Analecta musicologica* 14 (1974), S. 208–267

Strohm, Reinhard: »Händel und seine italienischen Operntexte«, in: *Händel-Jahrbuch*, 21./22 Jg. 1975/76, S. 101–159

Taut, Kurt: »Verzeichnis des Schrifttums über Georg Friedrich Händel«, in: *Händel-Jahrbuch*, VI. Jg. 1933

Wolff, Hellmuth Christian: *Die Händel-Oper auf der modernen Bühne*. Leipzig 1957

Personen- und Werkregister

Musikliteratur bei Piper (Auswahl)

Musikliteratur bei Piper (Auswahl)

Gustav Mahler/Richard Strauss
Briefwechsel 1888–1911
Herausgegeben und mit einem musikhistorischen Essay versehen von Herta Blaukopf. 1980. 232 Seiten und 14 Abbildungen auf Tafeln. Geb.

Yehudi Menuhin
Ich bin fasziniert von allem Menschlichen
Gespräche mit Robin Daniels. Aus dem Englischen von Hans-Jürgen Baron von Koskull. Vorwort von Lawrence Durrell. 2. Aufl., 12. Tsd. 1983. 208 Seiten. Serie Piper 263

Yehudi Menuhin
Unvollendete Reise
Lebenserinnerungen. Aus dem Englischen von Isabella Nadolny und Albrecht Roeseler. 6. Aufl., 79. Tsd. 1980. 462 Seiten und 63 Abbildungen auf Tafeln. Geb.

Yehudi Menuhin
Variationen
Betrachtungen zu Musik und Zeit. Aus dem Englischen von Horst Leuchtmann. 1984. 256 Seiten. Serie Piper 369

Prokofjew über Prokofjew
Aus der Jugend eines Komponisten. Herausgegeben von David H. Appel. Aus dem Amerikanischen von Hans-Horst Henschen. 1981. 430 Seiten mit Notenfaksimiles und 85 Abbildungen auf Tafeln. Geb.

Harvey Sachs
Toscanini
Eine Biographie. Aus dem Amerikanischen von Hans-Horst Henschen. 1982. 507 Seiten Text und 34 Abbildungen auf Tafeln. Geb.

SERIE PIPER

Bruno Bettelheim   Gespräche mit Müttern. SP 155
Bruno Bettelheim/Daniel Karlin   Liebe als Therapie. SP 257
Klaus von Beyme   Interessengruppen in der Demokratie. SP 202
Klaus von Beyme   Parteien in westlichen Demokratien. SP 245
Klaus von Beyme   Das politische System der Bundesrepublik Deutschland. SP 186
Der Blaue Reiter   Hrsg. von Wassily Kandinsky und Franz Marc. SP 300
Harald Bilger   111mal Südafrika. SP 5102
Norbert Blüm   Die Arbeit geht weiter. SP 327
Jurij Bondarew   Die Zwei. SP 334
Tadeusz Borowski   Bei uns in Auschwitz. SP 258
Karl Dietrich Bracher   Zeitgeschichtliche Kontroversen. SP 353
Alfred Brendel   Nachdenken über Musik. SP 265
Raymond Cartier   50mal Amerika. SP 5101
Raymond Cartier   Der Zweite Weltkrieg. Band I SP 281, Band II SP 282, Band III SP 283
Horst Cotta   Der Mensch ist so jung wie seine Gelenke. SP 275
Carl Dahlhaus   Musikalischer Realismus. SP 239
Gerhard Dambmann   25mal Japan. SP 5104
Denkanstöße '85. SP 371
Georg Denzler   Widerstand oder Anpassung? SP 294
Dhammapadam – Der Wahrheitpfad. SP 317
Ulrich Dibelius   Moderne Musik I 1945–1965. SP 363
Hilde Domin   Von der Natur nicht vorgesehen. SP 90
Hilde Domin   Wozu Lyrik heute. SP 65
Fjodor M. Dostojewski   Der Idiot. SP 400
Fjodor M. Dostojewski   Rodion Raskolnikoff. SP 401
Fjodor M. Dostojewski   Sämtliche Erzählungen. SP 338
Hans Heinrich Eggebrecht   Bachs Kunst der Fuge. SP 367
Hans Eggers   Deutsche Sprache im 20. Jahrhundert. SP 61
Irenäus Eibl-Eibesfeldt   Liebe und Haß. SP 113
Irenäus Eibl-Eibesfeldt   Krieg und Frieden. SP 329
Einführung in pädagogisches Sehen und Denken   Hrsg. von Andreas Flitner/Hans Scheuerl. SP 222
Theodor Eschenburg   Die Republik von Weimar. SP 356
Jürg Federspiel   Museum des Hasses. SP 220

SERIE PIPER

Joachim C. Fest Das Gesicht des Dritten Reiches. SP 199
Iring Fetscher Herrschaft und Emanzipation. SP 146
Iring Fetscher Karl Marx und der Marxismus. SP 374
Iring Fetscher Der Marxismus. SP 296
Andreas Flitner Spielen – Lernen. SP 22
Fortschritt ohne Maß? Hrsg. Reinhard Löw/Peter Koslowski/
Philipp Kreuzer. SP 235
Viktor E. Frankl Die Sinnfrage in der Psychotherapie. SP 214
Richard Friedenthal Diderot. SP 316
Richard Friedenthal Goethe. SP 248
Richard Friedenthal Jan Hus. SP 331
Richard Friedenthal Leonardo. SP 299
Richard Friedenthal Luther. SP 259
Harald Fritzsch Quarks. SP 332
Carlo Emilio Gadda Die Erkenntnis des Schmerzes. SP 376
Walther Gerlach/Martha List Johannes Kepler. SP 201
Jewgenia Ginsburg Gratwanderung. SP 293
Albert Görres Kennt die Religion den Menschen? SP 318
Goethe – ein Denkmal wird lebendig. Hrsg. von Harald Eggebrecht. SP 247
Erving Goffman Wir alle spielen Theater. SP 312
Helmut Gollwitzer Was ist Religion? SP 197
Tony Gray 5mal Irland. SP 5105
Martin Greiffenhagen Das Dilemma des Konservatismus
in Deutschland. SP 162
Norbert Greinacher Die Kirche der Armen. SP 196
Grundelemente der Weltpolitik Hrsg. von Gottfried-Karl Kindermann. SP 224
Albert Paris Gütersloh Der Lügner unter Bürgern. SP 335
Albert Paris Gütersloh Eine sagenhafte Figur. SP 372
Albert Paris Gütersloh Sonne und Mond. SP 305
Olaf Gulbransson Es war einmal. SP 266
Olaf Gulbransson Und so weiter. SP 267
Hildegard Hamm-Brücher Gerechtigkeit erhöht ein Volk. SP 346
Hildegard Hamm-Brücher Der Politiker und sein Gewissen. SP 269
Wolfram Hanrieder Fragmente der Macht. SP 231
Bernhard Hassenstein Instinkt Lernen Spielen Einsicht. SP 193
Bernhard und Helma Hassenstein Was Kindern zusteht. SP 169

Serie Piper

Elisabeth Heisenberg Das politische Leben eines Unpolitischen. SP 279
Werner Heisenberg Schritte über Grenzen. SP 336
Werner Heisenberg Tradition in der Wissenschaft. SP 154
Jeanne Hersch Karl Jaspers. SP 195
Werner Hilgemann Atlas zur deutschen Zeitgeschichte. SP 328
Elfriede Höhn Der schlechte Schüler. SP 206
Peter Hoffmann Widerstand gegen Hitler. SP 190
Peter Huchel Die Sternenreuse. SP 221
Aldous Huxley Affe und Wesen. SP 337
Aldous Huxley Eiland. SP 358
Aldous Huxley Die Kunst des Sehens. SP 216
Aldous Huxley Moksha. SP 287
Aldous Huxley Narrenreigen. SP 310
Aldous Huxley Die Pforten der Wahrnehmung – Himmel und Hölle. SP 6
Joachim Illies Kulturbiologie des Menschen. SP 182
François Jacob Das Spiel der Möglichkeiten. SP 249
Karl Jaspers Die Atombombe und die Zukunft des Menschen. SP 237
Karl Jaspers Augustin. SP 143
Karl Jaspers Chiffren der Transzendenz. SP 7
Karl Jaspers Einführung in die Philosophie. SP 13
Karl Jaspers Kant. SP 124
Karl Jaspers Kleine Schule des philosophischen Denkens. SP 54
Karl Jaspers Die maßgebenden Menschen. SP 126
Karl Jaspers Nietzsche und das Christentum. SP 378
Karl Jaspers Philosophische Autobiographie. SP 150
Karl Jaspers Der philosophische Glaube. SP 69
Karl Jaspers Plato. SP 147
Karl Jaspers Die Schuldfrage – Für Völkermord gibt es keine Verjährung. SP 191
Karl Jaspers Spinoza. SP 172
Karl Jaspers Strindberg und van Gogh. SP 167
Karl Jaspers Vernunft und Existenz. SP 57
Karl Jaspers Vom Ursprung und Ziel der Geschichte. SP 298
Karl Jaspers Wahrheit und Bewährung. SP 268
Karl Jaspers/Rudolf Bultmann Die Frage der Entmythologisierung. SP 207
Tilman Jens Unterwegs an den Ort wo die Toten sind. SP 390
Walter Jens Fernsehen – Themen und Tabus. SP 51

Serie Piper

Christian Morgenstern Werke in vier Bänden. Band I SP 271, Band II SP 272, Band III SP 273, Band IV SP 274
Neues Testament Hrsg. von Gerhard Iber. SP 348
Ernst Nolte Der Faschismus in seiner Epoche. SP 365
Ernst Nolte Der Weltkonflikt in Deutschland. SP 222
Pier Paolo Pasolini Accattone. SP 344
Pier Paolo Pasolini Gramsci's Asche. SP 313
Pier Paolo Pasolini Mamma Roma. SP 302
Pier Paolo Pasolini Teorema oder Die nackten Füße. SP 200
Pier Paolo Pasolini Vita Violenta. SP 240
P.E.N.-Schriftstellerlexikon Hrsg. von Martin Gregor-Dellin/ Elisabeth Endres. SP 243
Karl R. Popper/Konrad Lorenz Die Zukunft ist offen. SP 340
Ludwig Rausch Strahlenrisiko!? SP 194
Fritz Redl/David Wineman Kinder, die hassen. SP 333
Fritz Redl/David Wineman Steuerung des aggressiven Verhaltens beim Kind. SP 129
Rupert Riedl Evolution und Erkenntnis. SP 378
Rupert Riedl Die Strategie der Genesis. SP 290
Romain Rolland Georg Friedrich Händel. SP 359
Jörg Kaspar Roth Hilfe für Helfer: Balint-Gruppen. SP 389
Erasmus von Rotterdam Die Klage des Friedens. SP 380
Ivan D. Rožanskij Geschichte der antiken Wissenschaft. SP 292
Hans Schaefer Plädoyer für eine neue Medizin. SP 225
Wolfgang Schmidbauer Heilungschancen durch Psychotherapie. SP 127
Robert F. Schmidt/Albrecht Struppler Der Schmerz. SP 241
Arthur Schopenhauer Metaphysik der Natur. SP 362
Schwabing Hrsg. von Oda Schaefer. SP 366
Hannes Schwenger Im Jahr des Großen Bruders. SP 326
Gerd Seitz Erklär mir den Fußball. SP 5002
Kurt Sontheimer Grundzüge des politischen Systems der Bundesrepublik Deutschland. SP 351
Robert Spaemann Rousseau – Bürger ohne Vaterland. SP 203
Die Stimme des Menschen Hrsg. von Hans Walter Bähr. SP 234
Hans Peter Thiel Erklär mir die Erde. SP 5003
Hans Peter Thiel Erklär mir die Tiere. SP 5005

SERIE PIPER

Hans Peter Thiel/Ferdinand Anton   Erklär mir die Entdecker. SP 5001
Ludwig Thoma   Heilige Nacht. SP 262
Ludwig Thoma   Moral. SP 297
Ludwig Thoma   Münchnerinnen. SP 339
Ludwig Thoma   Tante Frieda. SP 379
Ludwig Thoma   Der Wilderer. SP 321
Giuseppe Tomasi di Lampedusa   Der Leopard. SP 320
Franz Tumler   Das Land Südtirol. SP 352
Das Valentin Buch   Hrsg. von Michael Schulte. SP 370
Karl Valentin   Die Friedenspfeife. SP 311
Vor uns die goldenen neunziger Jahre   Hrsg. von Martin Jänicke. SP 377
Cosima Wagner   Die Tagebücher. Bd. 1 SP 251, Bd. 2 SP 252, Bd. 3 SP 253, Bd. 4 SP 254
Richard Wagner   Mein Denken. Hrsg. von Martin Gregor-Dellin. SP 264
Paul Watzlawick   Die erfundene Wirklichkeit. SP 373
Paul Watzlawick   Wie wirklich ist die Wirklichkeit? SP 174
Der Weg ins Dritte Reich. SP 261
Wege zum Sinn   Hrsg. von Alfried Längle. SP 387
Johannes Wickert   Isaac Newton. SP 215
Wolfgang Wickler   Die Biologie der Zehn Gebote. SP 236
Wolfgang Wickler/Uta Seibt   männlich weiblich. SP 285
Wolfgang Wieser   Konrad Lorenz und seine Kritiker. SP 134
Sighard Wilhelm   Geschichte der Bundesrepublik Deutschland. SP 256
Wilhelm Worringer   Abstraktion und Einfühlung. SP 122
Wörterbuch der Erziehung   Hrsg. von Christoph Wulf. SP 345
Heinz Zahrnt   Aufklärung durch Religion. SP 210
Dieter E. Zimmer   Die Vernunft der Gefühle. SP 227